财政部"十三五"规划教材
高等学校经济管理类课程"十三五"系列教材

The Theory and Practice
of Fixed
Income Securities

固定收益证券理论与实务

周远 ◎主编

中国财经出版传媒集团
经济科学出版社
Economic Science Press

图书在版编目（CIP）数据

固定收益证券理论与实务／周远主编．—北京：经济科学出版社，2018.2

财政部"十三五"规划教材 高等学校经济管理类课程"十三五"系列教材

ISBN 978-7-5141-9088-5

Ⅰ.①固… Ⅱ.①周… Ⅲ.①固定收益证券-高等学校-教材 Ⅳ.①F830.91

中国版本图书馆 CIP 数据核字（2018）第 041634 号

责任编辑：齐伟娜 初少磊 赵 蕾
责任校对：靳玉环
责任印制：李 鹏

固定收益证券理论与实务

周 远 主编

经济科学出版社出版、发行 新华书店经销
社址：北京市海淀区阜成路甲28号 邮编：100142
总编部电话：010-88191217 发行部电话：010-88191540
网址：www.esp.com.cn
电子邮件：esp@esp.com.cn
天猫网店：经济科学出版社旗舰店
网址：http://jjkxcbs.tmall.com
北京季蜂印刷有限公司印装
787×1092 16开 14.5印张 340000字
2018年3月第1版 2018年3月第1次印刷
ISBN 978-7-5141-9088-5 定价：40.00元
（图书出现印装问题，本社负责调换。电话：010-88191502）
（版权所有 翻印必究 举报电话：010-88191586
电子邮箱：dbts@esp.com.cn）

前 言

固定收益证券市场是金融市场体系的重要组成部分，它与股票市场一起构成证券市场的两大基石。固定收益证券不仅为金融体系提供了巨大的流动性，改善了投资者面临的有效边界和资产组合的风险收益特征，而且成为中央银行实施货币政策和调控宏观经济的重要手段。综观证券市场发展历程，固定收益证券从最早的普通债券演变为当前嵌入各种选择权的利率衍生品、分离交易可转债、利率期货、利率期权、信用衍生产品、利率结构式产品等构造非常复杂的金融工具纷纷涌现。与此同时，固定收益证券的定价理论、风险度量和管理理论、资产组合理论在最近几十年获得了快速发展，极大地促进了固定收益证券市场交易机制和交易技术的发展，固定收益证券的理论拓展和市场实践相辅相成。如今，掌握固定收益证券的相关理论、实务技术和分析工具对于证券行业的从业人员来说是非常必要的。

我国的固定收益证券市场从20世纪80年代初恢复发行国债开始起步，历经三十余年实现了跨越式发展，交易品种日益增多，交易主体不断充实，交易机制逐步健全，但与发达国家市场的深度和高效金融市场的要求相比还有较大差距，这也表明我国固定收益证券市场具有广阔的发展潜力和空间。从需求层面来看，商业银行出于流动性管理和风险控制的考虑，需要重视固定收益证券在经营业务中的比重；证券公司、养老基金、投资银行、信托部门等非银行类金融机构为实施有效的投资组合构造和风险管理，需要在资产中持有固定收益证券；固定收益证券由于具有一定的税收效应和较高的安全性，也逐渐成为个人投资者青睐的投资品种。从供给角度来看，政府部门为了实施宏观经济政策，企业为了优化资本结构和降低资本成本，都会涉及固定收益证券的融资发行。因此，如何更好地将固定收益证券的相关理论和工具介绍与我国固定收益证券市场的实践发展相结合，成为业界关注的重要问题，这也是本书撰写的初衷之一。

本书是一部关于固定收益证券理论与实务的教材，涵盖固定收益证券领域的基本理论、工具方法与最新进展。本书共八章：第一章为概述部分，介绍固定收益证券市场的发展现状；第二章至第五章为基本固定收益证券部分，包括基本固定收益证券的定价、债券的发行与交易、利率期限结构、投资组合管理策略和初级利率风险管理技术等；第六章至第八章为利率衍生工具部分，包括远期利率、利率期货、利率互换与利率期权等利率衍生品的介绍和定价，以及附加期权的债券分析、利率结构式产品、高级利率风险管理技术。全书强调理论模型的严谨性，重视技术方法的应用性，附有课后习题和延伸阅读，并借助扫码的自媒体方式配有大量丰富且贴近现实市场的案例，力求为读者提供易于理解和可以直接应用的固定收益证券知识与工具。本书可作为普通高等院校金融学、金融工程等专业的本科生和研究生学习固定收益证券的教科书，也可作为金融机构从业人员的培训教材及相关领域研究人员、行业监管人员的参考书。

全书由天津财经大学周远总纂定稿，天津财经大学纪文慧、路娜和张杰参编。具体编写分工如下：第一章和第三章由周远、纪文慧编写，第二章和第八章由周远、路娜编写，第四章和第五章由周远、张杰编写，第六章和第七章由周远编写。在本书的写作和出版过程中，参考了国内外专家学者的相关研究成果，得到了经济科学出版社的支持，天津财经大学研究生王琦、卫静和韩云鹏为书稿的校对做出了很大贡献，在此表示衷心感谢！

由于编者水平有限，书中内容难免有疏漏和不当之处，恳请读者批评指正。

编　者

2017年12月

目　录

第一章　固定收益证券概述 1
　　第一节　固定收益证券的相关机理　／　1
　　第二节　固定收益证券的分类　／　6
　　第三节　固定收益证券的风险　／　13
　　第四节　我国债券市场的发展历程　／　15

第二章　债券的发行与交易 20
　　第一节　债券的发行　／　21
　　第二节　债券的交易　／　25

第三章　债券的价格和收益率 33
　　第一节　货币的时间价值　／　33
　　第二节　债券的价值分析　／　41
　　第三节　债券收益率的衡量　／　46
　　第四节　债券的久期　／　49

第四章　利率的风险结构与期限结构 56
　　第一节　即期利率与远期利率　／　57
　　第二节　利率的风险结构理论　／　60
　　第三节　利率的期限结构理论　／　64

第五章　债券投资组合管理策略 75
　　第一节　债券资产管理策略的选择　／　76
　　第二节　消极的债券投资组合管理策略　／　77
　　第三节　积极的债券投资组合管理策略　／　91

第四节 债券投资的基本原则和技巧 / 97

第六章 利率衍生工具 ········ 109
  第一节 远期利率协议 / 109
  第二节 利率期货 / 117
  第三节 利率互换 / 123
  第四节 利率期权 / 132

第七章 利率衍生工具的定价 ········ 146
  第一节 远期利率协议的定价 / 147
  第二节 利率期货的定价 / 150
  第三节 利率互换的定价 / 155
  第四节 利率期权的定价 / 158

第八章 利率结构式产品 ········ 178
  第一节 资产证券化产品 / 179
  第二节 信用衍生产品 / 190
  第三节 利率挂钩型结构化产品 / 200

复习思考题答案 ········ 207
参考文献 ········ 223

第一章

固定收益证券概述

【学习目标】

通过本章的学习，要求掌握固定收益证券的含义和基本属性；熟悉固定收益证券的类型，理解各分类标准下的产品含义；熟悉投资固定收益证券面临的各种风险，掌握证券价格与风险之间的关系；了解我国固定收益证券市场的发展进程。

【引导案例】

2012年11月，国内股票A股市场，从2007年上证综合指数的最高点6124.04点跌至2012年年底的2269.13点，上市公司股价连遭腰斩，投资者财富损失"殆尽"。股票市场是步步惊心，但合理的债券投资可以让人们在低于股票风险的基础上获得高于一般银行存款利率的收益。

债券包括国债、企业债、公司债、信用债等。相比于股票等高风险的投资品，债券最大的特点就是稳定。每年稳定的付息，与股票市场的经常性涨跌截然不同。投资债券相对可以有效规避股市风险，最差可以获得票面利率。若债券的交易价格上涨，则可以赚取资本利得，实现"双丰收"。

购买债券前，需做好"尽职调查"。如果是长期持有，更需对标的债券的收益率、净价、债券评级、公司性质、债券期限、计息方式、有无担保等情况进行详细的了解，有利于自己做出更好的选择。

➡ 第一节 固定收益证券的相关机理

固定收益证券市场是金融市场体系中的重要组成部分，它与股票市场一起构成了证券市场的两大基石。本节将从固定收益证券的含义和特征入手，学习固定收益证券的相关内容。

一、固定收益证券的含义

1. 固定收益证券的含义

固定收益证券（fixed-income instrument）是指在一定期限内发行人向证券持有人支付固定收益的证券，该证券收益的金额和支付时间已经明确。固定收益证券是一大类重要金融工具的总称,特点表现为现金流是固定数量或者根据固定公式计算得出。我国市场上的固定收益类产品主要有国债、中央银行票据、企业债、结构化产品和可转换债券。国债和央行票据构成了我国固定收益证券的主体。

2. 固定收益证券和债券之间的关系

证券是各类财产权和债权的通称,用来证明持有人有权取得相应权益的凭证,如股票、债券、基金证券、票据、提单、保险单、存款单等。因此得出证券具有以下特征:(1)法律性。证券所包含的特定内容具有法律效力,它是某种财产权利的体现。(2)书面特征。(3)流通性。具备上述三个特征的书面凭证称为"证券"。债券(票据)是载明证券持有人对债券(票据)发行者行使债券(票据)权利的凭证。债券和票据属于"固定收益证券"。

现实中的金融市场上并不存在"固定收益证券"这个交易品种,该术语是对金融市场上某类交易产品的理论概括。尽管固定收益证券没有统一、权威的定义,但金融市场参与者大致了解这类证券的特征,并能列举出一些具体的种类,如债券、票据、可转让的存单等。这类证券,除了具备证券的属性以外,还有以下三个共同特点:(1)证券持有人可以按照证券契约获得相对确定性的收益;(2)人们可以利用数学公式相对精确地估算证券的收益和价值;(3)固定收益证券的市场价格波动相对较小。

债券具备了上述"固定收益性"的特点,其属于固定收益证券的一种。债券契约明确规定了债券本金、票面利率、到期期限等要素。人们购买债券以后,如果持有到期,可以得到兑付的本金以及票面利息;如果在到期之前出售债券,也可以根据数学公式估算出售的合理价格与持有期间的收益率。债券市场上常常使用"基点"(一个基点是万分之一,即 0.0001)表示债券收益率的变动,说明现实中债券价格的波动幅度较小。票据、可转让的存单大致也具备上述特征。

债券作为具有固定收益特征的证券,有着广泛的市场基础与大众参与度。债券的定价原理同样适用于票据定价,也适合于银行贷款等固定收益产品的定价,甚至可以为那些现金流带有固定收益特征的金融衍生品定价,如利率互换。一切固定收益产品以及类似产品价格运动规律,都包含在债券的价格运动规律之中。所以,掌握了债券的理论与知识,也就掌握了固定收益证券的原理以及应用。

3. 债券的要素

债券要素是指债券契约的主要因素和内容,如债券发行人、信用等级、票面利率、到期日、发行规模等。

(1)发行人。指发行债券筹集资金的经济主体,在债券契约关系中是债务人,必须承诺对持有债券的人履行还本付息的义务。

(2)发行规模。指发行债券的票面总额,一般情况下是固定的。

(3)到期期限。指债券契约或者发债公告书中标明的债券的生命周期,这个期限是固定不变的。当债券上市交易后,随着时间的推移,债券距离其到期日越来越近,债券的剩余期限逐步缩短,即债券的剩余期限是可变的。

(4)票面利率。指发行人同意每年支付的利率。大部分债券的票面利率是固定不变的。

(5) 付息频率。指债券每年支付利息的次数。部分债券每年支付利息 1 次，有的债券每年支付 2 次利息或者多次利息。

(6) 信用评级。对发行主体和债券进行信用评级，以便投资者判断债券的信用级别。通常情况下，企业发行债券需要信用评级，而政府发行债券不需要信用评级。

(7) 增信方式。指各类提升债券信用质量的措施，如担保、抵押等，其目的是吸引投资者，尽可能顺利地发行债券。

(8) 主承销商。指专门牵头负责协助企业销售债券的金融中介。

> 在我国，债券的面值一般以 100 元为主，也有些债券的面值为 1000 元。多数情况下，报价采用 100% 报价法，即假设面值为 100 元的债券的价格。

表 1-1 显示的是一张普通企业债券要素的内容。

表 1-1 某债券的基本资料

债券名称	天津城市基础设施建设投资集团有限公司 2016 年公开发行公司债券（第三期）	债券简称	16 津投 03
信用评级	AAA	评级机构	联合信用评级有限公司
债券代码	sh136635	发行规模（亿元）	20
债券年限（年）	10	票面利率（%）	3.55
计息方式	固定利率	付息方式	周期性付息
起息日期	2016-8-17	止息日期	2026-8-16
付息日期	8-17	年付息次数	1
发行日	2016-8-16	到期日	2026-8-17
兑付日	2026-8-17	债券类型	普通企业债

资料来源：新浪财经 http://money.finance.sina.com.cn/bond/info/sh136635.html。

二、债券的属性和功能

1. 债券的属性

债券投资的关键就是确定债券的价值和收益率。在外部条件一定的情况下，债券的属性会对债券的定价起着举足轻重的作用。债券的属性主要有五个：到期时间、票面利率、内含选择权、税收待遇、流动性。其中任何一种属性的变化，都会改变债券的到期收益率水平，从而影响到债券的价格。下面采用局部静态均衡方法，即在假定其他属性不变的条件下，分析某一种属性的变化对债券价格的影响。

(1) 到期时间。

到期时间是指从当前至债券到期必须偿还所借资金的时间，它表明了持有人预期能收到息票的时间段以及所有本金都完全偿付的年数。债券在其生命周期中，价格会根据市场收益率变化而不断波动。具体来说，当其他变量恒定时，债券到期时间越长，其价格随着市场收益变化的波动性就越大。随着偿还期的临近，债券的价格将逐渐接近面值。

（2）票面利率。

债券的票面利率指发行人同意每年支付的利率。在债券存续期内向持有人每年支付的利息被称为息票。息票等于票面利率乘以票面价值。债券的到期时间决定了债券的投资者取得未来现金流的时间，而票面利率则决定了未来资金流的大小。债券的票面利率越低，价格波动的幅度就越大。这是因为低利率债券的总收益中很小部分来自利息，大部分是通过票面价值到期偿还来实现，而债券的票面价值又与市场利率呈反向关系。因此，票面利率和到期日对债券价格波动性的影响作用相反。

（3）内含选择权。

附有选择权的债券是指在债券发行文件中设置条款，给予债券持有人或发行人对对方采取某种行为权利的债券。在债券发行中包含的这种选择权被称为内含选择权。选择权的一般种类有：回购条款、提前偿还、偿还基金条款、带认股权证和可转换条款等，因此公司债券又可分为可赎回债券、偿还基金债券、可转换债券和带认股权证的债券。

一般来讲，当债券被执行发行者权利时，投资者收益率会降低。作为补偿易被赎回的债券名义收益率比较高，不易被赎回的债券名义收益率比较低。当债券被执行投资者权利时，相比于不含有这些权利的债券，投资者收益率会升高。

（4）税收待遇。

进行投资债券的选择时，投资者最关心的就是税后收益，税收待遇成为影响债券市场价格和收益率的一个重要因素。债券税收的关键在于债券的利息收入是否需要纳税。在不同的国家，由于所施行的法律不同，不仅不同种类的债券可能享受不同的税收待遇，同种债券在不同的国家也可能享受不同的税收待遇。税率较高的债券，投资者所要求的息票率也较高。

（5）流动性。

流动性是指债券投资者将手中的债券变现的能力。债券买卖差价的大小反映债券流动性的大小。买卖差价较小的债券流动性比较高；反之，流动性较低。由于绝大多数债券的交易发生在债券的经纪人市场，对于经纪人来说，买卖流动性高的债券风险低于流动性低的债券，所以，前者的买卖差价小于后者。在其他条件不变的情况下，债券的流动性与债券的名义到期收益率之间呈反向关系，与债券的内在价值呈正向关系。

2. 债券的功能

对债券的发行者而言，债券是一种融资工具；对于投资者而言，债券是一种投资工具。另外，债券在国家的宏观调控以及实现社会资源的优化配置方面，也起着重要作用。

首先，债券具有融资功能。举债人通过发行债券，能够较快地筹集到所需资金，具有筹资成本低、不损害公司大股东控制权等优点，通常为资金需求者所青睐。政府发行债券可以弥补财政收支缺口，减少赤字，促进经济建设，使政府的经济调控功能得以发挥。金融机构通过发行债券获得较为稳定的资金来源，更好地开展各项金融业务。公司或企业可以以此满足其扩大再生产的资金要求，与银行贷款相比，债券融资的使用周期长、稳定性强。

其次，债券是一种投资工具。由于债券收益稳定，风险较小，变现能力强，到期可偿还，因此债券是一种较好的投资对象，尤其对风险厌恶者来说，既可有效规避风险，又可获得稳定的收入。

最后，债券流通是优化资源配置的有效杠杆。通过债券流通可使社会有限的资金从经济效益差的部门、企业向经济效益好的部门、企业流动，从而促进产业结构的调整，促进资源优化配置。

三、债券的性质与特征

1. 债券的性质

债券作为固定收益证券的主体，具有如下基本性质：

首先，债券是一种有价证券。债券本身有一定的面值，通常它是债券投资者投入资金的量化表现；持有债券可按期取得利息，利息是债券投资者收益的价值表现。债券投资者的收益包括按期取得的利息以及债券到期后获得的面值。

其次，债券是一种虚拟资本，而非实际资本。债券的本质是表明债权债务关系的证书，在债权债务关系建立时所投入的资金已被债务人占用，因此债券是实际运用的真实资本的证书。债券的流动并不意味着它所代表的实际资本也同样流动，债券独立于实际资本之外。

最后，债券是债权的表现。债券代表债券投资者的权利，这种权利不是直接支配财产，也不以资产所有权表现，而是一种债权。拥有债券的一方是债权人，债权人不同于财产所有人。债权人除了按期取得本息外，对债务人不能做其他干预。

2. 债券的特征

债券作为一种有价证券，在金融市场上占据着不可替代的位置。它对于金融市场的重要性根源于自身的特征。除了前面所讲作为固定收益证券固有的书面特征和法律特征外，还有以下特征：

（1）返还性。债券一般都规定了偿还期限，由债务人按期向债权人支付利息并偿还本金。

（2）流动性高。如果债券的发行人信誉卓著，或者二级市场较为发达，或者债券本身带给投资者的回报收益大，那么债券持有者能够顺利地将债券迅速转让而不会让自身利益受到亏损。因此，债券的流动性一般比银行定期存款高。

（3）安全性好。一般来说，具有流动性的债券其安全性较高。债券的安全性与发行者的资信密切相关。通常，国债、地方政府债券有国家和地方政府的信誉作为担保，不存在违约风险，因此其安全性相对较高。金融债券的安全性与银行存款相当，公司债券的安全性较低。

（4）收益性高且稳定。债券的收益性通常比银行存款高，且比股票的收益稳定。

债券的返还性、流动性、安全性与收益性之间存在着一定的置换关系。一种债券，很难同时满足以上几个特征。如果某种债券流动性强，安全性高，在市场上供不应求，于是价格就会上涨，其收益率也随着降低。反之，如果某种债券风险大，流动性差，供过于求，价格必然下跌，使其收益率上升。

第二节 固定收益证券的分类

固定收益证券的产品主要根据到期期限长短分为货币市场和资本市场。

一、货币市场

货币市场通常被定义为到期期限为1年或短于1年的资产市场。在货币市场上交易的资产包括国库券、商业票据、中期票据、银行承兑汇票、存单、回购协议、浮动利率工具等。本节主要介绍几种代表性的货币市场工具：商业票据、银行承兑汇票、大额可转让存单和回购协议。

1. 商业票据

需要短期资金的公司除了通过银行借贷得到资金外，还可以通过商业票据进行融资。商业票据是作为发行机构的债务人在公开市场上发行的短期的、无担保的期票。商业票据最初的目的是为季节性、流动性的资金需求提供短期融资。目前常见的融资方式还有过桥融资。例如，一个公司需要一笔长期资金用来建设厂房或购买设备，发行人可以不马上筹措长期资金，而是可以推迟发行，直到出现对本公司更有利的资金市场情况。作为过桥融资，商业票据也曾经为公司的兼并收购活动进行筹资。

与国库券一样，商业票据是一种贴现票据，它的卖出价格低于其到期日的价值。商业票据的利率一般高于国库券的利率。另外，商业票据的投资者面临更大的信用风险，商业票据的流动性不如国库券，同时国库券所得的利息可以免征税，所以商业票据不得不提供较高的收益率来弥补这种劣势。

2. 银行承兑汇票

银行承兑汇票是商业汇票的一种，是由在承兑银行开立存款账户的存款人出票，向开户银行申请并经银行审查同意承兑的，保证在指定日期无条件支付确定的金额给收款人或持票人的票据。银行承兑汇票为贴现出售。同样期限的银行承兑汇票收益率高于国库券。发行银行承兑汇票时，向客户收取的费用等于银行在公共市场上卖出该银行承兑汇票的利率加上一定的手续费。

3. 大额可转让存单

存单（CD）是由银行或储蓄机构为其商业活动筹集资金发行的一种证明书，用以证明特定数量的货币已经储存在开单的储蓄机构。存单分为可转让和不可转让两种。不可转让存单相当于定额定期储蓄存款，到期才能由原存款人支取。如提前支取，需缴纳罚金。可转让存单则可以在到期日之前在货币市场上出售。

大额可转让定期存单（CDs）亦称大额可转让存款证，是银行印发的一种定期存款凭证，凭证上印有一定的票面金额、到期日以及利率，到期后可按票面金额和规定利率提取全部本利，逾期存款不计息。大额可转让定期存单可流通转让，自由买卖。发行对象既可以是个人，也可以是企事业单位。存单的投资者大部分是投资公司，其中大部分是货币市场基金。与国库券、商业票据、银行承兑汇票不同的是，国内存单的收益率是以所附的利息为基础来标价的。

4. 回购协议

（1）回购协议的含义。

回购协议广义上指有回购条款的协议，狭义上指交易者在出售债券的同时，约定在一定期限后，以原定价格或者约定价格从购买者手中买回债券。其中，卖出债券的一方叫作正回购方，与正回购方相对的一方叫作逆回购方，双方约定在未来的特定时刻按照高于卖出价格的价格回购，通过回购过程，完成资金从盈余部门向资金短缺部门的融通。回购协议的运行机理见表1－2。

表1－2　　　　　　　　　回购协议的基本运作机理

时刻	正回购方	逆回购方
当前时刻	借款	出借资金
	交付债券	收取债权
未来时刻	偿还本息	收取本息
	重新得到债券	偿还债券

回购协议的交易商通常由投资银行和中央银行来充当，一般用回购协议来为多头筹集资金或空头对冲。交易商通过回购协议市场进行短期融资，其利率低于银行融资的成本。因此，回购协议成为货币市场中最重要的交易品种之一。我国的回购协议市场交易一般分为国债回购交易、债券回购交易、证券回购交易、质押式回购等，其中以国债回购交易为典型代表。

（2）国债回购交易。

国债回购交易，也称国债的现货交易，是指资金需求方以所持有国债现券作为抵押，通过证券交易所向资金供应方借入资金并按期还本付息，且证券买卖双方在成交时就约定于未来某一时间以某一价格双方再进行反向成交的交易。我国国债回购在银行间市场和交易所市场进行交易。国债持有者在卖出一笔国债的同时，与买方协议，约定于某一到期日再以事先约定的价格将该笔国债回购的交易方式称为国债的正回购，又叫作卖出回购。投资者在购入一笔国债的同时，与卖方约定在未来某一到期日，再以事先约定的价格将该笔国债卖给最初卖券人的方式称为国债的逆回购，又叫买入返售。两者统称为国债回购。一笔国债回购交易包括了成交日和到期日的两次交易，并通过"两次清算"的方式将回购的两次交易合并，投资者只需要在成交日进行正向交易即可。

国债回购交易可以提高国债市场的流动性，并为社会提供一种新的资金融通方式。它也是中央银行进行公开市场业务操作的基本方式，中央银行通过国债回购来调节或影响社会货币流通量和利率，借以执行一定的货币政策。

1－1　我国债券公开市场操作

上海证券交易所的国债回购交易是从1993年12月15日起正式开始的,交易代码为"R×××",其中"R"为回购业务标识,其后的"×××"代表回购天数。交易所内的国债回购业务实行竞价交易,融资方(资金需求方)和融券方(资金供给方)按照每百元资金应付(收)的年收益率报价。报价时可省略百分号,直接输入年收益率数值,并限于小数点后3位有效数字,最小的报价单位是0.005个百分点。交易方向以到期时国债的交付方向为准,如融资方开始时卖出国债得到资金,到期时偿还本息买回国债,其交易方向就是买进;反之,融券方的交易方向为卖出。

国债回购申报数量为"手",1000元面值的国债为1手,并以面值10万元,即100手标准券国债为最小单位。交易双方实行"一次交易、两次清算",成交当天对双方进行融资和融券的成本清算,到期进行购回清算,由证券交易所根据成交时的收益率计算出购回价,其计算公式为:

$$购回价 = 100 \times (1 + 年收益率 \times 回购天数/360) \qquad (1-1)$$

国债回购的交易佣金为单向收取,在交易发生时一次付清,到期回购时不再付任何费用。

例 1-1 某投资者有10万元资金,在20××年6月30日进行14天的国债回购业务,他以6.0%的当天收盘价卖出100手R014,其回购价格为:

$$100 \times (1 + 6\% \times 14/360) = 100.233$$

在交易日当天,该投资者付出的现金是100050元,其中50元是付给券商的手续费,在14天后,该投资者得到100233元,投资者这14天内的实际投资收益率为:

$$(100233 - 100050)/100050 \times 360 \div 14 = 4.7\%$$

一般而言,国债回购交易的风险很小,因为融资方借入资金必须有足额国债进行抵押,当抵押国债的市值不能归还所融资金时,交易所可以将融资方抵押在上海中央登记结算有限公司的足额国债拿到市场上立即变现。所以,国债回购交易是一种安全性高、收益稳定的投资选择,特别适合那些资金流量大的企业对资金进行流动性管理,以降低财务费用。目前不允许个人参与国债回购交易。由于回购交易有国债做抵押,所以利率一般低于同业拆借利率。

国债回购交易期限短、安全性高、风险小,是一种很受投资者和筹资者欢迎的短期融资工具。在国债回购交易中,交易双方都面临着利率风险,即由于市场利率变动而引起的作为抵押品的国债市价的变动。交易期限愈长,这种风险愈大。因此,交易双方在约定国债的回购价格时,要准确估计和把握交易期内的市场利率走势及国债市价变动可能产生的影响。

5. 贴现国债

贴现国债是指国债券面上不附有息票,发行时按规定的折扣率,以低于债券面值的价格发行,到期按面值支付本息的国债。贴现国债的发行价格与其面值的差额即为债券的利息。

我国贴现国债采取的是单利计息,贴现国债的收益率计算公式为:

$$收益率 = \left(\frac{面值 - 发行价}{发行价 \times 期限}\right) \times 100\% \qquad (1-2)$$

例1-2 投资者以90元的价格认购面值为100元的3年期国债,则在3年后到期时,投资者可兑付到100元的现金,其中10元的差价即为国债的利息。那么,该国债投资的收益率为:

$$\frac{100-90}{90 \times 3} \times 100\% = 3.70\%$$

如果以年复利计息方式计算,则实际的收益率为:

$$\left(\sqrt[3]{\frac{100}{90}} - 1\right) \times 100\% = 3.57\%$$

二、资本市场

资本市场上的固定收益证券产品,从发行主体的角度进行分类,主要分为政府债券、公司债券以及主要由金融机构发行的金融债券和国际债券等。

1. 政府债券

政府债券是指由中央政府、政府机构和地方政府机构发行的债券,以弥补财政赤字或者解决政府公共设施及重点建设项目投资的资金需要,其特点是以政府信誉进行担保,偿还风险很低。政府债券又可分为国债、政府机构债券和地方政府债券。

(1) 国债。

国债是指中央政府为筹集财政资金而发行的一种政府债券,是中央政府向投资者出具的、承诺在一定时期支付利息和到期偿还本金的债权债务凭证。国债是一种收入稳定、风险极低的投资工具,基本不存在违约风险,所以又被称为金边债券,其享有税收优惠,利息收入可豁免所得税。这些特征使得国债利率处于整个利率体系的核心环节,并且成为其他金融工具定价的基础。国债市场的高效运行有助于形成市场基准利率,及时反映出金融市场的资金供求状况。另外,中央银行通过在二级市场上买卖国债来进行公开市场操作,借此吞吐基础货币,调节货币供应量和利率。

我国国债主要包括凭证式国债、储蓄国债和记账式国债三种。凭证式国债是财政部于1994年推出的,主要面向个人投资者销售的国债品种,这种国债要在"凭证式国债收款凭证"上记载购买人的姓名、发行利率、购买金额等内容。储蓄国债则是财政部于2006年推出的,通过商业银行面向个人投资者销售的、以电子方式记录债权的、不可流通的人民币债券,是以满足长期储蓄性投资需求,较多偏重储蓄功能而设计发行的一种债券品种。记账式国债则以记账形式记录债权、通过证券交易所的交易系统发行和交易,可以记名、挂失。投资者进行记账式证券买卖,必须在证券交易所设立账户。与前两种形式的国债种类相比,记账式国债最大的特点是上市后随时可以通过证券市场进行买卖,变现流通更加灵活。变现时的记账式国债价格完全受市场供需及利率波动影响而变化。目前,从存量上看,记账式国债占我国国债总量的80%左右。而从每年的新增发行规模来看,记账式国债也占较大比重。

(2) 政府机构债券。

政府机构债券是由各国政府所属的有关机构发行的债券,均由政府担保,是具有准国债性质的信用度较高的债券。政府机构债券通常以中长期债券为主,流动性不如国库券,但收益率较高,风险比较低。目前我国将政府机构债券区分为政府支持债券和政府支持机构债券。其中,铁道部发行的铁路建设债券为"政府支持债券",中央汇金公司发行的债券为"政府支持机构债券"。

(3) 地方政府债券。

地方政府债券又称地方债、市政债券,是指地方政府根据信用原则,以承担还本付息责任为前提而筹集资金的债务凭证。目前全世界已有多个国家实行地方政府债券模式,其中,美国和日本的地方政府债券发行规模最大,发行模式也最具代表性。地方政府债券按照用途和偿还资金来源分类,通常可以分为一般责任债券(普通债券)和专项债券(收入债券)。一般责任债券(普通债券)是指地方政府为缓解资金紧张或解决临时经费不足而发行的债券,还本付息得到发行政府信誉和税收的支持。专项债券(收入债券)是指为筹集资金建设某项具体工程而发行的债券,与特定项目或部分特定税收相联系,其还本付息来自投资项目的收益、收费及政府特定的税收或补贴。

2. 公司债券

公司债券是指公司按照法定程序发行、约定在一定期限内还本付息的有价证券。由于公司债券的还款来源是公司的经营利润,而任何一家公司的未来经营都存在很大的不确定性,因此公司债券持有人承担着损失利息甚至本金的风险,这使得公司债的信用风险要高于前面介绍的债券。按照风险与收益呈正向的原则,公司债券预期的收益水平也较高。某些公司债券,发行者与持有者之间可以相互给予一定的选择权。在发达国家的债券市场中,企业债与公司债并没有明确的区分。在我国,企业债一般是由中央政府部门所属机构、国有独资企业或国有控股企业发行的债券,带有极强的政府信用性质,并不是真正意义上有信用风险的公司债。随着经济市场化程度的提高,中国证监会于2007年8月14日公布了《公司债券发行试点办法》,将公司债券明确为由股份有限公司或有限责任公司发行的债券,其后长江电力股份有限公司发行了国内首笔公司债。发展我国公司债市场,对于拓展企业融资渠道、丰富证券投资品种、完善金融市场体系以及促进资本市场协调发展都具有重要意义。

公司债券一般有以下几种分类方式:

(1) 按是否记名,可分为记名公司债券和不记名公司债券。记名公司债券是在票面上登记持有人姓名,本息要凭持有人的印鉴领取,转让时必须背书并在债券发行公司登记的公司债券。不记名公司债券是指券面上不需要载明持有人姓名,还本付息及流通转让以债券为凭据,不需要登记。

(2) 按是否提前赎回,可分为可提前赎回公司债券和不可提前赎回公司债券。可提前赎回债券是指发行者有权在债券到期前回购其发行的全部或部分债券。不可提前赎回公司债券是指债券到期前不可提前赎回,只能按照事先约定进行还本付息的债券。

(3) 按发行人是否给予持有人选择权,可分为附有选择权的公司债券和未附选择权的公司债券。附有选择权的公司债券是指一些公司债券的发行中,发行人给予持有人一定的选择权利,比如可转换公司债券、认股权证的公司债券和可退还公司债券。

(4) 按债券是否有担保,可分为担保债券和信用债券。担保债券是指由第三方或公司自身的财产来担保公司债券的还本付息。信用债券是以债券发行公司自身的信用作为担保所发行的债券。信用债券虽然没有具体的财产作为担保品，但是并不意味着债券的持有人对债券发行公司的财产和其他收入没有求偿权。当债券发行公司破产时，信用债券的持有人享有对该公司剩余资产的普通求偿权。

中期票据也是公司债的一种重要形式。它是一种经监管当局一次注册批准后、在注册期限内可以多次发行的债券。最早的中期票据可以追溯到 1972 年，通用汽车承兑公司首次发行了期限不超过 5 年的债务工具，以优化其资产负债管理。由于其期限介于商业票据和公司债券之间，因而被形象地称作"中期票据"。随着中期票据市场的发展，中期票据已成为美国公司债券的主要品种。中期票据的期限也不再限于 2~5 年之间，10~30 年之间的中期票据也变得较为普遍。

3. 金融债券

金融债券是银行等金融机构作为筹资主体为筹措资金而发行的一种有价证券。债券按法定发行手续，承诺按约定利率定期支付利息并到期偿还本金，它属于银行等金融机构的主动负债。在欧美国家，由于金融机构大多属于股份公司形式，所以金融债券的发行、流通和转让被纳入公司债券的范畴进行管理。

一般来说，银行等金融机构的资金有三个来源，即吸收存款、向其他机构借款和发行债券。金融债券能够较有效地解决银行等金融机构资金来源不足和期限不匹配的矛盾。发行金融债券，表面上看与银行吸收存款一样，但是由于债券有明确的期限规定，不能提前兑现，所以筹集的资金要比存款稳定得多。最重要的是，金融机构可以根据经营管理的需要，主动选择适当时机发行所需数量的债券以吸引低利率资金，所以金融债券的发行通常被看作银行资本负债管理的重要手段。金融债券与公司债券相比，具有较高的安全性。因为金融机构在经济结构中处于很重要的地位，各国政府对金融机构的监管严格，并且有严格的运营规定。由于金融债券的流动性要低于银行存款，因此，一般来说，金融债券的利息率要高于同期银行存款。

金融债券可以从两个角度进行分类：

（1）按利息的支付方式，可分为附息金融债券和一次性还本付息金融债券。附息金融债券是指在金融债券上附有多张息票的债券。此种债券期限一般为 3 年或 5 年，其利息支付以及本金偿付办法同一般息票债券。一次性还本付息金融债券是期限在 5 年以内、利率固定、发行银行到期一次支付本息的中期普通金融债券。

（2）按照发行条件，可分为普通金融债券、累进利息金融债券和贴现金融债券。普通金融债券是一种定期存单式债券，期限有 1 年、2 年和 3 年三种，到期一次还本付息，平价发行，不计复利。普通金融债券在形式上类似于银行定期存款，但利息率更高些。累进利息金融债券是一种浮动期限式、利率与期限挂钩的金融债券，其期限最短为 1 年，最长为 5 年。债券持有者可以在最短和最长期限之间随时到发行银行兑付，其利率也按照债券的期限分为不同的等级，每一个时间段按照相应的利率计付利息，然后将几个分段的利息相加，便可得出该债券总的利息收入。贴现金融债券是指债券发行时按照规定的折扣率，以低于票面价值的价格出售，到期按票面价值偿还本金的一种债券。这种债券券面上不附有息票，到期按面额还本付息，不再计利息，其利息就是债券发行价格与票面价格的差额。我国银行发行的大多是普通金融债券。

4. 国际债券

国际债券是一国政府、金融机构、工商企业或国家组织为筹措或融通资金，在国外金融市场上发行的以外国货币为面值的债券。国际债券的重要特征是发行者和投资者属于不同的国家，筹集的资金来源于国外金融市场。国际债券的发行和交易，既可以用来平衡发行国国际收支，也可以用来为发行国政府或企业引入资金从事开发和生产。根据发行债券所用货币与发行地点的关系，国际债券又可以分为外国债券和欧洲债券。

（1）外国债券。

外国债券是一国政府、金融机构、工商企业或国际组织在国外债券市场上发行的以市场所在国货币标明面值的债券。外国债券的发行地以及面值货币属于同一个国家，而发行人却属于另外一个国家。目前，美国、瑞士、德国、日本已成为世界上最大的四个外国债券的市场，它们占领了外国债券市场的绝大部分份额。几种主要的外国债券包括扬基债券、武士债券、瑞士法郎债券和熊猫债券。

（2）欧洲债券。

欧洲债券是一国政府、金融机构、工商企业或国际组织在国外债券市场上以第三国货币为面值发行的债券。欧洲债券的发行人、发行地以及面值货币分别属于三个不同的国家。欧洲债券不受任何国家资本市场的限制，免扣缴税，其面额可以是发行者当地的通货或其他通货为计算单位。对多国公司集团及第三世界政府而言，欧洲债券是它们筹措资金的重要渠道。

欧洲债券无论是对投资者还是对发行者都具有非常大的吸引力，主要是因为欧洲债券市场具有以下特点。首先，欧洲债券市场的主要借款者是大型的跨国公司、各国政府和国际组织，这些借款人一般来说信誉好，对投资者来说比较安全，而且欧洲债券的利率一般高于国内债券。其次，欧洲债券市场可以发行多种类型和期限、不同货币的债券，多样化使得投资者可以根据需求选择产品。最后，欧洲债券市场有一个富有活力的二级市场，可以使债权人比较容易地转让债权并取得现金，从而增加了债券市场的交易量和活力，使更多投资者愿意加入这样的市场。欧洲债券市场的利息通常免除所得税。欧洲债券市场是一个无利率管制、无发行额限制的自由市场，具有巨大的吸收能力，能满足各国政府、跨国公司以及国际组织的筹资要求，而且由于发行费用和利息成本较低，增加了利用欧洲债券筹资的吸引力。

随着欧洲债券市场的发展，欧洲债券种类也不断增加，主要分为固定利率债券、浮动利率债券、可转换公司股票债券、中期欧洲票据、附有认购权证的债券、无票面利率债券、可转让的欧洲货币存款单及欧洲商业票据等金融工具。

除发行市场不同外，外国债券和欧洲债券还有以下主要区别：

第一，外国债券一般由市场所在地国家的金融机构为主承销商组成辛迪加承销，而欧洲债券则由来自多个国家的金融机构组成的国际性辛迪加承销。正由于此，国外一些教科书将由一国金融机构承销的国际债券称为外国债券，而由国际性辛迪加承销的国际债券称为欧洲债券。

第二，外国债券受市场所在地国家证券主管机构的监管，公募发行管理比较严格，需要向证券主管机构注册登记，发行后可申请在证券交易所上市；私募发行无须注册登记，但不能上市挂牌交易。欧洲债券发行时不必向债券面值货币国或发行市场所在地的证券主管机构登记，不受任何一国的管制，通常采用公募发行方式，发行后可申请在某一证券交易所上市。

第三，外国债券的发行和交易必须受当地市场有关金融法律法规的管制和约束；而欧洲债券不受面值货币国或发行市场所在地的法律限制，因此债券发行协议中必须注明一旦发生纠纷应依据的法律标准。

第四，外国债券的发行人和投资者必须根据市场所在地的法规缴纳税金，而欧洲债券采取不记名债券形式，投资者的利息收入是免税的。

第五，外国债券付息方式一般与当地国内债券相同，如扬基债券一般每半年付息一次，而欧洲债券通常都是每年付息一次。

第三节 固定收益证券的风险

无论是证券投资者还是接受固定收益证券作为担保品的资金借出者都有必要理解固定收益证券的风险特征。本节将描述固定收益证券风险的不同类型：利率风险、信用风险、政策风险、流动性风险和提前赎回风险。

一、利率风险

利率风险也称为市场风险，是指市场利率变动导致债券价格与收益发生变动的风险。由于大多数债券有固定的利率及偿还价格，市场利率波动将引起债券价格反方向变化。当市场利率下跌至低于债券票面利率时，投资者就会争相购买债券，使债券需求量上升，价格上涨。反之，当市场利率上升并超过债券票面利率时，投资人就不愿意购买债券，导致债券需求下降，债券价格因此下跌。对于到期日之前不得不出售固定收益证券的投资者来说，利率上升意味着资本利得的损失。

利率风险是目前投资者在固定收益证券市场面临的最主要的风险。通常市场利率用国债的收益率水平表示，大多数其他债券的收益率用适当的国债收益率的利率表示。因此固定收益证券的收益率都是相互关联的，它们的价格随国债收益率的变化而变化。此外，债券利率风险与债券持有期限的长短密切相关，期限越长，利率风险就越大。为了控制利率风险，有必要对其进行量化分析，衡量利率风险最普遍的方法即使用的尺度是久期。久期是收益率变化100个基点时，债券或债券组合价格变化的近似百分比，本书会在第三章做详细介绍。

二、信用风险

信用风险也称违约风险，是指债券发行人不能履行合约规定的义务，无法按期支付利息和偿还本金而产生的风险。企业发行债券后，其营运业绩、财务状况都直接反映在债券的市场价格上，一旦企业的营运状况不良，企业就有可能丧失还本付息的能力，债券的市场价格就会下降。一般而言，政府债券被认为是无违约风险的"金边债券"。

信用风险的另一种情况是债券价值下降。当债券价格的表现低于其他债券价格的表现，则发行者将出现的违约风险增加，亦被称为信用价差风险。债券评级公司下调债券的评级也会导致此风险的增加，被称为降级风险。这种提供信用评级的专业化公司被称为"评级机构"，全世界公认的三大评级机构是穆迪投资者服务公司、美国标准普尔公司和惠誉国际信用评级有限公司。

三、政策风险

政策风险是指由于国家或地方政府的经济政策变化导致债券价格发生波动而产生的风险。它具有多种形式，如投资人购买某种债券时，国家并不要求对其利息收税，后期宣布债券要交利息税，使得投资者的实际收益率下降。又如，投资者购买免税的政府债券，则面临着利息税下调的风险，因为利息税越高，免税价值越大，该债券的价格就越高。

四、流动性风险

流动性风险是指债券持有人不能按目前合理市场价格在短期内变现的风险。流动性定义为买家或者卖家按代表市场真实公允价值进行小金额或大额交易的难易程度。对打算在到期之前卖出债券的投资者而言，流动性风险是最大的。如果投资者打算持有至到期日，则不必太过担心手中债券的流动性，除非有临时筹措资金的需要。

流动性有两种主要的度量方式：买卖差价和市场深度或报价深度。衡量一只债券流动性最好的方式是买卖差价，债券的买卖差价越小，出售这只债券就越容易；债券买卖价差越大，流动性风险越高。但是，买卖差价很大程度上取决于债券市场的深度。市场深度是经纪自营商愿意在各种价位上买卖证券的数量。平均买量和卖量较大的债券，比平均卖量和买量小的债券拥有更大的市场深度和流动性。如果一种债券能够在较短时间内按市价大量出售，则说明这种债券的流动性较强，投资于这种债券所承担的流动性风险较小；反之，如果一种债券按市价卖出很困难，则说明其流动性较差，投资者会因此而遭受损失。一般来说，政府债券以及一些著名的大公司债券的流动性较强。

五、提前赎回风险

许多债券中包含允许发行人在到期日之前购回或者赎回全部或部分债券的条款。发行人通常保有这个权利，以便于在未来市场利率出现下降情况或者低于息票利率时对债券进行再融资。

可赎回功能带来的最显著的缺点是再投资风险，第二大缺点是债券价格上行的潜力有限。利率下降时，债券价格当然会上升，但利率下降同样也增加了发行人提前赎回债券的概率，从而限制了可赎回债券价格上行的空间。因为债券投资者会担心如果以高于赎回价格的价格购买债券，可能遭受资本亏损。只有当距离债券到期还剩余足够多的时间的时候，投资者才会参与此类购买。

可赎回功能会影响到不同种类的债券，包括政府债券、公司债券、金融债券、所有抵押债券支持证券等。可见，赎回风险对债券市场的大部分板块都存在威胁。尽管可以通过降低价格、提高收益等方式对投资者承受的提前赎回风险给予补偿，但补偿是否到位难以确定。因此，投资于有提前赎回风险的债券的收益明显不同于不具有这种权利的同种债券，这种风险的大小取决于提前赎回条款的内容和市场情况。对于固定收益证券组合的投资者来说，可赎回风险普遍存在，以至于很多市场参与者把其视为债券风险中的第二大风险。

第四节 我国债券市场的发展历程

我国债券市场的发展经历了场外交易、场内交易、银行间市场交易等阶段。

一、早期发展阶段

我国债券发行的历史比较早。我国首次发行的债券是1894年清政府为支付甲午战争军费的需要，由户部向官商巨贾发行的，当时称为"息借商款"，发行总额为白银1100多万两。甲午战争后，清政府为交付赔款，又发行了公债，总额为白银一亿两，当时称为"昭信股票"。自清政府开始发行公债以后，旧中国历届政府为维持财政平衡，都发行了大量公债。从北洋政府到蒋介石政府先后发行了数十种债券。

新中国成立后，中央人民政府于1950年1月5日批准的"人民胜利折实公债"成为新中国成立后发行的第一笔公债。实际发行额折合人民币为2.6亿元，该债券于1956年11月30日全部还清本息，发行目的是为了解决财政赤字的通胀问题。1954年，我国又发行了国家经济建设公债，到1955年共发行了5次，累计发行39.35亿元，至1968年全部偿清。此后20余年内，我国未再发行任何债券。这一时期，我国面临的状况是只有债券，没有市场。造成这种状况的原因主要是计划经济的制度思路和我国当时的现实情况都没有为债券市场的产生提供必要的条件。

二、场外柜台交易为主的阶段

改革开放后，我国债券市场才真正产生和发展起来，场外柜台交易发展经历了以下几个时期：

第一，场外柜台交易为主的时期，这一时期的总体特征是不记名的实物券和分散的托管机构，债券发行后再分散托管在代保管机构，是一种不成熟的场外市场。

第二，非公开交易时期。1981年1月16日，国务院发布《国库券条例》，决定自

1981年起恢复发行国库券。当年 7 月，财政部通过行政分配发行 48.66 亿元国库券，当时中央政府意识到必须用中央银行融资以外的方式来最大限度地降低预算赤字的通货膨胀影响。同时，1982 年初首次批准有限制地发行企业债券，解决企业尤其是国有部门以外的企业融资难问题。

第三，柜台交易时期。1985 年，银行和非银行金融机构获准发行金融债券。1986 年，中国人民银行加强管制，要求企业债券发行必须通过中央银行批准。1987 年 1 月 5 日，中国人民银行上海分行公布《证券柜台交易暂行规定》，明确了经认定的政府债券、金融债券、公司债券可以在经批准的金融机构办理柜台交易，债券二级交易市场开始出现。1988 年前后，政府为应对各方面改革和建设的资金需求，除国库券外发行了 5 个品种的国债：财政债券、国家建设债券、国家重点工程建设债券、特种国债和保值国债。1988 年 4 月和 6 月，国家先后批准 61 个城市进行国债流通转让试点，并于 1991 年初，将国债流通转让范围扩大到全国 400 个地市以上城市，形成了全国性的二级市场。至此，我国债券的柜台交易市场正式形成。

三、交易所交易为主的阶段

1990 年 11 月，国库券在上海证券交易所和上海各证券公司柜台挂牌交易，我国集中性撮合成交的国债交易市场出现，形成债券场内和场外交易并存的市场格局。1991 年，财政部第一次组织国债发行的承销和包销，债券发行的市场化进程开始启动，但此时的发行利率仍为行政确定。1994 年，随着金融体制改革的深化，我国建立了专门的政策性银行，实行政策性业务与商业性业务分离，而金融债券开始专由政策性银行发行，从此政策性金融债步入历史舞台。1995 年国债招标发行试点获得成功，自此国债发行利率开始实行市场化，这标志着我国债券发行的市场化正式开始。

1991~1994 年，我国通货膨胀较严重，债券普遍折价。1993 年 7 月 10 日财政部颁布《关于调整国库券发行条件的公告》，在通货膨胀居高不下的背景下，政府决定将参照中央银行公布的保值贴补率给予一些国债品种的保值补贴。国债收益率开始出现不确定性，国债期货市场的炒作空间扩大。1995 年 2 月 23 日，发生国债"327"事件，国债期货市场被关闭，现货交易量也陡然萎缩。1996 年记账式国债开始在上海、深圳证券交易所大量发行。同时，随着债券回购交易的展开，初步形成了交易所债券市场体系。1997 年上半年，随着股市的大涨，大量银行资金通过交易所债券回购方式流入股票市场，造成股市过热。为此，根据国务院的统一部署，中国人民银行要求商业银行全部退出上海和深圳交易所的债券市场，这也标志着以上海证券交易所为代表的场内债券市场的发展受到较大影响，我国债券市场必须探索新的债券组织和交易形式。在交易方式上，上海和深圳证券交易所先后开办了国债现券交易、国债期货和回购交易，以及企业债现货交易。这极大地丰富了我国债券市场的交易品种和交易方式。在监管结构上，建立了中国证券监管管理委员会、中国国债协会及中国证券业协会。在基础设施建设上，建立了全国性的国债登记托管机构和交易所电子交易系统。

四、银行间市场交易为主的阶段

1997年6月,中国人民银行发布《关于各商业银行停止在证券交易所证券网购及现券交易的通知》,要求各商业银行一律停止在交易所进行债券交易,改为在全国同业拆借中心进行债券交易,这标志着银行间债券市场的形成。中国人民银行指定中央结算公司作为全国银行间债券市场债券登记、托管、结算机构和商业银行柜台记账式国债交易一级托管人。

2002年,我国债券市场的交易主体不断丰富,市场统一性逐渐加强,债券发展方向得到明确,债券市场体系基本确立。在交易主体方面,将银行间债券市场准入由核准制改为备案制,先后扩充了非金融机构法人和个人。在市场统一性方面,当年首次实现跨市场同时发行国债,使得债券品种开始能够在多个市场发行流通,并允许商业银行承办记账式国债柜台业务,从而联通了银行间债券市场和柜台债券市场。同时允许保险公司、基金公司、证券公司等非银行金融机构在银行间债券市场和交易所债券市场交易,从而联通了这两个债券市场。至此,我国统一的、多层次的、以银行间市场为主的债券市场体系基本形成。

1-2 我国银行间同业拆借市场发展

2003年,央行票据作为公开市场操作的工具,开始在银行间市场定期发行。2004年,由兴业银行首发30亿元的金融次级债,开辟了银行次级债的投资品种,并为商业银行补充附属资本增加了渠道。2005年5月,中国人民银行发布《短期融资券管理办法》及相关配套文件,首次允许国内非金融企业在银行间市场发行期限最长为一年的短期债券。短期融资券的推出也为企业通过银行间债券市场进行直接融资打开了渠道,迅速得到发展。

2007年8月,中国证券监督管理委员会正式颁布实施《公司债券发行试点管理办法》,试点公司范围仅限于沪、深证券交易所上市的公司。2007年9月,15500亿元特别国债获批通过,并决定其中2000亿元国债通过银行间债券市场向公众发行,该方法极大地增加了公开市场业务所能利用的合规工具。

2009年4月,由财政部代发的第一只地方政府债问世,填补了我国地方公债的空白。2009年11月,我国第一只中小非金融企业集合票据正式发行成功。集合票据仍采用注册制,在银行间债券市场公开发行,这一集合债务工具进一步完整了企业债品种。同时期,银行间市场清算所股份有限公司即上海清算所正式成立。2011年12月19日,银行间市场清算所股份有限公司正式向银行间市场提供现券交易净额清算服务,这标志着我国银行间债券市场集中清算机制的正式建立。

2012年2月13日,中国金融期货交易所正式启动国债期货仿真交易,这标志着国债期货时隔17年重新启动。2015年1月,中国证监会发布《公司债券发行与交易管理办法》，将境内公司债券发行主体扩大至所有公司制法人，全面建立非公开发行制度，并取消了公司债券公开发行的保荐制和发审委制度，以简化审核流程。2015年7月15日，央行下发《中国人民银行关于境外央行、国际金融组织、主权财富基金运用人民币投资银行间市场有关事宜的通知》，取消了原来的额度限制，相关境外机构投资者可自主决定投资规模，只需备案管理，同时交易品种由只能投资于现券和回购拓展到了借贷、远期以及利率互换等，这使得中国债券市场国际化发展进程加快。2017年6月12日，全国银行间同业拆借中心发布了《全国银行间同业拆借中心"债券通"交易规则（试行）》（公开征求意见稿）。2017年7月2日，中国人民银行与香港金融管理局发布公告，决定批准香港与内地"债券通"上线。"债券通"的开通，是我国银行间债券市场进一步对外开放的新举措，有利于吸引更多的境外资金流入，中国债券市场已经步入对外开放的新时代。2017年5月，中央国债登记结算有限责任公司被纳入到全球指数行业协会，意味着中国的价格指数在国际上获得认可，有望扩大在全球债市的影响力、控制力以及定价权。

几十年来，中国债券市场实现了跨越式发展，中国债市的规模不可小觑，但对外开放的广度和深度还不够，与其他发达国家相比还有差距，与建成和我国经济地位相匹配的金融大国要求还有差距，这也表明我国债券市场仍有较大的发展潜力和空间。

本章小结

1. 固定收益证券是指在一定期限内发行人向证券持有人支付固定收益的证券，该证券收益的金额和支付时间已经明确。我国市场上的固定收益类产品主要有国债、中央银行票据、企业债、结构化产品和可转换债券。国债和央行票据构成了我国固定收益证券的主体。

2. 固定收益证券的基本要素包括：固定收益证券的名称、发行人、发行总额、发行方式和对象、债券面值、发行价格、债券期限和利率、债券付息次数、债券担保情况、信用评级等方面。

3. 在外部条件一定的情况下，债券的属性会对债券定价产生重要影响，这些属性包括：到期时间、票面利率、可赎回条款、税收待遇和流动性。

4. 债券作为固定收益证券的主体，具有如下基本性质：首先，债券是一种有价证券，债券本身有一定的面值；其次，债券是一种虚拟资本，而非实际资本。债券的流动并不意味着它所代表的实际资本也同样流动，债券独立于实际资本之外。最后，债券是债权的表现，其代表债券投资者的权利。

5. 债券除了具有书面特征和法律特征外，还具有返还性、流动性高、安全性较好、收益性高且稳定的特点。如果某种债券流动性强，安全性高，在市场上供不应求，于是价格就会上涨，其收益率也随着降低。反之，如果某种债券风险高，流动性差，供过于求，价格必然下跌，使其收益率上升。

6. 对债券的发行者而言，债券是一种融资工具；对于投资者而言，债券又是一种投资工具。债券具有融资的功能，同时也是一种投资工具；债券流通是优化资源配置的有效杠杆。

7. 固定收益证券可分为货币市场工具和资本市场工具。货币市场工具主要有：国库券、商业票据、中期票据、银行承兑汇票、短期市政债券、存单、回购协议、浮动利率工具等。资本市场上的固定收益证券产品，可以从发行主体的角度进行分类，主要分为政府债券、公司债券以及主要由金融机构发行的金融债券和国际债券等。

8. 固定收益证券具有的风险包括：利率风险、信用风险、政策风险、流动性风险、提前赎回风险等。

本章重要术语

固定收益证券	票面利率	商业票据	大额可转让存单	国债回购
回购协议	零息国债	附息国债	外国债券	欧洲债券
可转换债券	利率风险	信用风险	流动性风险	可赎回风险

延伸阅读

1. 张雪莹：《固定收益证券》，清华大学出版社2014年版。

该书在内容上吸收了近些年来的最新理论研究成果，同时紧密联系固定收益证券及衍生品市场发展及投资实践的最新动态，介绍了大量的实际案例，有助于读者在掌握专业理论知识的同时，提高固定收益证券分析与操作的实际技能。

2. 林清泉：《固定收益证券》，中国人民大学出版社2013年版。

该书从宏观上介绍了中国的债券市场，并从定量角度分析债券的价格、风险度量和投资策略的确定，有助于读者从数理角度理解固定收益证券。

复习与思考

1. 固定收益证券有哪些种类？
2. 投资固定收益证券可能会面临哪些风险？如何理解这些风险？
3. 如何理解回购交易的融资功能？为什么说回购交易为市场提供了卖空债券的手段？
4. 债券的特征体现在哪些方面？

拓展练习

通过互联网搜集固定收益证券的相关案例，并结合本章所学知识分析固定收益证券投资的收益和风险。

第二章

债券的发行与交易

【学习目标】

通过本章的学习，了解债券的发行方式及金融机构在债券发行中的作用；理解债券评级机构的作用及评级程序，了解债券评级的等级划分；掌握债券价格的产生方式和报价方式；熟悉债券的交易方式、交收方式和结算方式。

【引导案例】

中国华能集团公司企业债券发行[①]

中国华能集团公司是由中央管理的国有重要骨干企业，注册资本金200亿元人民币。截至2003年10月底，公司在国内拥有51家全资、控股运行电厂，总装机容量3136.42万千瓦，资产总额1450亿元人民币。我国国民经济快速增长，电力行业作为基础产业，拥有良好的发展环境和长期投资价值。经国家发展和改革委员会批准，总额为40亿元的"2003年中国华能集团公司企业债券"12月9日至12月22日发行。

本期债券募集资金40亿元人民币，主要用于云南华能澜沧江小湾水电站、河南华能沁北电厂一期工程、山西华能榆社电厂二期工程、四川华能宝兴河硗碛水电站等电力项目的建设，建设总规模624万千瓦，总投资约368亿元。

本期债券基本要素：

债券名称：03华能债

债券类别：实名制记账式

发行规模：40亿元（其中：30亿元固息债；10亿元浮息债）

期限：10年

票面利率：固定利率债年利率4.60%，浮动利率债年利率为基准利率+1.80%，其中基准利率为银行一年期整存整取定期储蓄存款利率

债券担保：中国银行

信用评级：AAA级

发行日期：2003年12月9日至2003年12月22日

本息兑付方式：每年付息，到期一次还本

[①] 《中国华能集团公司企业债券发行公告》，载于《证券时报》2003年12月9日。

第一节 债券的发行

债券的发行市场也称一级市场，是政府、企业等主体发行债券以筹集资金的场所。债券发行市场主要由发行人、认购者和委托承销机构组成。债券的发行人包括：国家、政府机构和金融机构，还有公司、企业和其他法人。债券认购者是指购买债券的投资者，主要有社会公众团体、企事业法人、证券经营机构、非营利性机构、外国企事业机构和个人投资者。而委托承销机构就是代发行人办理债券发行和销售业务的中介人，主要有投资银行（证券公司）、商业银行和信托投资公司等。

一、债券的发行方式

政府、金融机构和工商企业在发行债券时，可以选择不同的投资者作为发行对象，由此可以将证券发行分为公募和私募两种形式。

1. 私募发行

私募又称不公开的发行或内部发行，是指面向少数特定的投资者发行证券的方式。私募发行的对象大致有两类：一类是个人投资者，例如，公司原有股东或发行机构自己的员工；另一类是机构投资者，例如，大的金融机构——保险公司、养老基金等，或与发行人有密切往来关系的企业等。私募的发行有确定的投资者，发行手续简单、信息披露的要求不高、发行时间短、发行成本低。由于私募发行方式牵涉的债权人数量少，因此一旦发生违约，双方更容易协商解决。但私募发行的不足之处是投资者有限、流动性差。私募债券的利率通常高于同类公募发行的债券。

2. 公募发行

公募又称公开发行，是指发行人通过金融机构向不特定的社会公众广泛地发售债券。在公募发行的情况下，所有合法的社会投资者都可以参加认购。为了保障广大投资者的利益，各国对公募发行都有严格的要求。如要求发行人有较高的信用，符合证券主管部门规定的各项发行条件，要求发行人详细地披露信息，经主管机关批准后方可发行。公募发行面对公众投资者，发行面广，投资者众多，可以募集大量的资金，而且债券分散，不易被少数大债权人控制。只有公开发行的债券才能申请交易所上市，因此公募发行可以增强债券的流动性。但是，公募方式的缺点也是明显的：发行过程复杂，信息披露的要求高，登记核准所用时间长，发行成本也比较高。

公募发行和私募发行各有优劣。公募发行由于公开性受到了投资者和媒体更多的关注。但是，在西方成熟的证券市场中，随着养老基金、投资基金和保险公司等机构投资者的迅猛发展，私募发行近年来呈现迅速发展的趋势。例如，美国有50%以上的负债采用私募方式进行。

二、金融机构在债券发行中的作用

在债券的发行过程中，一些金融机构，如投资银行和商业银行，发挥着重要的作用。采用私募方式发行债券时，投资银行可以帮助发行人设计债券、确定债券价格以及联系潜在的投资者，或者向投资者提供投资建议。

采用公募方式发行债券时，投资银行和商业银行等金融机构作为承销商在一级市场上协助债券发行。承销是指金融机构借助自己在证券市场上的信誉和营业网点，在规定的发行有效期限内将债券销售出去。根据金融机构在承销过程中所承担的风险和责任的不同，承销又可分为代销和包销两种方式。

1. 代销

代销是指债券发行人委托承销业务的金融机构（又称承销机构或承销商）代为向投资者销售债券。承销商按照规定的发行条件，在约定的期限内尽力推销，到销售截止日，如果债券没有全部销售出去，那么未销售出去的债券将退还给发行人，承销商不承担任何发行风险。在代销协议中，承销商和发行人之间是委托—代理关系，承销商的收入来自佣金收入。代销发行比较适合信誉好、知名度高的大型企业，由于信息不对称的问题不严重，这些企业的债券容易被广大投资者接受，代销方式能有效地降低发行成本。

2. 包销

包销是指发行人与承销机构签订合同，由承销机构按一定价格买下全部债券，并按合同规定的时间将价款一次性付给发行人，然后承销机构按照略高的价格向公众投资者销售。在包销过程中，承销商与发行人之间是买卖关系，即承销商对债券低价买进然后高价卖出，承销商的收入来自买卖差价并承担全部销售风险。对发行人而言，包销方式既能保证如期得到全部所需资金，又无须承担发行过程中的价格变动风险，其不利之处是发行成本高。

三、债券评级

债券评级就是由独立的私人机构对债券的信用风险进行评级。债券评级的对象是信用风险，不包括利率风险等其他类型的风险。债券评级不会对投资于何种债券提出任何建议。债券评级是针对公司发行的某种特定的债券进行的，而不是对发行债券的公司进行评级。例如，某家公司的整体财务状况不佳，但是如果它发行的债券有足额的资产作为抵押或者有实力雄厚的机构作为担保人，则该公司发行的债券是高等级的。

1. 债券评级机构的作用

从理论上讲，债券评级机构至少发挥两个重要作用：提供信息和认证。评级机构之所以提供信息，主要是因为存在这方面的市场需求；而提供认证则与政府监管密不可分。

与其他金融市场一样，债券市场上也存在信息不对称的问题，信息不对称将会产生逆向选择、道德风险问题，如果信息不对称问题非常严重，将会妨碍债券市场的正常运行。债券评级机构能在一定程度上解决信息不对称问题，提高债券市场的效率。由于存在规模经济效应以及在收集、加工信息方面的专业化，评级机构在向投资者提供与债券违约风险有关的信息的过程中能有效降低信息搜寻成本。另外，评级机构能向债券发行公司的利害相关者（如供应商、客户和雇员）提供有价值的信息，降低利害相关者的信息搜寻成本。

政府机构对于某些金融机构的监管产生了对评级机构认证的需求。例如，由于一些国家的法律要求，某些金融机构只能投资于投资级的债券或只能投资于 AAA 级的债券，以确保金融机构的稳健。当然，作为一种高度概括性的统计量，评级结果也可以被其他市场参与者广泛使用，这可以有效地降低签订合约的成本，如公司管理层可以要求资金的管理人只能投资于 AA 级以上的债券。

评级机构评定的债券等级非常重要，因为债券等级越低就意味着债券的利率越高。针对美国债券市场的大量理论研究表明，债券等级仅确认债券已经存在的风险而不是影响其风险，这意味着评级机构只具有认证作用而没有提供信息的作用。也就是说，当评级公司调整债券等级时，债券价格并未出现显著的异常变化，这是因为评级机构评定债券等级主要是以公开信息为基础，而对债券等级进行调整所依据的公开信息已经反映在债券的价格中了。最新研究表明，债券等级的改变确实引起了债券价格的变化，只是幅度很小，在宣布等级变化的两天内平均价格变化幅度不到 2%，这表明评级机构向市场提供了公开信息以外的新信息，这可能是因为评级机构与发行债券的公司存在更密切的接触。

2. 债券评级的程序

债券评级主要包括以下六个步骤：

（1）由债券发行人或其代理人向债券评级机构提出评级申请，并根据评级机构的要求提供详细的书面材料。

（2）评级机构与发行单位的主要负责人见面，就书面材料中值得进一步调查的问题和其他有关情况提出询问。

（3）评级机构对申请评级单位的情况进行分析。分析的内容主要包括：①发行人所属行业的发展状况以及发行人在该行业中的地位；②发行人的经营管理情况、内部审计体制、资本构成的安全性和偿付本息的能力；③信托合同中规定的财务限制条款和债券的优先顺序；④对发行人所属国家和地区做出评价，分析其政治风险和经济风险；⑤分析发行人在国家政治经济中的重要性和国家与发行人的关系。

（4）在调查分析的基础上，评级机构会通过投票决定发行人的等级，并与发行人联系，征求其对评级的意见。如果发行人不同意评级机构的评定结果，可提交书面理由，申请变更信用等级，但这种变更申请只能有一次。

（5）评级机构评定其债券信用级别后，通知评级申请人，同时将评级结果汇编成册，通过媒体公开发行。

（6）评级机构根据各申请评级单位的财务、经营活动变化，定期调整债券等级。

3. 债券评级的等级划分

目前国际上公认的最具权威性的证券评级机构主要有美国的标准普尔公司（S&P）和穆迪投资者服务公司（Moody's）。上述两家公司对多种类型的固定收益证券进行评级，既包括各种类型的债券，也包括短期商业票据等。债券评级结果用具有一定编码规则的字母组合表示，两家机构的等级划分大同小异，表 2-1 提供了标准普尔公司的债券等级划分和相应说明。标准普尔公司等级标准从高到低可划分为 AAA 级、AA 级、A 级、BBB 级、BB 级、B 级、CCC 级、CC 级、C 级和 D 级。穆迪公司等级标准从高到低可划分为：Aaa 级、Aa 级、A 级、Baa 级、Ba 级、B 级、Caa 级、Ca 级、C 级和 D 级。AAA（Aaa）级债券具有最高质量和最低违约风险，D 级是最低级别债券，它表明发行公司无法履行还本付息的义务。前四个级别债券信誉高，违约风险小，属于投资级债券，第五级开始的债券信誉低，违约等风险大，属于投机级债券。

表 2-1　　　　　　　　　标准普尔公司债券评级的等级划分

标准普尔	符号含义	说明
AAA	最高级	还本付息的能力很强
AA	高级	还本付息的能力强，程度上略逊于最高级债券
A	中高级	还本付息的能力强，但受不利的环境和经济条件变化的影响要大于上两个等级
BBB	中级	具有足够的能力还本付息，一般在债券合约中规定了充分保护债权人的条款。但与上述三个级别相比，不利的环境和经济条件变化更有可能削弱该级别债券还本付息的能力
BB	垃圾债券	一般认为，这些等级的债券具有显著的投机性。从 BB 到 CC 级投机性逐渐递增。这些债券都还能按期还本付息，但是当不利的经济状况、经济环境、财务状况变化出现时，这些债券还本付息的能力将会被极大地削弱甚至出现违约
B		
CCC		
CC		
C	垃圾债券	已经提出了破产申请，但是仍在进行本息支付
D	违约	已经提出了破产申请或发生了违约。如果标准普尔认为即使经过宽限期也无法还本付息，只要该公司一旦发生本金利息不能如期足额支付的情况，就被评为 D 级

资料来源：类承曜，《固定收益证券》，中国人民大学出版社 2013 年版，第 47 页。

中国信用评级行业诞生于 20 世纪 80 年代末，是改革开放的产物。1988 年，我国第一家信用评级机构——上海远东资信评估有限公司诞生。最初的评级机构由中国人民银行组建，隶属于各省区市的分行系统。20 世纪 90 年代以后，经过几次清理整顿，评级机构开始走向独立运营。1997 年，人民银行认定了 9 家评级公司具有在全国范围内从事企业债券评级的资质。2005 年，中国人民银行推动短期融资债券市场的建设，形成了中诚信、大公、联合、上海新世纪和远东 5 家具有全国性债券市场评级资质的评级机构。

自 2006 年起，美国评级机构开始了对中国信用评级机构的全面掌控。2006 年，穆迪收购中诚信 49% 的股权并接管了经营权，同时约定 7 年后持股 51%，实现绝对控股；2007 年，惠誉收购了联合资信 49% 的股权并接管了经营权；2008 年标准普尔也与上海新世纪开始了战略合作，双方在培训、联合研究项目以及分享信用评级技术等领域进行合作。可以说，美国信用评级机构几乎控制了中国 2/3 的信用评级市场。国务院于 2011 年批准央行作为信用评级行业的主管部门，但信用评级法律体系和监管政策不完善的现状仍未改变。

第二节 债券的交易

债券的交易市场也称二级市场，是买卖已发行债券的市场。当债券持有人欲将未到期债券提前变现时，需要在二级市场寻找买主将债券销售出去。债券一经认购，即确立了一定期限的债权债务关系，但通过债券交易市场，投资者可以转让债券。

债券的一级市场和二级市场相辅相成，是相互依存的整体。首先，一级市场是二级市场存在的前提和基础。没有债券发行，自然谈不上债券的买卖和转让。其次，二级市场为一级市场提供流动性。如果没有二级市场，新发行的债券就会由于缺乏流动性而难以销售，从而导致一级市场萎缩而无法生存。二级市场还可以为一级市场发行的新债券提供价格信号。再其次，二级市场的存在使投资者的短期资金来源转作长期资金运用，扩大了长期资金规模。最后，二级市场将交易者集中在一起并通过高效率的方式完成交易，极大地降低了搜寻成本和交易成本。

债券发行市场和交易市场的本质区别在于，交易市场中债券购买者支付的资金并不会流向债券的发行人，而是流向债券的销售者。交易商和经纪人对于运行良好的二级市场来说至关重要。交易商和经纪人可以有效地降低债券市场的交易成本，提高债券的流动性。交易商可以运用自己的账户和资金直接进行债券买卖，收入来自买卖差价。经纪人则只充当证券买者和卖者的中间人，从事代客买卖业务，收入来自佣金。在债券市场上投资银行、商业银行等金融机构作为交易商和经纪人发挥了重要作用。

一、债券的交易场所

根据市场组织形态，债券的二级市场可分为交易所（场内交易市场）和场外交易市场（over-the-counter，OTC）。

1. 交易所

证券交易所是证券交易的固定场所，证券的买卖双方（或他们的代理人和经纪人）在交易所的一个中心地点见面并进行交易。证券交易所是专门进行证券买卖的场所，如我国的上海证券交易所和深圳证券交易所。交易所的组织形式有公司制和会员制（事业法人）两类。会员制交易所是不以营利为目的的组织，实行自治自律和自我管理，会员大会是其最高权力机构。我国的证券交易所目前实行的是会员制。交易所作为证券交易的组织者，本身不参加债券的买卖和价格的决定，只是为债券买卖双方创造条件，提供服务，并进行监督。

虽然个人一直是我国债券交易所市场的参与主体，但主要的市场份额集中在机构手中。证券公司、保险公司、基金管理公司以及一大批国有企事业单位，它们组成交易所市场的机构投资者群体，控制了80%的国债托管量和98%的国债交易量。由于中央国债公司不能真正统揽债券的统一登记和过户，沪深交易所的债券资产还游离于中央国债公司之外。

2. 场外交易市场

场外交易市场是在证券交易所以外进行证券交易的市场。我国债券场外交易市场主要包括金融机构柜台市场和银行间债券市场。许多证券经营机构都设有专门的证券柜台，通过柜台进行债券买卖。在柜台市场中，证券经营机构既可以作为自营商（dealer，也称交易商）用自有资金作为客户对家买卖债券，也可以作为经纪人（broker）代理客户买卖债券，协助客户完成债券买卖。2002年6月开始，工、农、中、建四家商业银行的部分营业网点开办了记账式国债柜台交易业务，承办银行应按照报价以自营方式与投资者进行债券买卖。除金融机构外，凡持有有效身份证件的个人以及企业或事业社团法人，均可在商业银行柜台开立国债托管账户并进行国债买卖。这标志着商业银行柜台记账式国债交易的开始，这个债券场外交易市场具有极大的发展潜力。

此外，我国还有一个非常重要的债券场外交易市场——银行间债券市场，这个由中国人民银行建立的场外债券市场，建立初期成员为商业银行，目前成员包括各类金融机构，交易品种为国债和政策性银行金融债券。银行间债券市场是中国债券市场交易的主体市场，在中国债券市场发挥主导作用。图2-1显示了2016年交易所市场、柜台市场和银行间市场的债券交易规模分布情况。可以看到，我国银行间债券市场的债券交易占据主导地位。

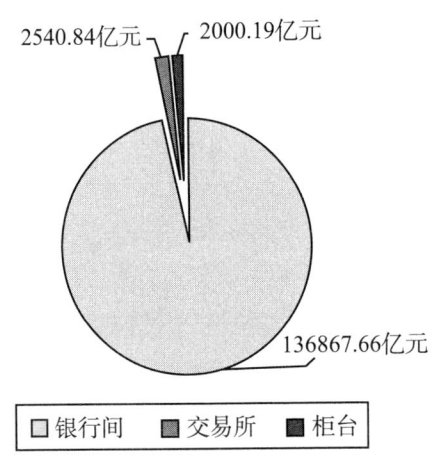

图2-1 2016年我国各市场债券交易分布情况

资料来源：根据中国债券信息网公布的相关数据绘制。

二、债券交易价格的产生方式

投资者在债券交易市场上买卖债券会形成债券价格，即债券成交价格。债券的成交价格是由买卖双方在一定的撮合原则下，由市场供求条件决定的价格。在不同的市场结构下，债券价格形成方式是不一样的，理解市场结构和价格形成方式是非常重要的。

按照形成价格的直接主导力量，债券市场可分为竞价市场和交易商报价驱动市场。前者是指成交价是由买卖双方直接决定的，投资银行等金融机构在成交价形成过程中只是作为经纪人发挥作用，使得市场整体交易更平稳、顺畅，我国的上海、深圳证券交易所属于客户委托单驱动市场。后者是指交易商提出买卖报价,其他投资者根据交易商提出的买卖价格与该交易商进行交易。目前,我国债券的场外市场(如银行间债券市场和记账式国债银行柜台交易市场)采用交易商报价驱动制度。

1. 竞价市场

竞价市场根据价格形成是否连续,分为集合竞价市场和连续竞价市场。

(1)集合竞价方式。集合竞价是对接收的全部有效委托采取一次性集中撮合处理的价格形成方式,买卖双方间隔一段较长时间,市场积累一定量的买卖申报后才做一次集中成交。集合竞价用于产生当天交易的开盘价。集合竞价市场确定开盘价的原则是:①可实现最大成交量的价格;②高于该价格的买单与低于该价格的卖单都按这个价格成交;③该价格上至少有一方的单子能全部成交。如果两个申报价格同时符合上述条件,深圳证券交易所取距离前一收盘价最近的价格为成交价;上海证券交易所取使未成交量最小的申报价为成交价,若还一样就取中间价为成交价。集合竞价示例如表2-2所示。

表2-2　　债券交易的集合竞价示例　　单位:手

累计买入数量	买入数量	价格(元)	卖出数量	累计卖出数量	最大可成交量
0	—	100.90	100	1400	0
0	—	100.80	200	1300	0
150	150	100.70	300	1100	150
300	150	100.60	500	800	300
500	200	100.50	200	300	300
800	300	100.40	100	100	100
1300	500	100.30	—	0	0
1900	600	100.20	—	0	0
2200	300	100.10	—	0	0

根据集合竞价方式的原则,表2-2中可实现最大成交量的价格是100.50元和100.60元,若深圳证券交易所的前一天收盘价为100.53元,当天开盘价就取100.50元;上海证券交易所取未成交量最小的申报价为开盘价,若还一样就取中间价为成交价即100.55元。

(2)连续竞价方式。连续竞价是对申报逐笔连续撮合成交。能成交者成交,不能成交者等待成交,部分成交者剩余部分继续等待。开盘集合竞价阶段未成交的买卖申报,自动进入连续竞价。在连续竞价市场上,当买卖双方连续委托买进或卖出上市债券时,只要彼此符合成交条件,交易就可在交易时段中任何时点发生,一般按照"价格优先,同等价格下时间优先"的原则成交和确定成交价,成交价根据供求条件的变化而不断变化。连续竞价方式下成交价的产生原则为:①最高买入申报与最低卖出申报价位相同,以该价格为成交价;②买入申报价格高于即时的最低卖出申报价格时,以即时揭示的最低卖出申报价格为成交价;③卖出申报价格低于即时的最高买入申报价格时,以即时揭示的最高买入申报价格为成交价。

例 2-1 某债券即时揭示的卖出申报价格和数量分别为 100.60 元和 1000 手、100.50 元和 800 手、100.35 元和 100 手,即时揭示的买入申报价格和数量分别为 100.25 元和 500 手、100.20 元和 1000 手、100.15 元和 800 手。若此时该债券有一笔买入申报进入交易系统,价格为 100.50 元,数量为 600 手,则该申报以什么价格成交?

根据连续竞价方式的成交价产生原则②,买入申报价格高于即时的最低卖出申报价格时,以即时揭示的最低卖出申报价格为成交价,该申报应以 100.35 元成交 100 手;根据原则①,最高买入申报与最低卖出申报价位相同,以该价格为成交价,该申报以 100.50 元成交剩余的 500 手。因此,该买入申报以 100.35 元成交 100 手,以 100.50 元成交 500 手。

2. 交易商报价驱动市场

最典型、最完善的交易商报价驱动制度就是做市商制度。从发达国家债券市场的运行实践看,债券场外市场通常采用做市商制度。做市商是指在债券市场上,由具备一定实力和名誉的债券经营机构作为特许交易商,不断地向公众投资者报出某些债券市场的买卖价格(即双边报价),并在该价位上接受公众投资者的买卖要求,以其自有资金和债券与投资者进行债券交易。做市商的这种连续不断的买卖,可以达到增强市场流动性和满足公众投资者买卖需求的目的。

在债券市场交易中,任何时间投资者下达的买入和卖出证券的委托单数量都可能出现短暂性的不平衡,这可能产生两个问题:首先,在债券的供求条件没有变化的条件下可能造成债券价格的剧烈波动;其次,投资者如果想立刻成交就必须支付偏离清算价的价格。例如,A 债券的价格始终保持在 97 元的合理价位,假设大量的买单涌入市场,而又没有相应数量的卖单满足这种需求,这种供求暂时性的不平衡有可能将 A 债券价格推至 101 元。尽管债券 A 发行人的基本面没有发生任何显著变化,但是债券的价格还是发生了剧烈的波动。如果 A 债券的购买者想立刻成交,就必须支付 101 元而不是 97 元,其差额 4 元被看作是交易"即时性"的价格。即时性是指立刻成交的能力,即投资者不愿意等待直到等额的、方向相反的委托单出现使价格恢复到合理水平。这种债券供求暂时性不平衡的存在是建立做市商制度最根本的原因。做市商向债券市场提供了即时性并保持了价格的稳定,并且为市场参与者提供更好的价格信息,在某些债券市场中做市商还提供类似拍卖师的服务,维护市场的秩序和公正。

做市商买卖价格的差额可以被看作是做市商提供上述服务的价格。哪些因素决定了价格差额的大小呢?首先,最重要的因素就是做市商的经营成本,如为完成交易而需要购置的设备以及员工工资等;其次,做市商也承担了风险,这既包括买卖债券的价格风险,也包括债券的流动性风险。而流动性风险又包括两方面内容。一方面与市场厚度有关。市场厚度可以由交易的频率表示,交易越频繁,市场就越厚,做市商持有债券的时间就可能越短,债券价格发生不利变化给做市商造成损失的可能性就越小,做市商的买卖价格差额也就越小。另一方面与信息不对称有关。某些市场参与者(如发行人或某些机构投资者)可能拥有更多的与债券有关的信息,做市商与这些市场参与者交易就可能遭受损失。做市商必须提高买卖价格差额以保护自己免受这种信息不对称造成的损失。因此,与债券有关的信息越不透明,买卖价格差额就越大。

2-1 银行间债券市场价格形成制度：从双边报价到做市商

三、债券交易的标价方式

从债券交易标价来看，债券交易方式主要包括全价交易和净价交易两类。全价交易是指买卖债券时，以含有债券应计利息的价格进行报价，投资者按照全价价格进行申报委托交易，成交后按该全价价格进行清算交割。净价交易则是指买卖债券时，以不含有债券应计利息的价格报价与成交，即以债券的市场价格报价与成交，但在进行债券现券交易清算时，买入方除向卖方支付按净价计算的成交价款外，还要向卖方支付应计利息。在净价交易的情况下，交易系统直接按净价报价，同时显示债券的成交价格和应计利息额，并以两项之和为债券买卖价格。结算系统直接实行全价结算，以债券成交价格与应计利息额之和为债券结算交割价格。

目前，我国银行间债券市场与交易所债券市场均实行净价交易、全价结算。在净价交易方式下，由于债券交易价格不含有应计利息，其价格形成及其变动能够更加准确地体现债券的内在价值、供求关系和市场利率的变动趋势。并且国债的利息收入一般都享有免税待遇，因此净价交易也有利于国债交易的税务处理。在净价交易中，交易时采用净价，结算时仍然采用全价。

债券净价与全价之间的关系：净价 = 全价 - 应计利息

其中，每百元债券所含利息额（包括交易日当日在内的应计利息额）的计算公式为：

$$应计利息 = 面值 \times 票面利率 \div 365 \times 已计息天数 \quad (2-1)$$

例 2-2 某国债面值为 100 元，票面利率为 5%，起息日是 8 月 5 日，交易日是 12 月 18 日，则交易日挂牌显示的应计利息额为：

$$应计利息 = 100 \times 5\% \div 365 \times 135 = 1.85（元）$$

假设当天交易日挂牌显示的净价为 101.25 元，某投资者需要购买此债券，需支付的现金（全价）为：全价 = 101.25 + 1.85 = 103.10 元。

> 在计算已计息天数时，通常采取"算头不算尾"的原则。

四、债券的交易和结算方式

1. 债券的交易方式

债券的交易方式大致可分为现券买卖、债券回购交易、债券期货（远期）交易。

（1）现券买卖。现券买卖是指交易双方以约定的价格转让债券所有权的交易行为，即一次性的买断行为。现券买卖是债券交易中最普遍的交易方式。债券买卖双方对债券的成交价格达成一致,在交易完成后立即办理债券的交割和资金的交收,或在很短的时间内办理交割和交收。

(2) 债券回购交易。债券回购交易是一种以债券作为抵押品的短期融资行为。债券回购交易是指证券买卖双方在成交的同时就约定于未来某一时刻按照现在约定的价格双方再进行反向交易的行为。根据回购期内作为抵押的债券是否可以动用,债券回购交易进一步分为封闭式回购和开放式回购。前者是指在回购期间回购双方都不能动用用作抵押的债券。后者是指在回购期内,抵押债券归融券方所有,融券方可以使用该笔债券,只要到期有足够的同种债券返还给融资方即可。目前我国债券回购业务的券种只限于国债和金融债券。

(3) 债券期货交易。债券期货交易是双方成交一批交易以后,清算和交割按照期货合约中规定的价格在未来某一特定时间进行的交易。

2. 债券的交割、交收方式

由于各债券市场的传统和交易方式存在差异,各市场对从交易日到交割、交收日之间的时间间隔的规定也不完全相同,主要包括以下三种类型。

(1) 当日交割、交收。债券买卖双方在交易达成之后,于成交当日进行债券的交割和资金的收付,简称"T+0"。

(2) 次日交割、交收。债券买卖双方在交易达成之后,于下一个营业日进行债券的交割和资金的收付,简称"T+1"。

(3) 例行日交割、交收。债券买卖双方在交易达成之后,按所在交易市场的规定,在成交日后的某个营业日进行债券的交割和资金的收付,简称"T+n"。

目前,我国各债券市场现券买卖、债券回购主要采用"T+1"交割、交收方式。凡回购业务须进行两次结算,有两个交割日,称为首期交割日和到期交割日。尽早完成交割、交收对提高市场交易效率、防止发生结算风险有重要作用。在现代计算机、通信技术的支持下,缩短交易、交割之间的时间间隔,最终实现"T+0"交割、交收,是未来发展的方向。

3. 债券的结算方式

债券结算是在一笔债券交易达成之后的后续处理过程,包括清算和交割、交收两项内容。债券清算业务主要是指在每一营业日中对每个债券经营机构成交的债券数量和价款分别予以轧抵,对债券和资金的应收或应付净额进行计算的处理过程,在债券交易过程中,当买卖双方达成交易后应在事先约定的时间内履行合约,买方需交付一定款项获得所购证券,卖方需交付一定证券获得相应价款。在这一钱货两清的过程中,证券的收付称为交割,资金的收付称为交收。清算与交割、交收既有密切联系,又存在本质区别。从发生的时间次序来看,先清算后交割、交收,清算是交割、交收的基础和前提,交割、交收是清算的后续和完成。两者最根本的区别在于:清算是对应收证券、应付证券的轧抵计算,其结果是确定应收、应付净额,并不发生财产所有权的实际转移;交割、交收是对应收、应付净额(包括证券和价款)的划转,发生财产所有权的实际转移。综上所述,债券结算业务是指债券市场的参与者之间进行的债券交易而引起的债券登记变更行为(债券过户、债券质押转移等）以及相应的资金划转业务。

债券结算方式是指在债券结算业务中，债券的所有权转移或权利质押与相应结算款项的交收这两者执行过程中的不同制约方式。主要的结算方式包括：纯券过户、见券付款、见款付券、券款对付四种。

（1）纯券过户。纯券过户只用于现券买卖的结算，是指买卖双方要求中央国债公司在结算日办理债券的交割过户时无须通知其资金结算情况的结算方式。国际证券业称这种方式为FOP（free of payment），即不以资金结算为条件的债券过户。在结算成员双方信誉比较好又彼此了解的情况下可以选用此方式。选择此结算方式，每一方都不应以未收到对方的券或款为由不如期履行交付义务。

（2）见券付款。见券付款用于现券买卖和封闭式回购到期的结算，是指在结算日买方（融券方）通过债券簿记系统得知卖方（融资方）有履行义务所需的足额债券，即向对方划付款项，然后通知中央国债公司办理债券结算的方式。这是一种对买方（融券方）有利的结算方式。

（3）见款付券。见款付券用于现券买卖和封闭式回购到期的结算，是指在结算日卖方（融资方）确认已收到买方（融券方）资金后即通知中央国债公司办理债券结算的一种方式。这是一种对卖方（融资方）有利的结算方式。

（4）券款对付。券款对付是指在结算日与资金同步进行结算并互为结算条件的方式，国际证券业称其为DVP（delivery versus payment）。一般需要债券结算系统和资金划拨清算系统对接，同步办理券和款的结算。根据国际同行业经验，债券簿记系统与支付系统连锁运作，同时进行债券和资金的转账，并配合相应的质押融资融券机制，可实现实时的、高效率的DVP。

本章小结

1. 根据交易的对象是新发行的证券还是已经发行过的证券，债券市场可分为一级市场和二级市场。根据市场组织形态，债券二级市场又可进一步分为交易所（场内交易市场）和场外交易市场。

2. 债券发行分为公募和私募两种形式。私募又称不公开的发行或内部发行，是指面向少数特定的投资者发行债券的方式；公募又称公开发行，是指发行人通过金融机构向不特定的社会公众广泛地发售债券。

3. 承销是指金融机构借助自己在证券市场上的信誉和营业网点，在规定的发行有效期限内将债券销售出去。根据金融机构在承销过程中所承担的风险和责任的不同，承销又可分为代销和包销两种方式。

4. 债券评级结果是反映债券违约风险的重要指标。目前国际公认的最具权威性的证券评级机构主要有美国的标准普尔公司（S&P）和穆迪投资者服务公司（Moody's）。标准普尔公司等级标准从高到低可划分为AAA级、AA级、A级、BBB级、BB级、B级、CCC级、CC级、C级和D级；穆迪公司等级标准从高到低可划分为：Aaa级、Aa级、A

级、Baa 级、Ba 级、B 级、Caa 级、Ca 级、C 级和 D 级。

5. 按照形成价格的直接主导力量,债券市场可分为竞价市场和交易商报价驱动市场。竞价市场根据价格形成是否连续,可将债券市场分为连续市场和集合市场。集合竞价是对在规定的一段时间内的买卖申报采取一次性集中撮合的竞价方式;连续竞价是对申报逐笔连续撮合成交。债券交易按照"价格优先,同等价格下时间优先"的原则成交和确定成交价。

6. 最典型、最完善的交易商报价驱动制度就是做市商制度。做市商是指在债券市场上,由具备一定实力和名誉的债券经营机构作为特许交易商,不断地向公众投资者报出某些债券市场的买卖价格(即双边报价),并在该价位上接受公众投资者的买卖要求,以其自有资金和债券与投资者进行债券交易。

7. 债券净价与全价之间的关系是:净价 = 全价 − 应计利息。每百元债券所含利息额(包括交易日当日在内的应计利息额)的计算公式可表示为:应计利息 = 面值 × 票面利率 ÷ 365 × 已计息天数。

8. 债券的交易方式大致可分为现券买卖、债券回购交易、债券期货(远期)交易。由于各债券市场的传统和交易方式存在差异,各市场对从交易日到交割、交收日之间的时间间隔的规定也不完全相同,主要包括当日交割、交收,次日交割、交收,例行日交割、交收。

9. 债券结算方式是指在债券结算业务中,债券的所有权转移或权利质押与相应结算款项的交收这两者执行过程中的不同制约方式。主要结算方式包括:纯券过户、见券付款、见款付券、券款对付四种。

本章重要术语

公募发行	私募发行	代销	包销	债券评级	集合竞价
连续竞价	做市商	全价	净价	现券买卖	纯券过户
见券付款	见款付券	券款对付			

延伸阅读

[美] 安东尼·克里森兹:《债券投资策略》(林东译),机械工业出版社 2016 年版。该书详细介绍了各种类型的债券投资策略,有助于读者加深对债券交易机制和债券投资风险的理解。

复习与思考

1. 债券的发行方式有哪些?金融机构在债券发行中起什么作用?
2. 债券评级有哪些作用?评级程序是怎样的?
3. 债券交易集合竞价的原理是什么?

拓展练习

通过互联网搜集债券评级的相关素材,对债券评级的作用和程序做进一步了解与分析。

第三章

债券的价格和收益率

【学习目标】

通过本章的学习，理解资金时间价值的含义，熟悉复利终值、复利现值、年金终值和年金现值的计算；理解债券估价基本模型的原理，熟练计算不同类型债券的价值；掌握久期的含义、计算方法及其在金融市场的应用。

【引导案例】

田纳西镇的巨额账单[①]

如果你突然收到一张事先不知道的1260亿美元的账单，你一定会大吃一惊，而这样的事件却发生在瑞士田纳西镇的居民身上。纽约布鲁克林法院判决田纳西镇应向美国投资者支付这笔钱。最初，田纳西镇的居民以为这是一件小事，但当他们收到账单时，被这张巨额账单惊呆了。他们的律师指出，若高级法院支持这一判决，为偿还债务，所有田纳西镇的居民将在其余生不得不靠吃麦当劳等廉价快餐度日。

田纳西镇的问题源于1966年的一笔存款。斯兰黑不动产公司在内部交换银行（田纳西镇的一个银行）存入一笔6亿美元的存款，存款协议要求银行按每周1%的利率（复利）付息。1994年，纽约布鲁克林法院作出判决：从存款日到田纳西镇对该银行进行清算的7年中，这笔存款应按每周1%的复利计息，而在银行清算后的21年中，每年按8.54%的复利计息。本案例表明，资金是有时间价值的。

➡ 第一节 货币的时间价值

时间价值是客观存在的经济范畴，任何财务收支活动都是在特定的时空中进行的。资金时间价值观念正确地揭示了不同时点上资金之间的换算关系，是财务预测与决策的基本依据，贯穿于投资过程的始终。因此，要全面掌握资金时间价值的概念和计算方法。

一、货币时间价值的含义

居民以借贷、股权等形式将货币让渡给企业或个人作为资本使用，此时居民就失去了

---

① 资料来源：https://wenku.baidu.com。

利用所投货币进行消费所带来的效用或另投其他项目的收益。为了弥补货币所有者的机会损失，货币使用者给货币所有者的无风险经济补偿，即货币的时间价值。或者说，货币时间价值是指货币经历一定时间的投资和再投资所增加的价值，也称为资金的时间价值。

货币成为资本是货币时间价值的基本条件。货币必须以借贷或股权投资的形式转变为资本，参与社会资本的周转和循环，才能获得包含无风险价值在内的收益。因此，居民手中的货币只有通过理财、创业等途径，才能创造价值，闲置货币是不会创造价值的。

衡量货币时间价值的尺度有两种：一为绝对尺度，即利息、盈利或收益；二为相对尺度，即利率、盈利率或收益率。利率和利润率都是表示原投资所能增加的百分数，因此往往用这两个指标作为衡量资金时间价值的相对尺度，并且经常两者不加区分，统称为利率。从一般意义上说，货币的时间价值是指在没有风险和通货膨胀条件下的社会平均利润率。由于利息和利率是衡量资金时间价值的尺度，故计算货币的时间价值即是计算利息的方法。

货币时间价值的大小取决于本金、利率、计息次数和计息期数。本金是居民理财投入的货币的金额。利率是衡量货币交易报酬大小的指标，利率的高低首先取决于社会平均利润率的高低，并随之变动。在平均利润率不变的情况下，利率的高低取决于金融市场上资本的供求情况。借出资本要承担一定的风险，而风险的大小也会影响利率的高低。此外，通货膨胀和借出资本的期限长短对利率也有直接影响。

二、利率的相关概念

1. 实际利率和名义利率

一般情况下均假定复利的计息期是一年，但在实际生活中，复利的计算不一定以年为计息周期，有可能是季度、月或日，最常见的购房按揭贷款的偿还金额就是以月为复利周期的。当利息在一年内复利多次时，给出的年利率叫作名义利率。例如，每月存款月利率为3‰，则名义年利率为 $3‰ \times 12 = 3.6\%$。

实际利率又称为有效利率，是把各种不同计息周期的利率换算成以年为计息周期的利率。需要指出的是，在资金的时间价值计算中，所使用的利率都是指实际利率。当然，如果计息期为一年，则名义利率就是实际年利率，因此可以说两者之间的差异主要取决于实际计息期与名义计息期的差异。名义利率与实际利率的换算公式为：

$$i = \left(1 + \frac{r}{m}\right)^m - 1 \qquad (3-1)$$

式中：i 表示实际年利率；r 表示名义年利率；m 表示每年的计息次数。

例3-1 设名义年利率为16%，每季度复利计息一次，则实际年利率为：

$$i = \left(1 + \frac{16\%}{4}\right)^4 - 1 = 16.99\%$$

若每月复利计息一次，则实际年利率为：

$$i = \left(1 + \frac{16\%}{12}\right)^{12} - 1 = 17.23\%$$

可以看出，当一年内复利多次时，实际得到的利息要比按名义利率计算的利息高；一年中复利次数越多，实际年利率越大。

特别地，当每年的复利次数趋于无穷大，即每期复利的时间间隔无穷小时，称之为连续复利。在连续复利计息的情况下，实际利率的计算公式为：

$$i = \lim_{m \to \infty} \left(1 + \frac{r}{m}\right)^m - 1 = e^r - 1 \qquad (3-2)$$

式中，e 是常数，其值约为 2.71828。

由此可得，在连续复利方式下，现在的 A 元在 t 年以后的价值为：

$$A(t) = \lim_{m \to \infty} A \times \left(1 + \frac{r}{m}\right)^{mt} = A \times e^{rt} \qquad (3-3)$$

例 3-2 小李有 10 万元用于投资，年利率是 6%，假设每年计息一次，3 年后的价值是多少？若按连续复利计算，3 年后的价值又是多少呢？

假设一年计息一次，3 年后的价值是 P_1，则：

$$P_1 = 100000 \times (1 + 6\%)^3 = 119102 \text{（元）}$$

若按照连续复利计算，3 年后的价值是 P_2，则：

$$P_2 = 100000 \cdot e^{0.06 \times 3} = 119721 \text{（元）}$$

2. 基准利率

基准利率是金融市场上具有普遍参照作用的利率，其他利率水平或金融资产价格均可根据这一基准利率水平来确定。基准利率是利率市场化的重要前提之一，在利率市场化条件下，融资者衡量融资成本、投资者计算投资收益以及管理层对宏观经济的调控，客观上都要求有一个普遍公认的基准利率水平作为参考。所以，从某种意义上讲，基准利率是利率市场化机制形成的核心。其中，以同业拆借利率为基准利率的国家有英国的伦敦同业拆放利率（Libor）、美国的美国联邦基准利率（FFR）、日本的东京同业拆借利率（Tibor）、欧盟的欧元银行同业拆借利率（Euribor）等；以回购利率为基准利率的国家有德国（1W 和 2W 回购利率）、法国（1W 回购利率）、西班牙（10D 回购利率）等。在中国，以中国人民银行对国家专业银行和其他金融机构规定的存贷款利率作为基准利率。具体而言，一般普通民众把银行一年定期存款利率作为市场基准利率指标，商业银行则是把隔夜拆借利率作为市场基准利率。

> 基准利率必须具备市场化、基础性、传递性等特征。

3. 固定利率和浮动利率

根据在借贷期内利率是否调整，可以将利率分为固定利率和浮动利率。固定利率是指在借贷期内不做调整的利率。实行固定利率对于借贷双方准确计算成本和收益都十分方便，属于借贷合约中采取的传统方式。但是，由于第二次世界大战后通货膨胀持续不断，特别是 20 世纪 70 年代后出现了几次大规模的具有普遍性的通货膨胀，实行固定利率对债权人尤其是对长期放款的债权人会带来较大的损失。因此，在越来越多的借贷合约中开始采取浮动利率。浮动利率是一种在借贷期内可定期调整的利率。根据借贷双方的协定,由一方在规定的时间依据某种市场利率进行调整,一般调整期为半年。浮动利率尽管可以为债权人减少损失,但是也因为手续复杂、计算依据多样而增加了费用开支。

4. 长期利率和短期利率

长期利率与短期利率是以信用行为的期限长短为标准进行划分的,如贷款有短期和长期之别,存款有活期与定期以及不同期限定期之别,债券划分为短期债券、长期债券乃至无期债券,等等。由于借贷期限不同,相应的利率也不同。通常情况下,我们称期限小于1年的利率为短期利率,期限在1年以上的利率为长期利率。

三、货币时间价值的度量

1. 终值与现值

货币时间价值的表现形式有现值和终值。现值是未来收益在当前时点的价值,如债券价值是债券未来能够为投资者带来收益的现值。在投资理财中现值的应用非常广泛,如证券价值评估、未到期票据兑付价值评估等。所谓终值,也称将来值,是指一定数量的资金在未来某个时点的价值,如到期存款的本息和。

由于资金具有时间价值,因此不同时点上的资金是不能直接比较其价值大小的,必须首先将它们折算到同一时点上。而将不同时点的资金折算到同一时点上,就会涉及利率或者利息的概念。在现实情况中,利息的计算有两种方式,即单利计息和复利计息,这是度量货币时间价值的两种方法。我国商业银行采用的是单利的算法,单利只计算本金所带来的利息。复利是国际通行算法,复利不仅计算本金产生的利息,还要计算上一期利息在下一期所产生的利息,即俗称的"利滚利、利生利"。一般情况下,如果投资合约中不约定计息方式,则默认为复利计息。

(1) 单利计息。在单利计息方式下,只对本金计算利息,而对每期的利息不再计息,从而每期的利息保持固定不变,即通常所说的"利不生利"的计息方法。我国银行一般是按照单利计算利息的,有些到期一次还本付息的国债也是按单利计息。

① 单利利息的计算。单利利息的计算公式为:

$$I = P \times i \times n \qquad (3-4)$$

式中:I 表示利息;P 表示本金(现值);i 表示年利率;n 表示年限。

例 3-3 某人将 10000 元存入银行,存期 2 年,年利率为 5%,单利计息,那么 2 年获得的利息为:

$$I = 10000 \times 5\% \times 2 = 1000 \text{(元)}$$

② 单利终值的计算。单利终值 F 的计算公式为:

$$F = P + I = P + P \times i \times n = P(1 + i \times n) \qquad (3-5)$$

例 3-4 接例 3-3,2 年后该存款人可以从银行取出的资金数量为:

$$F = 10000 \times (1 + 5\% \times 2) = 11000 \text{(元)}$$

③ 单利现值的计算。由单利终值的计算公式 (3-5),可得单利现值 P 的计算公

式为：

$$P = \frac{F}{1 + i \times n} \tag{3-6}$$

例 3-5 某人将于 2 年后支付 800 元，银行的存款条件为：2 年期定期存款的年利率为 5%，单利计息。该存款人为了在 2 年后能够足额支付款项，那么现在存入银行的最低数额为：

$$P = \frac{800}{1 + 5\% \times 2} = 727.27 \text{（元）}$$

（2）复利计息。在复利计息方式下，将前一期的本金与利息之和（本利和）作为下一期的本金来计算下一期的利息。如无特别说明，本书资金时间价值的计算都将采取复利的计息方式。复利终值的计算公式为：

$$F = P(1 + i)^n \tag{3-7}$$

例 3-6 接例 3-3 和例 3-4，若按复利计息，则 2 年后的本利和为：

$$F = 10000 \times (1 + 5\%)^2 = 11025 \text{（元）}$$

与例 3-4 采用单利计息的结果相比增加了 25 元，这个差额反映的就是利息的时间价值。

如果某种现金流量每年付息 m 次，则复利终值的计算公式为：

$$F = P\left(1 + \frac{i}{m}\right)^{mn} \tag{3-8}$$

当 m 趋于无穷大时，即在连续复利方式下，现金流量的终值为：

$$F = Pe^{in} \tag{3-9}$$

同样，复利现值的计算公式就是式（3-7）的逆运算，即：

$$P = \frac{F}{(1 + i)^n} \tag{3-10}$$

在连续复利方式下，复利现值的计算公式为：

$$P = Fe^{-in} \tag{3-11}$$

一般地，我们把式（3-7）中的 $(1 + i)^n$ 称为复利终值系数，记作 $(F/P, i, n)$。相应地，在式（3-10）中，$\frac{1}{(1 + i)^n}$ 称为复利现值系数，记作 $(P/F, i, n)$。

> 复利终值、复利现值等度量时间价值的系数可通过查阅相关编制完成的系数表直接得到，下面的年金终值系数、年金现值系数也是如此。

例 3-7 某人拟在 2 年后获得本利和 1000 元，假设年利率为 5%，复利计息。那么他现在应该存入的数额为：

$$P = \frac{1000}{(1 + 5\%)^2} = 907.03 \text{（元）}$$

2. 年金

年金（annuity）是指一定期限内一系列的等额收支款项，它是一组金额相等、每相邻两笔收支时间间隔都相等的现金流序列，通常用字母 A 来表示年金。年金按收支时间不同可分为普通年金和预付年金两种基本形式，此外还有递延年金、永续年金等几种特殊类型的年金。各类年金终值与现值的计算对投资价值的判断具有重要意义。

（1）普通年金的终值与现值。普通年金，也称后付年金，是指每期期末有等额的收支款项的年金，如图 3-1 所示。

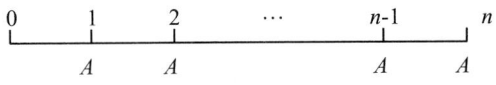

图 3-1 普通年金现金流示意

① 普通年金终值的计算。普通年金终值是指每期期末等额现金流的复利终值之和。从图 3-1 可以看出，普通年金终值的计算就是将各期的现金流复利计算到第 n 期末，然后求和。因此，普通年金终值 F 的计算公式为：

$$F = A(1+i)^{n-1} + A(1+i)^{n-2} + \cdots + A(1+i)^1 + A$$
$$= A \cdot \frac{1-(1+i)^n}{1-(1+i)} = A \cdot \frac{(1+i)^n - 1}{i} \tag{3-12}$$

在式（3-12）中，$\frac{(1+i)^n - 1}{i}$ 称为年金终值系数，记作 $(F/A, i, n)$。

例 3-8 某项目在 5 年建设期内每年年末向银行借款 1000 万元，借款年利率为 5%，则该项目竣工时应付本息的总额为：

$$F = 1000 \times \frac{(1+5\%)^5 - 1}{5\%} = 5525.63 \text{（万元）}$$

可以看出，该项目在竣工时除了要偿还 5000 万元本金外，还要支付 525.63 万元的利息。

② 偿债基金。偿债基金是指为使年金终值达到既定金额每期应支付的年金数额。显然，偿债基金是公式（3-12）的逆运算，即：

$$A = F \cdot \frac{i}{(1+i)^n - 1} \tag{3-13}$$

在式（3-13）中，$\frac{i}{(1+i)^n - 1}$ 是年金终值系数的倒数，称为偿债基金系数，记作 $(A/F, i, n)$。

例 3-9 某人拟在 3 年后还清 1000 万元债务，从现在起每年年末等额存入银行一笔款项。若银行存款利率为 5%，那么从第一年末开始每年需要存入的金额为：

$$A = 1000 \times \frac{5\%}{(1+5\%)^3 - 1} = 317.21 \text{（万元）}$$

③ 普通年金现值的计算。普通年金现值是指将各期期末的等额现金流贴现计算现值，然后求和。换句话说，年金现值就是为在每期期末取得相等金额的款项，现在需要投入的

仍然以图3-1来说明普通年金现值的计算，可得：

$$P = \frac{A}{1+i} + \frac{A}{(1+i)^2} + \cdots + \frac{A}{(1+i)^{n-1}} + \frac{A}{(1+i)^n} = A \times \frac{\frac{1}{1+i}\left[1-\left(\frac{1}{1+i}\right)^n\right]}{1-\frac{1}{1+i}}$$

$$= A \times \frac{1-(1+i)^{-n}}{i} \tag{3-14}$$

在式（3-14）中，$\frac{1-(1+i)^{-n}}{i}$ 称为年金现值系数，记作 $(P/A, i, n)$。

例 3-10 设立一项基金，计划从现在开始的10年内，每年年末从基金中提取10万元，若已知年利率为5%，则现在应存入基金的数额为：

$$P = 10 \times \frac{1-(1+5\%)^{-10}}{5\%} = 77.22（万元）$$

④ 资本回收额。资本回收额是指在给定的期限内每期期末等额回收初始投入的资本额或清偿所欠债务，其中未收回或未清偿的部分要按复利计息构成需回收或清偿的内容。显然，资本回收额的计算是年金现值的逆运算，其计算公式为：

$$A = P \cdot \frac{i}{1-(1+i)^{-n}} \tag{3-15}$$

在式（3-15）中，$\frac{i}{1-(1+i)^{-n}}$ 是年金现值系数的倒数，称为资本回收系数，记作 $(A/P, i, n)$。

3-1 商业银行住房按揭贷款每月还款额的计算

（2）预付年金的终值与现值。预付年金，也称先付年金，是指每期期初有等额的收支款项的年金，如图3-2所示。预付年金与普通年金并无实质性的差别，两者的差异在于收支款项发生的时点不同。

```
0    1    2    …   n-1    n
     A    A    A         A
```

图 3-2 预付年金现金流示意

① 预付年金终值的计算。与普通年金类似，预付年金的终值是将发生在每期期初的等额现金流的复利终值相加。从图3-2中可以看出，预付年金终值的计算公式为：

$$F = A(1+i)^n + A(1+i)^{n-1} + A(1+i)^{n-2} + \cdots + A(1+i)$$

$$= A\frac{(1+i) \times [1-(1+i)^n]}{1-(1+i)} = A \cdot \left[\frac{(1+i)^{n+1}-1}{i} - 1\right] \tag{3-16}$$

从图 3-1 和图 3-2 中可以看出，期数相同的预付年金与普通年金的付款次数相同，但由于二者的付款时间不同，预付年金终值比普通年金终值多计算一期利息。因此，在普通年金终值的基础上乘以 $(1+i)$ 就是预付年金的终值，即：

$$F = A \times \frac{(1+i)^n - 1}{i} \times (1+i) = A \times \frac{(1+i)^{n+1} - (1+i)}{i}$$

$$= A \cdot \left[\frac{(1+i)^{n+1} - 1}{i} - 1 \right] \tag{3-17}$$

式（3-16）与式（3-17）的计算结果是一致的，两式中的 $\left[\frac{(1+i)^{n+1} - 1}{i} - 1 \right]$ 称为预付年金终值系数，它是在普通年金终值系数的基础上，期数加 1，系数减 1。

例 3-11 接例 3-8，若项目在 5 年建设期内每年年初向银行借款 1000 万元，借款年利率为 5%，则项目竣工时应付本息的总额为：

$$F = 1000 \times \left[\frac{(1+5\%)^6 - 1}{5\%} - 1 \right] = 5801.91 \text{（万元）}$$

本例的结果就是用例 3-8 的结果 5525.63 万元乘以 $(1+5\%)$ 得来，这与普通年金终值与预付年金终值的关系是一致的。

② 预付年金现值的计算。预付年金现值是指在一定时期内每期期初等额收支款项的现值之和。从图 3-2 中可以推导出预付年金现值的计算公式为：

$$P = A + \frac{A}{(1+i)^1} + \frac{A}{(1+i)^2} + \cdots + \frac{A}{(1+i)^{n-1}} = A \left[\frac{1 - (1+i)^{-(n-1)}}{i} + 1 \right] \tag{3-18}$$

其中，$\left[\frac{1 - (1+i)^{-(n-1)}}{i} + 1 \right]$ 称为预付年金现值系数，它是在普通年金现值系数的基础上，期数减 1，系数加 1。另外，从式（3-18）中可以清楚看到，预付年金的现值是在期数相同的普通年金现值的基础上乘以 $(1+i)$ 得到。

例 3-12 接例 3-10，若该项基金计划在从现在开始的 10 年内，每年年初从基金中提取 10 万元，则现在应存入基金的数额为：

$$P = 10 \times \left[\frac{1 - (1+5\%)^{-9}}{5\%} + 1 \right] = 81.08 \text{（万元）}$$

本例的结果也可用例 3-10 的结果 77.22 万元乘以 $(1+5\%)$ 得到。

（3）递延年金。递延年金是指在最初若干时期内没有发生收支款项，在若干期以后每期发生等额的收支款项，可以看作不是从第一期开始的特殊形式的普通年金。m 期以后的 n 期递延年金可用图 3-3 表示。递延年金在现实生活中也经常见到，如项目投产若干年后才产生效益、贷款多少年后开始偿还等。

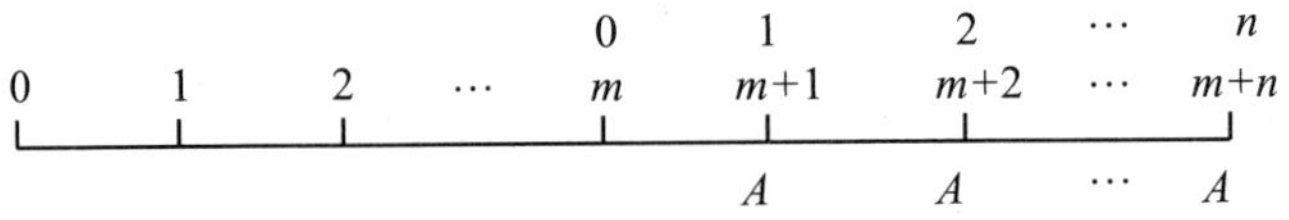

图 3-3 递延年金现金流示意

递延年金终值的计算方法和普通年金类似，这里不再赘述，本书只讨论递延年金现值的计算。从图 3-3 可以看出，递延 m 期后的 n 期递延年金与 n 期普通年金相比，两者付款期数相同，但这里按 n 期普通年金计算出来的现值只是 m 期后的 n 期年金现值，还需要再往前贴现 m 期。因此，计算 m 期以后的 n 期递延年金的现值可以分为两步：第一步，把递延年金视为 n 期普通年金，运用普通年金现值公式（3-14）求出到递延期末即第 m 期的现值；第二步，再将第一步的结果视为终值，运用复利现值公式（3-10）将第一步的结果贴现 m 期到期初。

例 3-13 假如银行发放一笔贷款，其还款要求是：前 2 年不用还本付息，从第 3 年到第 10 年每年年末偿还本息 10000 元，贷款年利率为 5%。因此，该还款方案可以看成是一个递延年金，其现值为：

$$P = 10000 \times \frac{1-(1+5\%)^{-8}}{5\%} \times \frac{1}{(1+5\%)^2} = 58623.24 \text{（元）}$$

（4）永续年金。永续年金是指每期发生的等额收支款项是无期限的，它可以视为一个无期限的普通年金。由于永续年金没有期限，所以它没有终值，或者说永续年金的终值无穷大。而永续年金的现值可以利用普通年金现值的计算公式（3-14），求出当期限趋于无穷大时普通年金现值的极限即可，即：

$$P = \lim_{n \to \infty} A \times \frac{1-(1+i)^{-n}}{i} = \frac{A}{i} \qquad (3-19)$$

在实际生活中，永续年金是不存在的，但通常期限很长的年金，在计算时可以视为永续年金来处理。每年支付给优先股股东的股利可以看成是永续年金。

例 3-14 学校拟建立一项永久性的奖学金，每年计划颁发 1 万元奖学金，若利率为 5%，则现在应该存入的数额为：

$$P = 1 \div 5\% = 20 \text{（万元）}$$

第二节 债券的价值分析

当考虑债券市场中某种债券是否具有投资价值时，投资者需要判断债券价值是被低估还是高估，即确定债券当前的市场价格与内在价值是否一致，因此决定债券的内在价值成为债券价值分析的核心。

一、收入资本化模型

实际上任何金融产品的价格，在基本原理上都可以认为是由其未来所能提供的预期收入与适当的折现率贴现求得，这种方法称为收入资本化模型。对于债券定价而言，两个最重要的数据分别是各期现金流和折现率。

1. 现金流的确定

对于一张不附带任何选择权利的债券（可称为无选择权债券），其现金流量由两部分组成:一部分是各期的利息收入;另一部分是到期日的面值收入。有些债券的利息是到期时一次支付,有些债券的利息是在债券期限内多次支付。如果是多次支付利息,通常的做法是一年支付一次或半年支付一次,因此,必须根据债券的利息支付特征来确定债券未来的现金流量。

例如,假设有一张债券,期限是 4 年,面值是 200 元,票面利率为 4%,每年支付一次利息,则该债券所产生的现金流量为:前 3 年每年有 8 元的利息产生,最后一年是 8 元利息和 200 元票面价值,即总共 232 元。当一张债券的现金流量已知时,就可以用货币时间价值尺度来度量债券的当前价值,从而可以给债券定价。

2. 折现率的确定

折现率也成为必要的到期收益率,一般都是根据市场上同类可比债券(具有相同信用等级和同样到期日的债券)的收益率来确定。实际上,投资者在购买某种债券时,总会将这种债券提供的收益与其他同类债券进行比较,从而要求得到相同的收益率。如果存在收益率的差异,市场上的供求力量或投机行为会促使同类可比债券的收益率基本平衡,所以,在为债券定价时,一般就用同类可比债券的必要收益率作为折现率。

债券的必要收益率因债券等级的不同而不同。对于信用等级越高的债券,投资者要求的必要收益率就会越低;反之,信用等级越低的债券,要求的必要收益率就会越高。例如,国债的风险是最低的,通常情况下我们用国债收益率来代表无风险收益率。但这并不意味着国债真的是零风险的,只是国债风险与金融市场上其他金融产品相比较,风险是最小的。人们一般把无风险收益率视为投资活动的最低收益率,因此,在所有的投资决策中,国债收益率成为基本的参考标准。在国债收益率的基础上,对于其他种类的债券,只需要在风险、现金流、信用、利率的敏感程度等方面进行比较后,就可以估算出由于多承担的风险而要求得到的额外收益(风险报酬)。

有了债券的现金流和必要收益率,就得到了债券定价的必要数据,于是债券的价格就等于债券未来所有现金流量的现值之和。不过,由于债券付息特征的差异,具体的债券定价公式将依据不同类型的债券而有所区别。

二、债券的估价

1. 债券估价的基本模型

债券的估价是指确定债券的内在价值,即在债券有效期内,持有人所获得的现金流的贴现值或资本化值。对于债券而言,其在有效期内能够产生的现金流一般包括两个部分:预先规定的按期支付的息票和到期日一次性支付的本金。因此,债券的内在价值可以理解为债券在有效期内支付的利息和偿付本金按照某个折现率贴现的现值之和,这个折现率也就是投资者要求的必要收益率,即:

$$V = \sum_{t=1}^{n} \frac{C}{(1+r)^t} + \frac{M}{(1+r)^n} \qquad (3-20)$$

式中:V 表示债券价值;C 表示每期支付的利息,由债券的面值 M 和票面利率 i 决定;

r 表示贴现率,通常按市场利率或投资者要求的必要收益率得到;n 表示债券的到期期限。

例 3-15 某公司发行面值为 1000 元的债券,票面利率为 8%,期限为 5 年,每年末付息一次,当时市场利率为 6%,则该债券的价值为:

$$V = \sum_{t=1}^{5} \frac{1000 \times 8\%}{(1+6\%)^t} + \frac{1000}{(1+6\%)^5} = 1084.25 \text{ (元)}$$

> 当债券价值大于面值时,称为溢价发行;当债券价值小于面值时,称为折价发行;当债券价值等于面值时,则为平价发行。

2. 零息债券的估价

零息债券在债券市场上是一种较为常见的债券品种,这种债券通常不规定票面利率,不支付名义上的利息,不过发行时按低于票面金额的价格发行,到期时则按照票面金额支付。所以,尽管零息债券不附有息票,但兑付价格和发行价格之间的差额构成了实际上的利息,成为投资者的收益。

零息债券在偿还期限内不支付利息,故未来现金流只有到期日偿还的面值。在债券市场上,贴现债券是典型的零息债券。有时债券发行人也会发行一种有规定的票面利率而又到期一次还本付息的债券,在债券定价时,因为这种到期一次还本付息债券的现金流特征与零息债券类似,所以定价方法也是一样的。

零息债券的定价原理仍然是未来现金流的现值之和,因此,零息债券的内在价值就是到期日支付的本金的现值,其计算公式为:

$$V = \frac{M}{(1+r)^n} \tag{3-21}$$

例 3-16 假设某 10 年期面值为 10000 元的零息债券,投资者要求的必要收益率为 5%,则该债券的内在价值为:

$$V = \frac{10000}{(1+5\%)^{10}} = 6139.11 \text{ (元)}$$

如果该零息债券的发行价格高于 6139.11 元,投资者将选择不购买。可以看到,零息债券是折价发行的。

3. 一次还本付息债券的估价

对于一次还本付息的债券来说,其预期现金流量是期末一次性支付的利息和本金,也就是说,其在有效期内产生的现金流是到期日一次性支付的利息和本金。如果一次还本付息债券按复利计息、按复利贴现,其内在价值的计算公式为:

$$V = \frac{M(1+i)^n}{(1+r)^n} \tag{3-22}$$

例 3-17 某债券面值为 1000 元,2 年到期,到期一次还本付息,年票面利率为 5%,投资者要求的必要收益率为 6%,则该债券的内在价值为:

$$V = \frac{1000 \times (1+5\%)^2}{(1+6\%)^2} = 981.22 \text{ (元)}$$

从某种意义上说，零息债券也是一种特殊形式的一次还本付息债券，只不过零息债券是贴现发行，到期按面值偿还。

4. 每期支付利息，到期一次还本债券的估价

对于按期付息的债券来说，其预期收入现金流有两个来源：到期日前定期支付的息票和到期偿付的票面金额。这里要指出的是，若债券一年付息 m 次，则年息票率和贴现率要被每年支付利息的次数相除，并且时期数要乘以每年支付利息的次数。其内在价值的计算公式为：

$$V = \frac{M \times i/m}{(1+r/m)^1} + \frac{M \times i/m}{(1+r/m)^2} + \cdots + \frac{M \times i/m}{(1+r/m)^{mn}} + \frac{M}{(1+r/m)^{mn}}$$

$$= \sum_{t=1}^{mn} \frac{M \times i/m}{(1+r/m)^t} + \frac{M}{(1+r/m)^{mn}} \tag{3-23}$$

对于每年付息一次的债券来说，即 $m=1$，按复利贴现的价格由式（3-20）决定，即为标准债券的估价公式。

例 3-18 某债券的面值为 800，年票面利率为 5%，每年付息一次，4 年后到期一次还本，必要收益率为 10%，则该债券的内在价值为：

每年息票 $C = 800 \times 5\% = 40$

$$V = \frac{40}{1+10\%} + \frac{40}{(1+10\%)^2} + \frac{40}{(1+10\%)^3} + \frac{40+800}{(1+10\%)^4} = 673.21$$

若债券每半年付息一次，则每期息票 $C = 800 \times 5\%/2 = 20$，每期贴现率为 $10\%/2 = 5\%$，时期数为 $2 \times 4 = 8$ 期，这时该债券的内在价值为：

$$V = \sum_{t=1}^{8} \frac{20}{(1+5\%)^t} + \frac{800}{(1+5\%)^8} = 670.74$$

从本例可以看出，当债券的期限变长时，债券内在价值的计算很烦琐。事实上，定期付息债券在有效期内产生的现金流除了到期日偿还的本金之外，按期支付的利息现金流可以看成是一个年金。因此，可以借助年金现值公式（3-14）来计算债券的内在价值。仍沿用例 3-18 的相关数据，当债券每半年付息一次时，债券的内在价值为：

$$V = 20 \times \frac{1-(1+5\%)^{-8}}{5\%} + \frac{800}{(1+5\%)^8} = 670.74$$

无论是哪种类型的债券，其内在价值指的是债券的理论价格，只要债券发行时的价格高于其理论价格，理性的投资者都将选择不购买。对于投资者而言，债券的内在价值指的是从债券购买日起至债券到期日为止这段时间所产生的现金流的现值，它着眼于"未来"二字，已经发生的现金流则不予考虑。

例 3-19 假设现有一张于 2013 年 1 月 1 日发行的面值为 1000 元的国债，其票面利率为 4%，每年 1 月 1 日计算并支付一次利息，并于 5 年后的 12 月 31 日到期。假设必要收益率为 5%，那么在 2015 年 1 月 2 日，该国债在未来能够产生的现金流为 2016 年 1 月 1 日、2017 年 1 月 1 日支付的息票各 40 元，以及 2017 年 12 月 31 日支付的最后一期利息和本金，因此这时债券的内在价值为：

$$V = \frac{40}{1+5\%} + \frac{40}{(1+5\%)^2} + \frac{40+1000}{(1+5\%)^3} = 972.77 \text{（元）}$$

5. 永久债券的定价

永久债券是指一种不规定本金返还期限，可以永不停止的按期取得利息的债券。就期限而言，永久债券与股票的特点近似，发行人可以根据自己的意愿长期持有债券，从而获得期间的利息。但是永久债券的持有者不是股东，不能参加企业的经营管理和利润分配。从债务偿还优先顺序来讲，当永久债券发行人发生债务危机时，一般债务偿还在先，永久债券偿还在后。永久债券的持有者除因发现公司破产或有重大财务事件外，一般不能要求公司偿还，而只能定期获取利息收入。基于以上特点，永久债券的偿还形式相当于一个永续年金，因此永久债券的定价公式为：

$$V = \frac{C}{r} \tag{3-24}$$

例 3-20 某制衣厂持有一张永久债券，债券的面值为 1000 元，票面利率为 8%，在市场利率为 10% 的情况下，该永久债券的价值为：

$$V = \frac{1000 \times 8\%}{10\%} = 800 \text{（元）}$$

三、影响债券价值的因素

1. 投资者要求的必要收益率

投资者要求的必要收益率对债券估价的影响体现在两个方面：一是必要收益率与票面利率的比较；二是必要收益率自身的变动对债券价值的影响。

（1）必要收益率与票面利率的比较。当投资者要求的必要收益率等于债券的票面利率时，债券的价值就等于债券的面值，此时债券的市场价格等于其面值，如果是新债券的发行，则称为平价发行。下面以每年付息一次的债券为例来证明之。

由每年付息一次债券的定价公式（3-20）可知，

$$V = \sum_{t=1}^{n} \frac{M \times i}{(1+r)^t} + \frac{M}{(1+r)^n} = \frac{M \times i}{r}[1-(1+r)^{-n}] + M \times (1+r)^{-n} \tag{3-25}$$

当必要收益率等于债券的票面利率，即 $r = i$ 时，式（3-25）变为：

$$V = M \times [1-(1+r)^{-n}] + M \times (1+r)^{-n} = M$$

所以债券的价值等于债券的面值。

当必要收益率小于债券的票面利率，即 $r < i$ 时，式（3-25）变为：

$$V > M \times [1-(1+r)^{-n}] + M \times (1+r)^{-n} = M$$

此时，债券的价值大于债券的面值。

同理，当必要收益率大于债券的票面利率时，债券的价值小于其面值。

（2）必要收益率的变动。当投资者要求的必要收益率上升时，债券的内在价值将下降；当投资者要求的必要收益率下降时，债券的内在价值将上升。这一点结论可以直观地从式（3-20）中体现出来，说明债券内在价值的变化方向与必要收益率的变化方向相反。一般情况下，影响投资者要求的必要收益率的最重要因素是市场利率，因此上述结论也可以表述为：当市场利率上升时，债券的价格将下跌；反之，当市场利率下降时，债券的价格将上升。

2. 债券的到期期限

当市场利率发生变化时，债券的到期期限越长，其价值的变化越大。换句话说，长期债券比短期债券承担的利率风险要大。此外，随着债券到期日的临近，债券的价值会逐渐接近其面值。所不同的是，折价发行的债券随着到期日的临近，其价值逐渐提高，最终在到期日等于债券的面值；而溢价发行的债券随着到期日的临近，其价值逐渐降低，在到期日也等于债券的面值。

例 3 – 21 有 A、B 两种债券，面值均为 1000 元，票面利率均为 4%，而且都是每年付息一次，到期还本。A 债券 3 年后到期，B 债券 5 年后到期。当市场利率由 6% 下降到 5% 时，两种债券的价值变化为：

利率下降前两种债券的价值分别为：

$$V_A = \sum_{t=1}^{3} \frac{40}{(1+6\%)^t} + \frac{1000}{(1+6\%)^3} = 946.54 (元)$$

$$V_B = \sum_{t=1}^{5} \frac{40}{(1+6\%)^t} + \frac{1000}{(1+6\%)^5} = 915.75 (元)$$

利率下降后两种债券的价值分别为：

$$V_A = \sum_{t=1}^{3} \frac{40}{(1+5\%)^t} + \frac{1000}{(1+5\%)^3} = 972.77 (元)$$

$$V_B = \sum_{t=1}^{5} \frac{40}{(1+5\%)^t} + \frac{1000}{(1+5\%)^5} = 956.71 (元)$$

可以看出，当市场利率由 6% 下降到 5%，债券 A 的价值上升了 26.23 元，债券 B 的价值上升了 40.96 元。也就是说，市场利率降低以后，两种债券的价值都上升，但是期限较长的 B 债券上升幅度更大。

第三节 债券收益率的衡量

债券收益率简单地说是投资者的回报率，它是用各种方法将期末的投资回报与初始投资额（债券的购买价格）进行比较。债券的投资回报是在计划的投资结束时债券的财务总值，主要包括三个部分：债券的出售价格、债券的利息和利息再投资的收入。在衡量和比较债券投资收益时，我们常常用收益率指标来描述。

一、当期收益率

当期收益率是指债券的年息票收入与债券当前市场价格的比值，计算公式为：

$$y = \frac{C}{P} \tag{3-26}$$

式中：y 表示债券的当期收益率；C 表示债券的年息票收入；P 表示债券的当前市场价格。

当债券被合理定价时，债券当前的市场价格 P 就等于计算出的理论价值 V。可以看到，当期收益率的特点是计算简单，考虑了债券价格和利息，但未考虑卖出价格和时间因素，同时忽略了利息再投资收益。

二、到期收益率

到期收益率（yield to maturity）是使得债券未来现金流的现值之和等于债券当前市场价格的贴现率，计算公式为：

$$P = \sum_{t=1}^{n} \frac{C}{(1+y_{YTM})^t} + \frac{M}{(1+y_{YTM})^n} \tag{3-27}$$

式中：y_{YTM} 表示债券的到期收益率。

可以看出，式（3-27）中的到期收益率 y_{YTM} 本质上就是式（3-20）中的贴现率 r。也就是说，到期收益率是一个公平合理的贴现率，是使得债券被公正合理定价的必要收益率。到期收益率的实现必须满足以下条件：债券现金流能够如约实现；投资者持有债券到期；投资者每期都以到期收益率进行再投资。因此，与当期收益率相比，到期收益率考虑了利息收入和投资者在持有债券至到期的时间内实现的任何资本利得，同时考虑了现金流的时间安排，顾及了利息再投资收益。

1. 零息债券的到期收益率

由于零息债券的未来现金流量就是到期支付的面值，因此根据式（3-27），可以得到：

$$P = \frac{M}{(1+y_{YTM})^n}$$

由此推导出零息债券的到期收益率为：

$$y_{YTM} = \left(\frac{M}{P}\right)^{\frac{1}{n}} - 1 \tag{3-28}$$

例 3-22 投资者以 950 元的价格买入一张 2 年期的零息债券，债券面值为 1000 元，那么该零息债券的到期收益率为：

$$y_{YTM} = \sqrt{\frac{1000}{950}} - 1 = 2.60\%$$

2. 附息债券的到期收益率

如果债券是定期付息、到期还本，则按照式（3-27）计算债券的到期收益率，它通常被看作是债券自购买日保持至到期日为止所获得的平均报酬率的测度。

例 3-23 投资者以 900 元的价格购入一张 10 年期的面值为 1000 元的国债，票面利率为 10%，每年付息一次，到期还本，计算该国债的到期收益率。

根据式（3-27），有

$$900 = \sum_{t=1}^{10} \frac{1000 \times 10\%}{(1+y_{YTM})^t} + \frac{1000}{(1+y_{YTM})^{10}}$$

从而得到债券的到期收益率为：$y_{YTM}=11.75\%$。计算结果表明，如果债券在整个有效期内的平均市场回报率为每年 11.75%，则债券价格为 900 元就是合理的定价。

> 如果债券是每半年付息一次，则年到期收益率是计算出的收益率乘以 2。

从例 3-23 可以看出，当债券的期限较长时，要精确计算出到期收益率会比较困难和复杂。债券到期收益率的近似计算公式为：

$$y_{YTM}=\frac{C+(M-P)/n}{(M+P)/2} \qquad (3-29)$$

沿用例 3-23 的数据，债券到期收益率的近似数值为：

$$y_{YTM}=\frac{100+(1000-900)/10}{(1000+900)/2}=11.58\%$$

可以看出，使用式（3-29）计算出的到期收益率近似数值与精确数值相差不大。从例 3-23 我们还可以计算出债券的当期收益率为 $100/900=11.11\%$，小于到期收益率，由此得出到期收益率与当期收益率及票面利率之间的关系：

（1）债券折价出售：票面利率 < 当期收益率 < 到期收益率；
（2）债券溢价出售：票面利率 > 当期收益率 > 到期收益率；
（3）债券平价出售：票面利率 = 当期收益率 = 到期收益率。

这里需要指出的是，到期收益率是事前计算衡量债券的预期收益率。一个债券的到期收益率高于另一个债券的到期收益率，并不意味着前者好于后者，因为两种债券所面临的风险是不同的，投资者在购买债券时需综合考虑。

三、持有期收益率

当债券期限较长时，投资者未必会选择持有债券至到期日，投资者可以随时根据自己对市场行情的判断在二级市场抛售债券获得收益，这时就需要使用持有期收益率去衡量在持有债券期间的交易成果。持有期收益率（holding period return）衡量的是自购买债券之日起至出售债券期间的年平均回报率，它等于持有期间的收入（包括资本收益和资本损失）与期初债券价格的比值，并用年率作标准化处理。计算公式如下：

$$y_{HPR}=\frac{P_{t+1}-P_t+I_{t+1}}{P_t} \qquad (3-30)$$

式中：y_{HPR} 表示持有期收益率；P_t 表示债券发行或购买价格；P_{t+1} 表示债券的出售价格；I_{t+1} 表示期间获得的债券利息。

> 如果考虑时间价值的话，债券投资在持有期间的收益包括每期支付的利息、利息再投资和偿付的面值。

例3-24 某投资者于1月1日购买了一张债券,价格为800元,面值为1000元,票面利率为12%,每半年付息一次,分别是1月1日和7月1日。该投资者于当年7月1日将这一债券售出,出售价格为850元。计算该债券的持有期收益率。

$$y_{HPR} = \frac{850 - 800 + \frac{1000 \times 12\%}{2}}{800} = 13.75\%$$

实际上,计算出的13.75%只是持有半年期间的收益率,相当于年化收益率为$(1 + 13.75\%)^2 - 1 = 29.39\%$。可以看出,持有期收益率是事后计算的实际收益率,而到期收益率是事前计算的预期收益率,各期利息都是按照到期收益率进行再投资,这是持有期收益率与到期收益率的本质区别。

第四节 债券的久期

一、债券定价原理

在金融市场上,不同债券的价格对市场利率、票面利率等要素的敏感程度是不一样的。1962年,麦尔齐对债券价格、票面利率、到期期限以及到期收益率之间的关系进行了研究,提出了债券定价的基本定理。

定理一:债券的市场价格与到期收益率呈反向变动关系。

到期收益率上升时,债券价格会下降;反之,到期收益率下降时,债券价格会上升。这一定理对债券投资分析的价值在于,当投资者预测市场利率将要下降时,应及时买入债券,因为利率下降债券价格会上涨;反之,当预测利率将要上升时,应卖出手中持有的债券,待价格下跌后再买回。

定理二:当其他因素不变,在市场利率发生变化时,债券的到期期限越长,债券价格的变化幅度越大。

也就是说,长期债券比短期债券承担的利率风险要大。定理二描述的现象可以通过例3-21体现出来。

定理三:当债券的收益率不变,债券的到期时间与债券价格的波动幅度呈正向变动关系。也就是说,到期时间越长,价格波动幅度越大;反之,到期时间越短,价格波动幅度越小。这个定理不仅适用于不同债券之间的价格波动比较,同时可以解释同一债券的期满时间的长短与其价格波动之间的关系。

例3-25 某3年期债券,面值1000元,票面利率为7%,即每年支付利息70元,如果发行价格为974.22元,则债券的到期收益率为8%。如果一年后,该债券的收益率仍保持8%不变,它的市场价格将为982.16元。这表明,在票面利率及收益率不变的情况下,随着债券到期期限的临近,债券价格的波动幅度从25.78(1000 - 974.22)元减少到了17.84(1000 - 982.16)元,价格波动幅度呈减少的趋势。

定理四:收益率变化引起的债券价格变化具有不对称性。

对于期限既定的债券,由收益率下降导致的债券价格上升的幅度大于同等幅度的收益率上升导致的债券价格下降的幅度。

例 3-26 某 3 年期债券,面值 1000 元,票面利率为 7%,若到期收益率为 7%,则债券的价格等于面值 1000 元。当收益率下降至 6% 时,债券价格上升为 1026.73 元,上升幅度为 26.73 元;当收益率上升至 8% 时,债券价格下降为 974.22 元,下降幅度为 25.78 元。很明显,同样是收益率变动 1 个百分点,收益率下降导致的债券价格上升的幅度(26.73 元)大于收益率上升导致的债券价格下降的幅度(25.78 元)。

定理五:对于给定的收益率变动,债券的票面利率与债券价格的波动幅度呈反向关系。换言之,票面利率越高,债券价格的波动幅度越小。

例 3-27 一张 5 年期面值 1000 元、票面利率为 7% 的债券 A,当收益率从 7% 上升至 8% 时,债券 A 的价格从 1000 元下降到 960.07 元,价格下降幅度为 4%。另有一张 5 年期面值 1000 元、票面利率为 5% 的债券 B,当收益率同样从 7% 上升至 8% 时,债券 B 的价格从 918 元下降到 880.22 元,价格下降幅度为 4.12%。显然,债券 B 的价格波动幅度大于债券 A。

二、麦考利久期

从债券定价的基本原理中可以看到,不同属性的债券面临的最主要风险是收益率变动风险或者利率变动风险。为更好刻画债券价格的收益率风险和利率风险,我们引入久期这一重要概念来度量。债券久期是衡量债券价格对市场利率变动的敏感性最重要和最主要的标准。久期的概念最早是麦考利(Macaulay)在 1938 年提出的,所以又称麦考利久期(简记为 D)。

1. 久期的推导

根据公式(3-20),可得债券价格的一般表达式为:

$$P = \frac{C}{(1+r)^1} + \frac{C}{(1+r)^2} + \cdots + \frac{C}{(1+r)^{n-1}} + \frac{C+M}{(1+r)^n} = \sum_{t=1}^{n} PV_t$$

其中,PV_t 表示债券在第 t 期产生流量的现值。

由此把债券价格对到期收益率(或市场利率)进行一阶求导,有:

$$\frac{dP}{dr} = \frac{-C}{(1+r)^2} + \frac{-2C}{(1+r)^3} + \cdots + \frac{-(n-1)C}{(1+r)^n} + \frac{-n(C+M)}{(1+r)^{n+1}}$$

$$= -\frac{1}{1+r} \cdot \left[\frac{C}{(1+r)^1} + \frac{2C}{(1+r)^2} + \cdots + \frac{(n-1)C}{(1+r)^{n-1}} + \frac{n(C+M)}{(1+r)^n} \right] \quad (3-31)$$

定义债券的久期 D 为:

$$D = \frac{\dfrac{C}{(1+r)^1} + \dfrac{2C}{(1+r)^2} + \cdots + \dfrac{(n-1)C}{(1+r)^{n-1}} + \dfrac{n(C+M)}{(1+r)^n}}{P}$$

$$= 1 \times \frac{\dfrac{C}{(1+r)^1}}{P} + 2 \times \frac{\dfrac{C}{(1+r)^2}}{P} + \cdots + (n-1) \times \frac{\dfrac{C}{(1+r)^{n-1}}}{P} + n \times \frac{\dfrac{C+M}{(1+r)^n}}{P}$$

$$= \sum_{t=1}^{n}\left[t \times \frac{PV_t}{P}\right] \qquad (3-32)$$

可以看出，麦考利久期是使用加权平均数的形式计算债券的平均到期时间。它是债券在未来产生现金流的时间的加权平均，其权重是各期现金流的现值在债券价格（总现值）中所占的比重。具体的计算过程是将每期债券现金流的现值除以债券价格，得到每一期现金支付的权重，并将每一次现金流发生的时间同对应的权重相乘，最终合计得出整个债券的久期。

例 3-28 某债券面值为 1000 美元，收益率为 10%，票面利率为 8%，每年付息一次，3 年后到期偿还本金。计算该债券的久期。

债券当前价格为：

$$P = \frac{80}{1+10\%} + \frac{80}{(1+10\%)^2} + \frac{80+1000}{(1+10\%)^3} = 72.73 + 66.11 + 811.42 = 950.26（美元）$$

所以，债券的久期为：

$$D = \frac{1 \times 72.73 + 2 \times 66.11 + 3 \times 811.42}{950.26} = 2.78（年）$$

2. 久期的性质

性质一：零息票债券的久期等于它的到期时间。

由于零息票债券以贴现方式发行，期间不需要支付利息，在到期日一次性偿还本金。所以，该债券的市场价格等于到期偿还的本金的现值，从而得到零息票债券的久期 $D = n \times \frac{PV_n}{P} = n \times \frac{PV_n}{PV_n} = n$。

性质二：附息债券的久期严格小于它的到期期限。

例 3-28 的计算结果已表明这一结论。

性质三：当市场利率和到期时间不变时，债券的久期随着票面利率的降低而延长。

接例 3-28，当其他条件不变，只是把债券的票面利率设定为 6%，可以按照式（3-32）计算出债券的久期为 2.82 年，比例 3-28 中票面利率为 8% 的债券久期要长。

性质四：当市场利率和票面利率不变时，债券的久期通常随着债券到期时间的延长而增加。

债券无论是以面值还是折价或溢价出售，久期总是随到期时间的增加而增长。只是对于折现率很高的债券，久期可能会随着到期时间的增长而下降。然而，事实上所有可交易的债券都可以安全地假定久期随到期时间的增加而增长。

性质五：当其他因素不变，债券的到期收益率较高时，附息债券的久期较短。

由于较高的收益率减少了债券所有支付的现值，尤其是更远期支付的数额，因为远期支付所占的比例更大。因此，在较高收益率时债券总值的更多部分依赖于它的早期支付数额，从而减少了有效到期时间。

3. 久期的运用

不同债券价格对市场利率变动的敏感程度是不同的，对于一个对未来收益率变化有预期的投资者，若在未来他所预期的收益率变化情况成为现实，则可以通过作为价格敏感性指标的久期来估计出若干债券的价格变动情况，从而选择出收益最好的债券。因此，久期可以作为债券利率弹性的一个重要衡量指标。

从式（3-31）和式（3-32）可以得到：

$$\frac{dP}{dr} = -\frac{1}{1+r} \cdot D \cdot P \tag{3-33}$$

对于收益率或利率发生的较小幅度改变量 Δr，有 $\frac{dP}{dr} \approx \frac{\Delta P}{\Delta r}$，从而式（3-33）可以写成：$\frac{\Delta P}{\Delta r} \approx -\frac{1}{1+r} \cdot D \cdot P$，即：

$$\Delta P \approx -D \cdot P \cdot \frac{\Delta r}{1+r} \tag{3-34}$$

式（3-34）表明，当收益率或利率发生较小幅度变动时，债券价格与收益率或利率之间呈近似的线性反向关系，为此我们可以利用久期来度量债券价格的近似改变量。需要指出的是，式（3-34）中的 r 是变动前的收益率或利率水平，Δr 有正负号之分。

例 3-29 接例 3-28，其他条件不变，当收益率从 10% 下降到 9% 时，使用久期计算债券价格的改变量。

根据式（3-34），可以得到债券价格的改变量为：

$$\Delta P \approx -2.78 \times 950.26 \times \frac{9\% - 10\%}{1+10\%} = 24.02 \text{（美元）}$$

也就是说，当收益率从 10% 下降到 9% 时，债券价格大约上升了 24.02 美元。

当然，我们也可以按照式（3-20）计算出债券价格的实际改变量为：

$$\Delta P' = \frac{80}{1+9\%} + \frac{80}{(1+9\%)^2} + \frac{80+1000}{(1+9\%)^3} - 950.26 = 24.43 \text{（美元）}$$

可以看到，使用久期计算的债券价格近似改变量与实际改变量的误差很小，该结论对收益率或利率发生小幅度变动（通常情况下不超过 100 个基点）是适用的。当收益率或利率一次性变动幅度过大时，使用久期计算的债券价格近似改变量与实际改变量的误差会比较大，这时式（3-34）就不再适用了。

通常情况下，我们把式（3-33）中的 $\frac{D}{1+r}$ 称为修正久期，记为 D_m。因此，式（3-33）可以改写为：

$$D_m = -\frac{\frac{dP}{P}}{dr} \tag{3-35}$$

式（3-35）表明，修正久期是收益率上升或下降 1 个百分点时，债券价格下降或上升的百分数，称为债券价格波动率关于利率波动的敏感度。由于麦考利久期是市场利率的减函数，所以修正久期也是市场利率的减函数，即市场利率越高，修正久期就越小，从而债券的利率风险就越低。在利率下降时，久期长的债券价格上升幅度较大；在利率上涨时，久期长的债券价格下跌的幅度也较大。因此，投资者在预期未来降息时，可选择久期长的债券；在预期未来升息时，可以选择久期短的债券。

由于修正久期可以由麦考利久期除以（1 + r）计算得出，所以修正久期与债券到期时间、票面利率的关系类似于麦考利久期与它们之间的关系。与麦考利久期相比，修正久期所表示的含义更加直观，同时修正后的久期与麦考利久期不同，它不是时间概念，而是一个强度概念，反映了市场利率变化对债券价格的影响程度。

麦考利久期除了可以用来度量债券价格的利率风险之外，还可以为金融机构的资产负债管理服务。例如，一家机构的资产负债管理人员选择借入一笔浮动利率资金，然后投资于有预期盈利的资产，那么资产负债管理人员需要知道手中拥有的资产对于利率波动的敏感度以及负债价值的变动额。一旦利率发生变动，导致负债的增加额高于由资产价值增加所产生的补偿，则对于资产负债管理人员来说并不是好事。这时，资产负债管理人员可以使用久期来更好地匹配资产与负债的期限结构，从而在最大程度上规避利率风险。关于久期的资产负债管理功能，本书会在第五章进行详细阐述，这里不再赘述。

4. 凸性

由于久期本身也会随着利率的变化而变化，所以它不能完全描述债券价格对利率变动的敏感性，同时对于收益率的微小变化而言，不管上升还是下降，债券价格变化的百分比是相同的。对于收益率发生大幅度变化，久期不是一个好的利率风险衡量尺度。这是因为久期是对收益率的一阶近似值，而这个近似结果可以用二阶近似值来改善，这就是凸性，记为 K。凸性的计算公式如下：

$$K = \frac{1}{P} \sum_{t=1}^{n} \frac{PV_t \cdot (t^2 + t)}{(1 + r)^{t+2}} \qquad (3-36)$$

久期描述了价格—收益率曲线的斜率，而债券的凸性反映了债券价格变动率与债券收益率变动关系的曲度。凸性是债券价格对收益率的二阶导数，是对债券久期利率敏感性的测量。在价格—收益率出现大幅度变动时，它们的波动幅度呈非线性关系，凸性就是对这个偏离的修正。

本章小结

1. 货币时间价值是指在不考虑通货膨胀和风险性因素的情况下，货币资金在其周转使用过程中随着时间因素的变化而变化的价值，其实质是货币资金周转使用后带来的利润或实现的增值。

2. 现值，又称本金，是指货币资金现在的价值；终值，又称本利和，是指货币资金经过若干时期后包括本金和时间价值在内的未来价值。

3. 复利终值的计算公式为：$F = P(1 + i)^n$，复利现值是复利终值的逆运算。

4. 年金（annuity）是指一定期限内一系列的等额收支款项，它是一组金额相等、每相邻两笔收支时间间隔都相等的现金流序列。年金的类型包括普通年金、预付年金、递延年金等。

5. 普通年金终值的计算公式为：$F = A \cdot \frac{(1+i)^n - 1}{i}$，偿债基金是普通年金终值的逆运算。

6. 普通年金现值的计算公式为：$P = A \times \frac{1 - (1+i)^{-n}}{i}$，资本回收额是普通年金现值的逆运算。

7. 预付年金的终值和现值是在普通年金终值和现值的基础上乘以 $(1+i)$ 得到。

8. 债券的内在价值或理论价格是债券未来支付的各期利息和到期偿付的本金的折现值之和，计算公式为：$V = P = \sum_{t=1}^{n} \frac{C}{(1+r)^t} + \frac{M}{(1+r)^n}$。

9. 债券投资收益率的度量指标包括当期收益率、到期收益率和持有期收益率等。其中，到期收益率是衡量债券投资收益率最重要的指标，它是债券未来产生现金流量的现值之和等于债券当前市场价格时的贴现率。

10. 久期是用来衡量债券的价格相对于利率波动敏感性的指标，是债券在未来产生现金流的时间的加权平均，其权重是各期现金流的现值在债券价格中所占的比重。

本章重要术语

货币时间价值	复利终值	复利现值	连续复利	普通年金	偿债基金
资本回收额	预付年金	递延年金	当期收益率	到期收益率	
持有期收益率	久期	修正久期	凸性		

延伸阅读

张元萍：《投资学》，中国金融出版社 2013 年版。

该书详细介绍了债券收益率的度量和久期的运用，有助于读者加深对债券定价原理的理解。

复习与思考

一、简答题

1. 什么是收入资本化模型？
2. 债券定价理论有哪些原理？
3. 影响债券投资收益的因素有哪些？
4. 久期的特征和局限性有哪些？

二、计算题

1. 某厂生产的大型设备售价为 20 万元，但有些客户不能马上付清购货款，只能采用分期付款的办法，假设基准利率为 10%，问：

（1）若购买时先付一笔货款，以后每年末再等额付款 3 万元，4 年全部付完，则购买时应付货款多少元？

（2）若购买时用户先付 8 万元，以后五年中每年末等额付款若干元，并在第六年末再付 5 万元使货款全部付清。那么，第一年到第五年的每年年末应等额偿付多少元？

2. 假如银行发放一笔贷款，其还款要求是：前三年不用还本付息，从第四年到第十年每年年末偿还本息 5000 元，贷款年利率为 12%。该还款方案可以看成是一个递延年金，其现值为多少？

3. 现有一张于 20×5 年 1 月 1 日发行的面值为 1000 元的国债，其票面利率为 8%，每年 1 月 1 日计算并支付一次利息，并于 5 年后的 12 月 31 日到期。假设必要收益率为 10%，那么在 20×7 年 1 月 2 日，该债券的内在价值为多少？

4. 某债券票面金额为 1000 元，票面利率为 8%，每年付息一次，5 年后到期一次还本，必要收益率为 10%，则该债券的内在价值为多少？若债券每半年付息一次，这时该债券的内在价值为多少？

5. 现有面值 1000 元、年息票率 8%（按年支付）的 4 年期债券，其到期收益率为 8%。要求：

（1）计算它的久期；

（2）使用久期计算当市场利率下降 2% 时，债券价格的近似改变量，同时计算债券价格的实际改变量，比较近似改变量与实际改变量是否相同，如若不同，解释原因。

拓展练习

通过互联网搜集商业银行住房抵押贷款按月等额本息还款的实际案例，并结合本章所学知识具体分析随着还款期的变化，每月还款额中的本金部分和利息部分的变动情况。

第四章

利率的风险结构与期限结构

【学习目标】

通过本章的学习，理解即期利率与远期利率的含义，掌握即期利率和远期利率之间的关系和计算；熟知利率风险结构理论中的违约风险、流动性风险、税收因素的具体内容；熟练掌握利率期限结构理论的主要内容。

【引导案例】

国债收益率曲线的轮回和宿命[①]
——收益率曲线倒挂有多"罕见"？

2017年2月以来，期限利差"一压再压"，国债收益率曲线开始呈现加速"平坦化"的特征，长短端期限利差不断收窄。2月上旬，一级市场1Y、10Y关键期限国债招标，1Y国债中标利率较前一日二级市场大幅上行16bp（相比之下，10Y国债仅上行7bp），引导二级市场收益率曲线平坦化进一步加剧，10Y、1Y国债利率自2013年6月来再度出现倒挂，期限利差几乎接近历史最低水平。

曲线"极度平坦化"是一个不太常见的信号。正常情况下的收益率曲线呈现斜向右上的"东北向"形态，"一字形"甚至倒挂的曲线只有在相当特殊的环境中才会出现。历史上，中国10Y-1Y国债期限利差的均值水平在107bp附近，平均波动幅度约55bp，期限利差多数时间在52bp~162bp之间徘徊。如果我们将期限利差跌破52bp定义为"极度平坦化"，历史上仅出现过5次，分别是：2003年7月至9月、2008年9月至10月、2011年6月至10月、2013年6月至2014年1月以及2014年8月至2015年4月，如图4-1所示。倒挂的曲线则更为罕见，真正意义上的倒挂（剔除数据异常）在历史上仅出现过一次，即2013年6月"钱荒"期间，而且当时也仅持续了4个交易日。

曲线为何会出现极端的平坦化甚至倒挂？从理论上看有两种解释逻辑。一是市场"分割"论：假定不同期限债券的交易者类型存在着割裂，那么倒挂的曲线意味着不同久期偏好的投资者对市场的看法出现了分歧，偏好长久期债券的投资者对未来债市走势相对乐观，而偏好短久期债券的投资者对未来债市走势相对悲观。二是无偏预期论：假定将长期利率看作是短期利率的"合成"（例如，10Y利率看作10个1Y利率的复合收益），那么倒挂的曲线意味着市场预期未来短期利率会下行，也就是说，理论上倒挂的曲线往往预示着经济和通胀将出现下滑。

[①] 覃汉、尹睿哲：《国债收益率曲线的轮回和宿命》，https://wallstreetcn.com/articles/3014604，2017年6月。

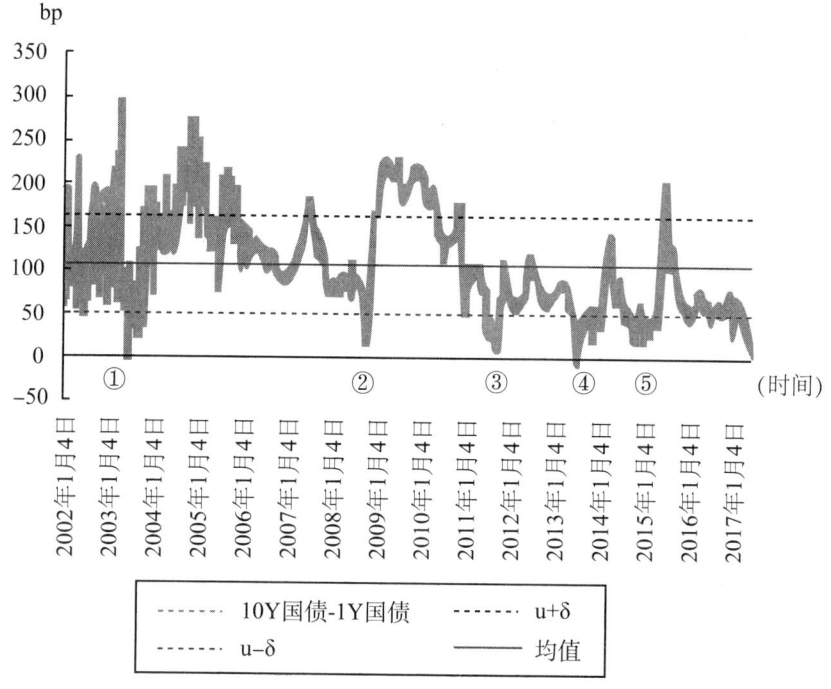

图 4-1　中国 10Y-1Y 国债期限利差变动

资料来源：根据 Wind、国泰君安证券研究公开数据绘制。

第一节　即期利率与远期利率

一、即期利率

即期利率（spot interest rate）是指在特定时点上的零息债券的到期收益率。零息债券就是不派息的债券，其以低于债券面值的价格被购买，在到期时按照票面金额进行给付。零息债券在投资期间没有利息给付，所以是一种贴现债券。

我们以 1 年期贴现债券为例，根据到期收益率的计算可以得出：

$$P_1 = \frac{M_1}{1 + i_1} \quad (4-1)$$

其中：P_1 表示 1 年期零息债券的市场价格；M_1 表示 1 年期零息债券的面值；i_1 表示 1 年期的即期利率。

这里的到期收益率 i_1 便是 1 年期债券的即期利率，那么推广开来，t 年期零息债券的到期收益率的计算关系式如下：

$$P_t = \frac{M_t}{(1 + i_t)^t} \longrightarrow i_t = \sqrt[t]{\frac{M_t}{P_t}} - 1 \quad (4-2)$$

其中：P_t 表示 t 年期零息债券的市场价格；M_t 表示 t 年期零息债券的面值；i_t 表示 t 年期的即期利率。

当前市场上零息票债券一般为短期债券,期限一般小于1年,所以只有短年期的即期利率是可以直接获取的。那么如何根据条件计算2年期等多年期即期利率呢?多年期债券一般为附息债券,设未来每段时间债券需要支付的现金流为C_t,根据现值计算公式便可求得多年期即期利率:

$$PV = \sum_{t=1}^{n} \frac{C_t}{(1+i_t)^t} \qquad (4-3)$$

例4-1 已知1年期零息债券的即期利率为4%,2年期附息债券的面值为1000元,市场价格为850元,息票率为10%。我们按照不同期间对应即期利率进行贴现。

由以上条件,我们可以得到:

$$850 = \frac{100}{1+4\%} + \frac{1100}{(1+i_2)^2}$$

经过计算得到$i_2 = 20.8\%$。

这里需要注意的是,即期利率是从当前时点进行分析得出的结果,如果同时我们考虑未来的时间因素,又会发生怎样的改变呢?如果资金借贷双方约定在未来的某个时间的利率水平,例如双方约定1年后借出的1年期借款的利率水平,这就是远期利率。这个远期利率并非实际发生值,这只是人们对未来即期利率的一种预期结果。

二、远期利率

远期利率是指现在时刻的将来一定期限的利率,也就是当前就可以锁定的今后某一段时间内的利率。远期利率是一种市场利率,反映市场所认为的合适的未来利率。如果我们已经确定了收益率曲线,那么所有的远期利率就可以根据收益率曲线上的即期利率求得。所以远期利率并不是一组独立的利率,而是和收益率曲线紧密相连的。但值得注意的一点在于远期利率并非是对未来利率的预测。在成熟市场中,一些远期利率也可以直接从市场上观察到,即根据利率远期或期货合约的市场价格推算出来。正是由于这一点,在现代金融分析中,远期利率有着非常广泛的应用,尤其是在对冲工具的设计方面,因此远期利率也被称为对冲利率,可以用来锁定未来期间的交易利率,消除不确定性。它们可以预示市场对未来利率走势的期望,一直是中央银行制定和执行货币政策的参考工具。更重要的是,在成熟市场中几乎所有利率衍生品的定价都依赖于远期利率。

例4-2 承接例4-1,该债券除了上述贴现方法以外,还可以先按远期利率将2年期债券折算成1年后的现值,然后再一次折现到当期计算现值。计算如下:

$$850 = \frac{100}{1+4\%} + \frac{1100}{(1+4\%)(1+f_{1,2})}$$

其中:$f_{1,2}$表示1年以后的1年期利率。

最后求解得出$f_{1,2} = 40.3\%$

4-1 理解远期利率

三、即期利率与远期利率的关系

从前述分析我们可以看出,即期利率与远期利率的区别就在于计息日的起点不同,即期利率的起点在当前时刻,而远期利率的计息起点在未来某一时刻。设当期时刻为 0,远期利率与即期利率的关系描述如图 4-2 所示。

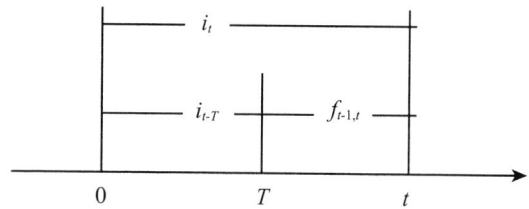

图 4-2 即期利率与远期利率的关系

将本节中的贴现过程一般化,计算 $t-1$ 期远期利率使以上两种 t 年期投资策略的总收益相等:买入并持有一只 t 年期零息债券等价于买入 $t-1$ 年零息债券再将收益投入一只 1 年期债券。

$$(1+i_t)^t = (1+i_{t-1})^{t-1} \times (1+f_{t-1,t}) \tag{4-4}$$

由此可以解出远期利率:

$$(1+f_{t-1,t}) = \frac{(1+i_t)^t}{(1+i_{t-1})^{t-1}} \tag{4-5}$$

在这里,远期利率被定义为收支相抵的利率,理解为一个 t 期零息债券的收益率等于 $t-1$ 期零息债券在 t 期再投资所得的总收益率。接下来通过例 4-3 来说明这一计算过程。

例 4-3 不同期限的零息债券的价格和到期收益率如表 4-1 所示。

表 4-1　　　　　　　　零息债券的价格和到期收益

期限	到期收益率(%)	价格(元)
1	5	952.38
2	6	890.00
3	7	816.30
4	8	735.03

根据表中信息求出第三年的即期利率。

根据即期利率与远期利率的关系式:

$$(1+f_{t-1,t}) = \frac{(1+i_t)^t}{(1+i_{t-1})^{t-1}}$$

代入题中数据,可以得到:

$$(1+f_{3,4}) = \frac{(1+i_4)^4}{(1+i_3)^3} = \frac{1.08^4}{1.07^3} = 1.1106$$

由此得出远期利率 $f_{3,4} = 11.06\%$。

第二节 利率的风险结构理论

金融市场上固定收益证券种类繁多，其利率也存在较大区别，了解利率形成机制，对于投资者决策使用不同的管理策略具体有重要作用。本节重点研究期限相同的证券利率却并不相同的深层次原因。

利率的风险结构（the risk of interest rate structure）描述的正是同期限证券面临的不同利率水平之间的关系，反映了证券所承担的风险对其收益率的影响。利率的高低往往不单单与期限有关，还受其他众多因素的影响，使得不同种类证券即使期限相同，利率水平也会有所不同。而且其利率水平也会随期限的波动而发生波动，造成这种现象的原因主要是受到违约风险、流动性风险和税收等因素的影响。股票、债券等金融工具的利率取决于发行者的信用状况、盈利能力等，一般用信用评级作为评估发行主体违约风险的大小。因此，风险相对较大的金融工具，要求的收益率（利率）就偏高；反之则较低。在经济学上，投资者的期望收益率 = 无风险利率 + 风险溢价，风险溢价即是投资者要求的风险补偿，因此，利率随风险的增大而增大。

一、违约风险

违约风险（default risk，也称信用风险）是指委托信用关系中的一方无法履行其承诺的支付本金和利息的义务。公司一旦经历了巨大亏损，非常有可能暂停其债券的利息给付。因此除了政府发行的国债之外，其他主体发行的债券都存在不同程度的债务违约风险。不同违约风险的债券，投资者要求的收益率也不相同，对于违约风险高的债券，投资者也必然会要求较高的预期回报率。现实中，信用评级是评价不同种类债券违约风险的重要手段，不同信用等级债券之间的收益率差（yield spread）则反映了不同违约风险的风险溢价，因此也称为"信用利差"。其中，有违约风险债券与无风险国债之间的利差被称为风险升水，即违约风险的补偿（风险报酬）。有违约风险的债券的风险升水恒为正，并且风险升水随着违约风险的增加而增加。

那么为什么会产生这种现象呢？为了探究违约风险和债券利率之间的关系，我们从供求理论来进行分析。如图4-3所示，假定有这样一种企业债，信誉良好、到期给付，等价于无风险债券。那么从理论上来说，该企业债等价于国债这类无风险债券。同时假定两种证券具有相同的特征（风险和期限），那么二者初始均衡价格和债券利率都是一致的。当该企业经营出现巨大问题，债券拒付的可能性增加（违约风险加大），期望收益下降，企业债券的收益愈发不确定。很明显，这种情况下投资者更加偏好国债。企业债券的需求下降需求曲线左移，同样国债的需求曲线右移。这种移动带来了企业债券价格的降低

（收益率的提高），国债价格的提高（收益率的降低），企业债券和国债之间的利差即风险升水由 0 上升到 $i'_c - i'_g$。因此有违约风险债券总是有正的风险升水，并且违约风险的增加会提高风险升水。

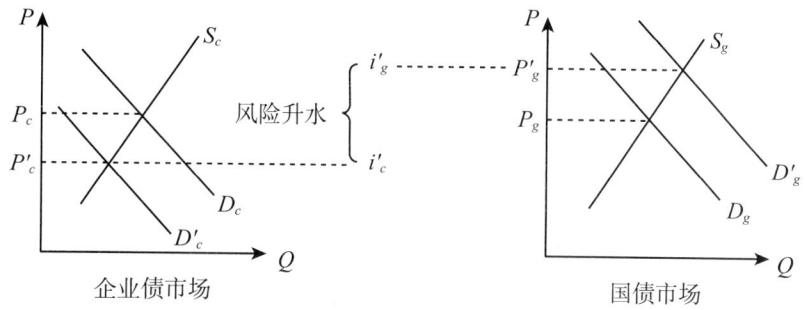

图 4-3 有违约风险债券与无违约风险债券关系

既然违约风险如此重要，那么投资者对于违约风险的了解就十分必要。违约风险信息由信用评级机构（credit-rating agency）提供，表现为信用评级。债券信用评级（bond credit rating）是以企业或经济主体发行的有价债券为对象进行的信用评级。债券信用评级大多是企业债券信用评级，是对具有独立法人资格的企业所发行的某一特定债券按期还本付息的可靠程度进行评估，并标示其信用程度的等级。这种信用评级，目的是为投资者购买债券和证券市场债券的流通转让活动提供信息服务。国债和国家机构发行的金融债券，通常认为是无风险债券，所以不需要信用评级，但其他风险类证券的信用评级是十分必要的。

本节根据中国债券信息网公布的数据进行整理，选取了以下五种不同违约风险的债券，其收益率情况如表 4-2 和图 4-4 所示。

表 4-2　　　　　　　　　不同信用等级债券收益率对比

收益率 偿还期	中债国债收益率（到期）	中债企业债收益率（到期）AAA	中债企业债收益率（到期）A	中债企业债收益率（到期）BBB	中债企业债收益率（到期）B	中债企业债收益率（到期）CCC
1	3.0333	4.1611	8.7311	14.2711	25.0711	30.5211
2	3.0504	4.3075	9.5675	15.1575	25.9775	31.4175
3	3.0584	4.3342	9.7442	15.3342	26.1342	31.5342
4	3.1119	4.3860	9.8760	15.4660	26.2760	31.6760
5	3.175	4.4416	9.9716	15.5316	24.3416	31.7416

资料来源：中国债券信息网 2017 年 4 月 14 日数据。

通过图表分析我们可以看出，违约风险越高、信用等级越低的债券收益率水平越高。从图 4-4 中可以看到，信用等级为 C 的债券收益率最高，而国债最低，可见风险升水随着违约风险的增加而增加。

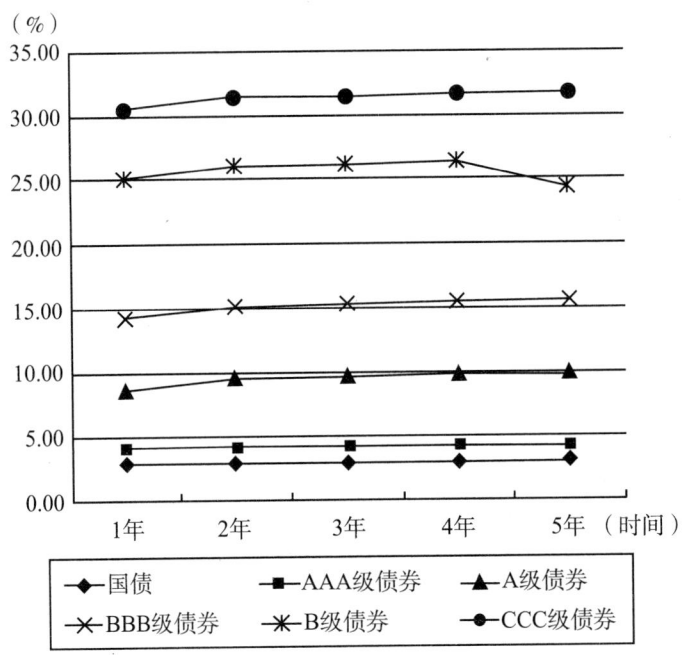

图 4-4　不同信用等级债券收益率对比

资料来源：中国债券信息网 2017 年 4 月 14 日数据。

二、流动性风险

影响固定收益证券收益率的另一个重要因素就是流动性。流动性风险（liquidity risk）是指由于资产变现速度慢而可能遭受的损失。债券的流动性越强，越受欢迎，变现越容易，利率越低；反之，流动性越弱，利率越高。如果某种债券的交易量很大且交易者数量众多，那么这种债券的流动性就会很高。在我国，国债的交易量大，交易者众多，可以迅速变现且转换成本较低，是目前流动性最强的债券。其他类型债券的交易量和流动性都小于国债，转让时是折价转让。这样，我们可以发现投资者将国债转换成其他类型债券，会要求一个正的流动性风险补偿。因此其他类型债券与国债之间的利差（即风险报酬）不单单反映了违约风险，还反映了流动性风险，但是传统意义上依旧叫作风险报酬。需要注意的是，在总的利差中是很难区分出违约风险补偿和流动性风险补偿的具体额度的。

在国际上，大多数发展中国家的债券在利率调整后的收益率通常高于发达国家相同到期期限的债券收益率的另一个原因是，发展中国家的金融工具多数情况下具有较低的流动性。这是因为很多发展中国家的金融市场的成交量很低。像日本、英国、德国等政府债券的持有者确信他们手中的债券在需要的时候很容易马上卖出，相比之下，孟加拉国等政府发行的债券变现能力就差很多。

三、税收因素

税收也是影响固定收益证券利率水平的一个重要因素。西方国家地方政府债券的违约风险高于中央政府债券，流动性也比较差，但地方政府债券的利率却是比较低的，原因是二者的税收待遇不同。地方政府债券的利息一般是免缴所得税的，而投资于中央政府债券就可能承担税收风险。税率越高的债券，其税前利率也越高。

所以投资者更关注税后收益率：

$$Y = Y_t(1-t) \tag{4-6}$$

其中：Y 表示税后收益率；Y_t 表示税前收益率；t 表示税率。

例如，宝华资产管理公司投资的某个公司债券的税前收益率为9%，税率为20%，那么该公司税后实际收益率为7.2%。税基与税率均与应纳税额正相关，因此税率高的债券，投资者要求的必要收益率也会相应提高。对于纳税等级比较高的人来说，免税债券减免的税额是一笔庞大的款项，这一点对于他们是十分重要的。承接我们上面提到的例子，如果宝华公司的投入本金为5000万元，则该公司应缴税款为90万元，若投资者投资免税债券，这笔税款则可以免予缴纳。

我们参照表4-1中的数据，其中1年期国债的收益率为3.0333%，1年期AAA级企业债的收益率为4.1611%，除去信用风险的影响，在一定程度上国债的免税效应也是影响其收益率的一个重要因素。所以，投资者需要将非免税债券的税后收益与期限和风险相同的免税债券的收益率相比较，以做出最优决策。

四、其他条款

附加其他条款的债券也会影响债券的收益水平。债券附加的某些条件通常是给予债务人某项权利或者限制债权人某项权利。例如，可赎回债券给予了发行人赎回的权利，发行人可以在适当的时机选择赎回债券。这项赎回条款对发行人有利而对投资人不利，所以投资人有权要求相应的收益率补偿。这种风险的差别我们通过下面的例子进行具体说明。

我们选取两种类型债券：一种是普通债券（不可赎回债券），其面值为1000元，票面利率为8%，到期期限为30年；另一种是可赎回债券，其票面利率为8%，到期期限为30年，但发行者按面值的110%进行赎回，即1100元。当利率下降时，债券价格上升，当赎回价格低于相同利率下普通债券的价格，债券发行者便会赎回债券。

4-2 赎回收益率

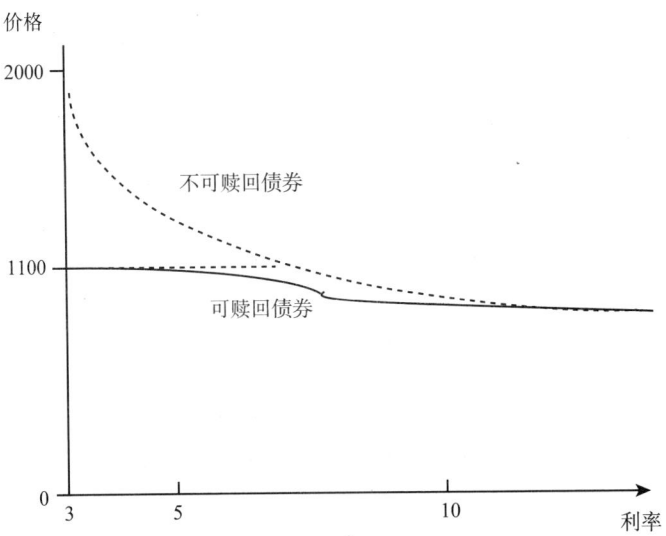

图 4-5　可赎回债券与不可赎回债券对比示意

图4-5中的实线代表可赎回债券的价值,在利率处于较高水平时,债券价格水平处于低位。一般情况下,债券发行者不会考虑在这种条件下赎回债券,因此投资者在这一阶段面临的赎回风险很小甚至忽略不计的。随着利率的逐渐升高,可赎回债券和不可赎回债券的价格是逐渐收敛的。在低利率水平下,可赎回债券和不可赎回债券的价格是逐渐发散的,这种发散的原因在于回购公司的权利价值。当利率低至使得赎回价格低于相同利率下普通债券的价格时,回购公司才会考虑回购事项。

除此之外,某些条款是对投资人有利的,如可转换条款,投资人在适当的时机可以将债权转换为股权,成为公司股东。这一条件对投资者有利,所以可转换债券的收益率通常低于普通债券的收益率。

第三节　利率的期限结构理论

利率期限结构（term structure of interest rates）是指具有相同风险及流动性的证券,其利率随到期日的长短会有所不同。一般来说,违约风险、流动性以及税收特征相同的证券,在不同的期限条件下,利率迥异。不同于利率的风险结构,利率的期限结构理论更加强调理论性。在利率期限结构理论的架构中,收益率曲线是用来描述利率期限结构的重要手段,在本章的知识架构中处于基础地位。

一、收益率曲线

1. 收益率曲线的推导

证券持有期不同,证券收益率亦会不同。而把期限不同但违约风险、流动性等因素相同的证券收益率连接成线，如此便得到收益率曲线（yield curve）。任意时刻的收益率曲线都是由市场参与者的预期和风险偏好决定。

若市场共同预期未来四年短期利率的变动如表4-3所示。

表4-3　　　　　　　　　不同期限贴现债券的1年期利率

期限	年利率（%）
1	8
2	10
3	11
4	11

假设债券面值为1000元，那么：

1年期贴现债券的当前价格：1000/1.08 = 925.93（元）
2年期贴现债券的当前价格：1000/(1.08×1.10) = 841.75（元）
3年期贴现债券的当前价格：1000/(1.08×1.10×1.11) = 758.33（元）
4年期贴现债券的当前价格：1000/(1.08×1.10×1.11×1.11) = 683.18（元）

根据当前价格和债券收益率的计算公式，

$$P_t = \frac{1000}{(1+y_t)^t}$$

可以计算出不同期限的到期收益率（这里也是一种即期收益率）。不同期限的到期收益率具体数值如表4-4所示。

表4-4　　　　　　　　　不同期限的到期收益率

期限	价格（元）	到期收益率（%）
1	925.93	8.000
2	841.75	8.995
3	758.33	9.660
4	683.18	9.993

将到期时间和到期收益率绘制在图中，便得到了二维平面上的到期收益率曲线，如图4-6所示。

2. 收益率曲线的形状

现实中，随着时间的变化收益率曲线可以呈现出各种不同的状态，从理论上来说收益率曲线主要划分为：向上倾斜（上升型）、向下倾斜（下降型）、水平型和峰型，如图4-7所示。

由于收益率曲线是将各种国债的到期收益率与期限联系起来，因此也被称为利率期限结构。我们选取具有相同风险、流动性、税收因素的国债来描述到期收益率曲线，讨论一般情况下现实市场到期收益率曲线的具体形状，如图4-8所示。

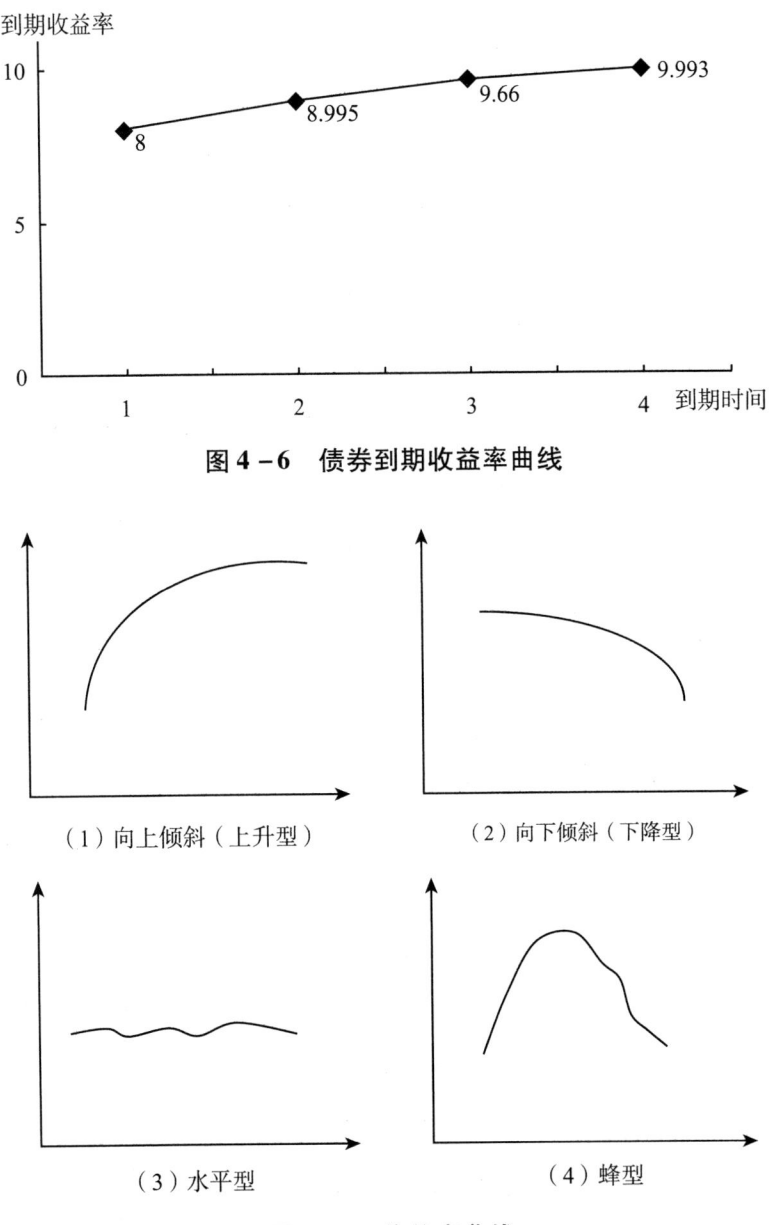

图 4-6 债券到期收益率曲线

（1）向上倾斜（上升型）
（2）向下倾斜（下降型）
（3）水平型
（4）蜂型

图 4-7 收益率曲线

我们选取的收益率曲线为向上倾斜的收益率曲线，而这也是最经常出现的状况：长期债券收益率高于短期债券收益率。那么收益率曲线还有哪些其他的特征呢？在实践中，人们通过观察大量的收益率曲线，发现市场中不同期限的债券收益率水平还有以下特点：

第一，长短期利率同向波动，即短期利率上升（下降），长期利率一般也会上升（下降），即不同期限债券的利率随时间同向变动。

第二，短期利率偏低，收益率曲线向上倾斜的可能性大；短期利率偏高，收益率曲线向下倾斜的可能性大。

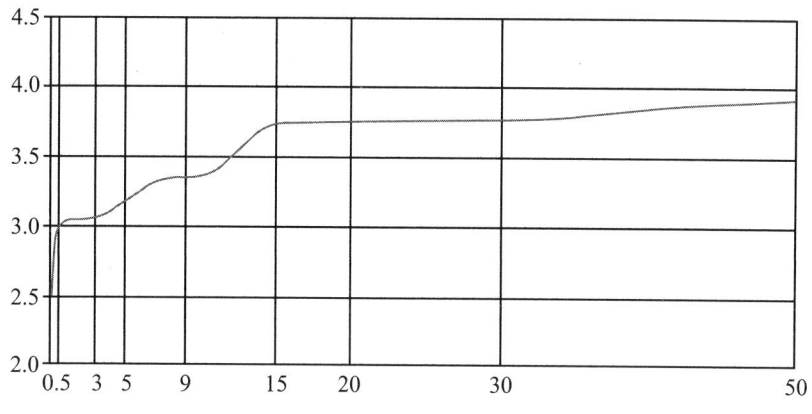

图 4-8 国债收益率曲线

资料来源：中国债券信息网 2017 年 4 月 14 日数据。

第三，多数情况下，收益率曲线向上倾斜。

那么收益率曲线为什么存在这样的现象呢？为解释这三种现象存在的原因，接下来我们将运用期限结构理论从不同角度对此进行解释。

4-3 收益率曲线拟合方法——插值法

二、利率期限结构理论的主要内容

传统的利率期限结构理论主要包括：纯预期理论、流动性偏好理论、偏好理论、市场分割理论。

市场分割理论存在一个理论假设：不同期限的债券是完全不能相互替代的，所以不同期限之间的收益率没有相互影响。不同于市场分割理论，前三种利率期限结构理论建立在远期利率与预期的未来即期利率紧密联系的假设之上，也就是假定不同期限的债券是可以相互替代的，所以纯预期理论、流动性偏好理论、偏好理论这三种理论又被称为利率期限结构的预期理论。利率期限结构理论的构成体系如图4-9所示。

那么这三种预期理论又是如何划分的？这三种理论间的差别主要聚焦在有无系统性因素影响远期利率。其中，无偏预期理论假定并无系统性因素影响远期利率。而流动性偏好理论和偏好栖息地理论则认为存在其他影响因素，所以这两种理论被称为有偏的预期理论（biased expectations theories）。

4-4 交易所国债利率期限结构实证研究

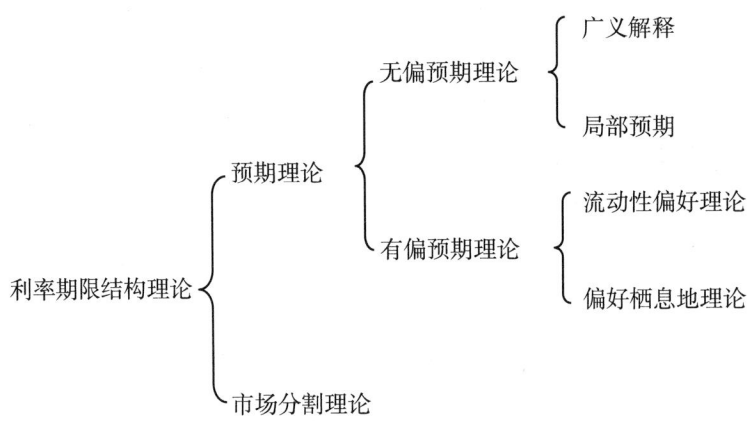

图 4-9 利率期限结构理论的框架

1. 无偏预期理论

无偏预期理论（unbiased expectations theory）又名纯预期理论、无偏预期假说，率先由费雪（Irving Fisher，1896）提出，希克斯（Hicks，1946）和弗莱德里奇·A. 卢兹（Fred Ritchie A. Lutz，1949）等人逐渐完善发展，是一种应用广泛的利率期限结构理论。

该假说主要基于以下假设条件：(1) 经济人假设，即投资者追求利润最大化；(2) 无偏好假设，投资者对证券期限没有特殊偏好；(3) 无交易成本假设，即交易成本为 0；(4) 完全竞争市场假设；(5) 完全替代的证券具有相同的预期收益率；(6) 完全预期假设，即所有市场参与者具有相同预期，投资者对证券预期准确并根据该预期做出行动。

无偏预期理论强调，远期利率等于该期限内人们预期未来的即期利率，收益率曲线反映市场参与者的综合预期。因此，某一时点的期限结构可以反映现在市场关于未来短期利率情况的预期。无偏预期理论下，利率期限结构取决于对未来利率的市场预期，使得第 t 年的远期利率等于第 t 年的预期的即期利率，即：

$$f_{t-1,t} = es_{t-1,t} \tag{4-7}$$

其中，$f_{t-1,t}$ 表示第 t 年的远期利率；$es_{t-1,t}$ 表示预期的第 t 年的即期利率。

根据第一节中即期与远期利率的关系得到：

$$(1+s_1) \times (1+es_{1,2}) \times (1+es_{2,3}) \times \cdots \times (1+es_{t-1,t}) = (1+s_t)^t \tag{4-8}$$

无偏预期理论认为，收益率曲线的形状主要由市场预期的未来短期利率决定。该理论可以解释收益率曲线向上、向下、水平和峰型的现象。如果人们预期未来短期利率将会上升，即 $es_{t-1,t} > s_{t-1}$，那么

$$(1+s_{t-1})^{t-1} \times (1+es_{t-1,t}) > (1+s_t)^t \tag{4-9}$$

因此 $s_t > s_{t-1}$，收益率曲线将会出现上扬的状态，意味着未来等量投资的回报将会大于现在等量投资的回报。

同理，如果市场预期的未来短期利率低于当前短期利率，长期利率必然低于当前短期利率，收益率曲线向下倾斜；预期短期利率不变时，收益率曲线表现为水平状态。而峰型

的收益率曲线则是因为市场预期较近的一段时间内短期利率会上升，而在较远的将来，市场预期短期利率将会下降。

从另一个角度来理解这种现象，我们举一个简单的例子阐述这种思想。以 2 年投资期限为例，根据完全替代的证券具有相同的预期收益率这一假设，对于债券投资者而言，投资于 2 年期债券的收益率应等于投资 1 年期债券，1 年后期满再投资 1 年期债券取得的收益率是相等的。即：

$$(1+s_1) \times (1+es_{1,2}) = (1+s_2)^2 \qquad (4-10)$$

其中，s_1 表示 1 年期债券即期利率；$es_{1,2}$ 表示预期 1 年后 1 年期债券的即期利率；s_2 表示 2 年期债券即期利率。

展开整理：

$$1 + s_1 + es_{1,2} + s_1 \times es_{1,2} = s_2^2 + 2s_2 + 1 \qquad (4-11)$$

由于 $s_1 \times es_{1,2}$ 与 s_2^2 数值较小，酌情忽略最后可得：

$$s_2 = \frac{s_1 + es_{1,2}}{2} \qquad (4-12)$$

进一步拓展为 3 年期债券的情况，我们根据以上过程可以分析得出：

$$s_3 = \frac{s_1 + es_{1,2} + es_{2,3}}{3} \qquad (4-13)$$

进一步拓展为到期期限为 n 年的债券：

$$s_n = \frac{s_1 + es_{1,2} + es_{2,3} + \cdots + es_{n-1,n}}{n} \qquad (4-14)$$

若加入时刻 t 的因素，该公式又可以发展成：

$$s_{nt} = \frac{s_t + es_{t+1,2} + es_{t+2,3} + \cdots + es_{t+n-1,n}}{n} \qquad (4-15)$$

> S_n 既是 n 年期债券的即期利率，又由于 $n>1$ 是长期利率。同理，$es_{n-1,n}$ 既是 $n-1$ 年后 1 年期债券的即期利率，又由于其期限为 1 年也可以称为短期利率。

用一个简单的例子说明：如果在债券市场上，1 年期债券的收益率为 4%，预期明年 1 年期收益率为 5%，预期后年 1 年期收益率为 6%，那么目前债券市场上的 3 年期债券的即期收益率应为：(4% + 5% + 6%)/3 = 5%。

从这一关系式中我们可以看出，长期债券的利率等于长期债券到期之前预期的短期债券利率的平均值。因此当收益率曲线向上倾斜时，长期利率高于当前短期利率，未来短期利率预计会高于当前短期利率。反过来说，人们预计未来短期利率升高，最终导致收益率曲线向上倾斜。收益率曲线向下倾斜的状况也是这个原因。

根据无偏预期理论，可以理解不同期限债券的利率随时间同向变动这第一个特征。短期利率有一个特征，即当期短期利率增加，会使得未来短期利率也有增加的趋势。短期债券利率的增加会提高投资者对未来短期利率的信心和预期。因为长期利率等于预期短期利率的平均值，所以造成短期利率和长期利率同向变化。针对第二个特征，短期利率偏低，收益率曲线向上倾斜的可能性大；短期利率偏高，收益率曲线向下倾斜的可能性大。利率是均值回归的，当利率处于不正常的高水平时，会趋于降低；处于不正常的低水平时，会趋于升高。当短期利率较低时，人们预期未来利率会上升到某个正常的水平，且未来短期利率水平会高于当前短期利率水平，所以长期债券利率水平将会大大高于当期短期债券的利率水平，收益率曲线向上倾斜。

虽然无偏预期理论可以很好地解释前两种特征，但是却无法解释第三种特征，即实际中收益率曲线通常情况下总是向上倾斜的现象。从理论上分析，人们对短期利率的预期既有上升也有下降的现象，且发生概率持平，如此说来收益率曲线应该水平，但是实际并非如此，这正是无偏预期理论的局限之处。

2. 流动性偏好理论

流动性偏好理论（liquidity premium theory），也称为流动性溢价理论、流动性升水理论，其基本思想是：长期证券的利率水平等于整个期限内预计出现的所有短期利率的平均数，再加上一定的风险补偿，也就是流动性升水。这是由于证券的期限越长，本金价值波动的可能性就越大，因此投资者一般倾向于选择短期证券。但是借款人却偏向于发行稳定的长期债券，结果就是借款人要是投资者购买长期债券，就需要给投资者一定的风险补偿，这就造成了长期利率高于当期短期利率和未来短期利率的平均值。

该假说隐含下列表述：（1）期限不同的证券之间是可以相互替代的，但又不是完全替代，短期债券的收益率水平会影响长期证券的利率水平；（2）投资者对不同期限的证券偏好不同，一般更倾向于短期证券；（3）证券收益率大小对投资者的影响程度要大于期限长短对投资者的影响。

流动性偏好理论可以表示为：

$$s_{nt} = \frac{s_t + es_{t+1,2} + es_{t+2,3} + \cdots + es_{t+n-1,n}}{n} + l_{nt} \tag{4-16}$$

其中，l_{nt} 表示一个正的流动性升水，也就是风险补偿或风险溢价，这是流动性偏好理论与无偏预期理论的最大区别，如图 4-10 所示。只有一个正的风险补偿率才能吸引投资者考虑放弃短期证券而选择长期证券。

流动性偏好理论至少能够解释以下五种收益率曲线的变化情况。（1）即使短期利率在未来的平均水平保持不变，由于存在正的流动性升水长期利率也会高于短期利率，这也就解释了大多数情况下收益率曲线向上倾斜的现象。（2）若预期利率水平将会有所下降，那么只要同期风险补偿的水平能够超过预期利率平均数的下降水平，长期利率仍然能够向上倾斜。这就解释了为什么在预期短期利率小幅下降的情况下，收益率水平还可以保持向上倾斜的情况。（3）若预期短期利率大幅度下降，那么在较低的短期利率水平上加一个正的溢价，也不能弥补这种下降带来的影响，收益率曲线有时候也就会出现向下倾斜的情形。（4）当短期利率水平较低时，投资者往往预期短期利率水平会有所上升，那么预期

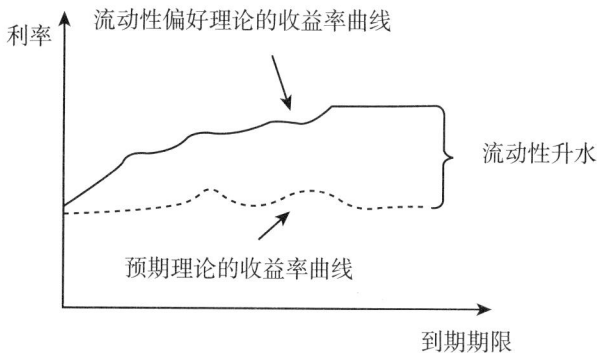

图 4-10 流动性偏好理论与无偏预期理论的关系

未来短期利率的平均数就会相对高于现行的短期利率水平，再加上一个正的风险溢价后，就会使长期利率水平大大高于现行的短期利率水平，从而出现了收益率曲线比较陡峭的向上倾斜；反之收益率曲线会大幅向下倾斜。（5）在一定的时间水平前提下，短期利率的上升意味着平均来看短期利率水平将来会更高，因而长期利率也会随之上升，这就解释了不同期限证券的利率总是同向波动的原因。

3. 偏好理论

偏好理论（preferred habitat theory）由莫迪利安尼和萨奇在 1966 年提出，他们认为不同类别的投资者具有的偏好会使投资者处于自身偏好的期限市场进行交易。如果某一方面出现重大收益率诱导因素，投资者将放弃原有投资习惯，转而进入其他市场；如果收益率诱惑性不大，投资者亦不会转换投资。偏好理论事实上是以三大理论为基石的：一是期限偏好；二是对未来短期利率的预期；三是补偿性质的流动性升水。因此该理论认为利率期限结构反映了未来利率的预期和流动性风险升水，但是并不认同流动性风险升水随着期限的增加而增加，这也是它同流动性偏好理论相比最大的区别。

> 偏好理论有时译作偏好栖息地理论、优先置产理论、优先聚集地理论、特定期限偏好理论。

偏好理论实质上可以理解为市场分割理论与流动性偏好理论的折中。在利率期限结构中，很多时候偏好理论甚至并不作为一种独立的理论而存在，只是作为一种对预期理论的修正和补充，又或看作市场分割理论的一种变形。相对之下该理论更加强调，如果资金供求在特定的期限范围内不均衡，投资者和发行者并不会离开自身偏好的期限区间进行投融资活动，并获得供求不均带来的经济利益的流入。为了改变投资者特定的偏好区间，发行者可能许以收益率溢价，使得投资者承受偏离其偏好的期限区间的投资风险。当然只有足够的成本节约能够补偿筹资风险，发行者才会偏离其偏好的期限区间进行筹资。

由于双方偏好不同，所以偏好理论认为这种收益率溢价的大小并不确定，可正可负。资金借贷双方的决策主要取决于风险溢价补偿的大小，而收益率曲线的形状不仅受到利率预期的影响，也受到风险溢价的影响，所以借贷双方的决策和收益率曲线的形状都会有很大的不确定性。针对收益率曲线的三个特征，偏好理论的条件下是都可能实现的，即偏好理论下收益率曲线的形状具有极强的多样性。

4. 市场分割理论

无偏预期理论中隐含着长短期债券可以完全相互替代的假定，于是长期债券的投资收益率等于短期债券预期的平均收益率。流动性偏好理论也存在这样的假定：长短期债券在提供流动性溢价的条件下是可以相互替代的。这两种理论下长短期利率是相互联系的，由共同的市场均衡决定。偏好理论在足够的收益率溢价的条件下，长短期债券也是可以转化的。而市场分割理论假定不同期限的债券是完全不能相互替代的。

相较于预期理论，期限结构理论中的市场分割假说（segmented markets hypothesis）认为，投资者的投资需求、法律制度、文化心理往往不同，因此，投资者一般来说也都有自己偏好的某个特定品种证券，最后导致不同期限的证券的利率由这种证券的供求关系决定，而不会受到其他证券预期回报率的影响。这就形成了以期限为划分标志的细分市场。短期投资者投资短期债券市场，短期债券市场上的均衡决定了短期债券市场的利率水平；长期投资者投资长期债券市场，长期债券市场的均衡决定了长期债券市场的利率水平，利率期限结构是由各自市场的均衡利率决定。于是市场被分割开来，投资者只在一个市场上投资，而不会进入另一个市场，即使另一个市场的收益率更高。具有不同到期期限的债券市场是完全独立和分割的，不同到期期限的债券的利率由该债券的供给和需求决定，与其他不同期限的债券的收益率无关。

那么是什么原因导致了市场分割的现象呢？从法律限制来看，如政府限制某一特定市场资金的进入；缺乏能够在未来进行交易的证券市场，因此未来价格不能与现期价格连接，如有的国家只有即期市场而没有远期市场；缺乏在国内市场销售的同一债券工具；证券风险的不确定性；不同期限债券不能完全替代，导致不同债券的预期回报率对其他债券的需求没有影响等。

从这一理论出发，又如何解释收益率曲线的形成呢？正是由于不同债券的供求关系造成了收益率曲线形式的不同。（1）如果市场对短期债券的需求高于对长期债券的需求，就会使得当前的短期债券具有较高的价格和较低的利率水平，长期债券具有较低的价格和较高的收益率，长期利率高于短期利率，收益率曲线呈现向上倾斜的状态。（2）如果市场对短期债券的需求低于对长期债券的需求，那么长期债券具有较高的价格和较低的收益率，短期债券具有较低的价格和较高的收益率。在这种情形下，收益率曲线向下倾斜。（3）如果两种需求相等，收益率曲线便呈现水平状态。

这种市场分割假说可以有效解释典型的收益率曲线往往向上倾斜的现象。因为人们一般情况下存在"喜短厌长"的心理，所以对长期证券的需求比短期证券要少，造成长期证券的现价较低，收益率较高，长期收益率大于短期，收益率曲线自然向上倾斜。但是这种理论却无法解释第一和第二种现象，即同向波动、短期利率较低（高），收益率曲线向下（上）倾斜的现象。

但是从实际来看，市场分割理论与现实状况并不一致，或者说实现的可能性较小。虽然投资者会选择与自己投资期限相等的债券以规避风险，但是投资者为了增加收益，在一定条件下也是会进入另一个市场的。当另一个市场的收益率足够吸引投资者时，投资者便会进入另一市场进行投资活动。因此市场分割理论与实际不相符。只有在市场无效,信息完全不流通,投资者无信息参考,错过盈利机会,或者资金不流动,市场分割理论才会成立。

本章小结

1. 即期利率(spot interest rate)是指在特定时点上的零息债券的到期收益率。远期利率是指现在时刻的将来一定期限的利率,也就是当前就可以锁定的今后某一段时间内的利率。

即期利率的计算公式如下:

$$i_t = \sqrt[t]{\frac{M_t}{P_t}} - 1$$

即期利率与远期利率的关系如下:

$$(1 + f_{t-1,t}) = \frac{(1 + i_t)^t}{(1 + i_{t-1})^{t-1}}$$

2. 利率的风险结构(the risk of interest rate structure)描述的是同期限证券面临的不同利率水平之间的关系,反映了证券所承担的风险对其收益率的影响。它与违约风险、流动性因素、税收因素等有密切关系。

3. 利率期限结构(term structure of interest rates)是指具有相同风险及流动性的证券,其利率随到期日的长短会有所不同。期限结构反映到收益率曲线上,其通常呈现出三种现象。第一,长短期利率同向波动,即短期利率上升(下降),长期利率一般也会上升(下降),即不同期限债券的利率随时间同向变动。第二,短期利率偏低,收益率曲线向上倾斜的可能性大。短期利率偏高,收益率曲线向下倾斜的可能性大。第三,多数情况下,收益率曲线向上倾斜。

4. 传统的利率期限结构理论主要包括:纯预期理论、流动性偏好理论、偏好理论、市场分割理论。

本章重要术语

即期利率	远期利率	利率的风险结构	利率的期限结构
纯预期理论	流动性偏好理论	市场分割理论	收益率曲线
流动性升水			

延伸阅读

[英]莫德·休亨瑞:《债券收益率曲线手册》(北京融和友信科技有限公司译),企业管理出版社2016年版。

该书通俗易懂、简明扼要地描述了债券收益率种类及收益率曲线的推导,有助于读者加深对利率期限结构理论的理解。

复习与思考

一、简答题

1. 简述金融市场上不同期限债券利率水平的主要特点。
2. 联系实际论述利率的风险结构。
3. 简述流动性升水理论的主要内容。

二、计算题

1. 某客户询问银行是否愿意承诺在1年后以8%的利率提供一笔1年期贷款。银行收取的贷款利率要高于相同期限国债的预期利率1个百分点，才可以保证盈利。如果银行贷款经理估计出流动性溢价为0.4%，1年期国债利率为6%，2年期国债利率为7%，那么该理财经理是否应该接受这笔贷款申请？试说明理由。

2. 假设现时1年期即期利率是6%，1~2年、2~3年的远期利率分别为8%和9%，计算面值为1000元、息票率为7%（按年支付）的3年到期债券的价格。

3. 现时1年期的即期利率是6%，1~2年的远期利率为9%。现有一张面值为1000元、息票率为8%的2年期债券，每年付息一次。假定出售该债券的价格是合理的，计算投资于该债券的到期收益率。

4. 宝华资产管理公司考虑购买一种5年期公司债券或5年期地方政府债券。公司债券的面值为1000元，年息票率为12%，当期收益率为11.5%。地方政府债券的面值为1000元，年息票率为8.5%，当期收益率为7%。假定税率为35%，那么宝华资产管理公司选择哪一种债券更有利？试说明理由。

拓展练习

通过互联网搜集某一时期内国债的价格数据，并结合本章所学知识具体分析该期限国债收益率曲线的特征。

第五章

债券投资组合管理策略

【学习目标】

通过本章的学习,理解债券投资组合管理策略的划分依据及具体分类;掌握消极债券组合管理策略的主要内容,重点掌握免疫策略的应用方法;掌握积极债券组合管理策略的主要内容;理解债券投资的基本原则和技巧。

【引导案例】

2012年哈尔滨银行债券投资组合策略选择[①]

对于实体经济而言,2012年年初以来企业部门投资需求的萎缩,以及去杠杆行为的结果,推动了实体经济的流动性宽松,并产生了借贷利率下降的结果。但考虑到投资需求的利率弹性为负,即当利率下降时,投资需求上升。那么,在投资需求下降所导致的利率回落趋势中,当利率调整到一定程度时,其在边际上产生的投资需求将导致利率降速较前期减慢。基于这样的原因和机制,尽管投资需求在今后仍将大概率的处于下滑中,但就利率和实体经济流动性层面而言,其下降或恢复的速度将有可能明显放慢。基于全年经济是"V形"走势的判断,债券收益率曲线的期限利差将继续走低,全面转向之后再回升。

对于债券投资品种来说,首先,如果预计年内10年期国债收益率可以下降至3.3%,则2年期国债收益率可能下降至2.3%;同样10年期金融债收益率下降至3.7%,2年期金融债收益率也下降至2.7%附近。通过测算可以得出期限越长,债券的投资收益越大。其次,金融债的投资收益要高过国债。如10年期金融债和国债之间的利差已经达到80BP左右,处于历史较高水平。最后,当前上海银行间同业拆放利率(Shanghi Interbank Offered Rate,SHIBOR)浮息债具有投资价值。从扯平收益率来看,除1年期以外3年至7年扯平收益率都大幅低于3个月SHIBOR利率,而且以3个月SHIBOR为基准的浮息金融债当前收益率高于固息。同时,3个月SHIBOR处于历史较高水平,未来随着经济回落通胀下行,货币政策转向,3个月SHIBOR利率也将随资金宽松而回落,因此从持有和交易角度来看都具有较高的投资价值。

在流动性恢复和盈利能力下滑这个经济周期大背景下,流动性的影响不再致命,而盈利能力的下滑对利差的影响更加显著。因此盈利波动较小的品种在流动性宽松的背景下是更好的选择。

通过以上分析,哈尔滨银行当前环境下债券投资策略应为:

第一,做好债券投资价值分析,以债的定价与估值理论为基础,构建哈尔滨银行良性的债券投资组合体系。

---

① 李志强:《哈尔滨银行债券投资组合策略研究》,哈尔滨工业大学硕士毕业论文,2012年。

第二，分析国家宏观经济政策，研判市场走势，进行积极的债券管理，适时对债券投资组合结构进行调整，在货币政策紧缩的情况下采用免疫策略，以满足全行整体的流动性管理和资产负债管理需要。

第三，分析国家宏观经济政策，研判市场走势，进行积极的债券管理，适时对债券投资组合结构进行调整，在货币政策宽松的情况下采用积极的收益率曲线变动策略进行债券投资，以取得组合最大的投资收益。

第四，债券投资组合在期限多样化的前提下，要尽量缩短久期。对于具体债券投资期限的选择，考虑将主要资金投资于收益率曲线的中部，期限在3年左右。这些债券的收益率并不低，风险也小。

第五，在债券投资品种上尽量做到分散化，在控制风险的前提下，适当增加信用类债券占比。在组合中配置一些高评级的短期信用类债券，使之与理财产品等短期负债业务相匹配，有效平衡全行资产业务和负债业务。

第六，加强投资组合的风险管理，加强对宏观经济形势和市场的预测，及时有效释放风险。

第一节 债券资产管理策略的选择

债券资产的管理策略大致可以分为两类：消极的债券投资组合管理策略和积极的债券投资组合管理策略。其中，奉行消极策略的投资者承认市场有效性，主张个人无法战胜市场，投资者无法获得超出市场平均收益率的超额收益率。基于此，消极策略投资者进行资产投资组合的主要目标就是控制风险以获得与风险相当的投资回报率。也就是说，投资者倾向于保持一种适度的风险—收益均衡，而不是通过利用内幕信息或者自身洞察力跑赢市场。与此相反，执行积极投资组合策略的投资者认为，市场并非有效，个人可以战胜市场获得超额收益率，其更多考虑的是投资收益而不是投资带来的风险。由此，积极策略投资者可以获得风险调整下的超额收益率。在本章中，我们主要介绍的消极投资组合策略包括：买持策略、免疫策略、现金流匹配策略、指数化策略；积极的投资组合策略包括：债券互换、投资期限分析法、或有免疫。

由于投资者对于市场有效性的判断会直接决定债券资产管理策略是积极策略还是消极策略的选取。因此在固定收益证券市场上我们需要先考虑有效市场假说（EMH）。

如果债券价格只是反映所有的历史信息，那么这样的债券市场就是弱式有效市场。弱式有效市场假说认为，证券价格的变动是独立事件，历史价格信息是无助于未来价格行为的预测；如果债券信息反映了所有公开信息，那么这样的债券市场就是半强式有效市场。半强式有效市场假说认为，根据公开信息而采取的行动却通常无法获取收益；如果债券价格反映所有的信息，既包括公开的信息，也包括非公开信息（内幕信息），这样的债券市场就是强式有效市场。如果市场是强式有效的，那么投资者是无法长期获得经过风险调整过的市场超额收益率。由于债券价格完全反映所有信息，对于投资者来说，信息分析加工的工作是无效的。正因如此，如果投资者承认市场有效性，那么消极的债券管理策略就是首选，毕竟在这种条件下，投资者的目的不是超越市场，而是控制风险，并承担与风险相适应的回报率。反之，如果投资者承认市场非有效性，那么就可以通过不断地搜集分析信息，利用债券的定价进行投资；或者通过信息预测未来的价格走势，把握市场时机的抉择进行投资，以期获得超额收益率。

市场有效性的问题需要从实证方面进行考虑。理论上来说，不同市场或者说同一市场不同阶段的市场有效性都是不同的。但是实际上，对于同一个市场的有效性，不同的投资者也会有不同的判断。那么市场的有效性程度到底如何？这也是投资者策略选择过程中面临的第一个决策性问题。如果这个问题已经有了答案，那么需要引起注意的是，市场有效代表我们无法跑赢有效市场，但市场无效也并不代表我们百分之百可以跑赢市场。我们发现了非有效的地方，如定价失误，进行投资，经过市场的调整，我们便可以获得超额收益，在一定程度上跑赢市场。由此便涉及策略选择的第二个问题，在我们认为的市场有效性程度下，它是否给了我们跑赢市场的契机？如果我们对这两个问题都持肯定的看法，积极的管理策略是合适的，反之亦然。如果两个问题的看法并不一致，我们也可以将两种策略合理地结合应用进行资产管理。

第二节 消极的债券投资组合管理策略

如果债券市场是有效的，那么债券的价格会反映所有公开可得的信息，投资者获得风险调整后的超额收益率的希望是渺茫的，此时最好的投资策略就是消极的债券管理策略（passive bond management）。这也就意味着消极债券管理者认为在有效市场中债券定价是合理的，并且仅试图控制持有的固定收益资产组合的风险，追求的目标主要就是：本金保证、追平指数或者高预期收益率。本节我们将主要介绍四种主要的消极债券管理策略：买持策略、免疫策略、现金流匹配策略、指数化策略。

一、买持策略

债券管理策略中的买持策略（buy-and-hold strategy），是指投资者根据自身需要购买不同期限的债券，以获得定期的固定本息收入为目标，并持有至到期的管理策略。简要概括为：组合管理者根据管理目标构造债券组合，并持有至到期。这是最简单的债券组合管理策略，投资者如果厌恶风险便可以采取买持策略，来获得固定的现金流收入。采取适当的买持策略，不但可以消除债券价格风险，还可以获得稳定的债券利息收入。要采用买持策略，债券的选择就显得尤为重要，其中债券的信用质量、息票率、到期期限等契约条款是首要考虑因素。投资者的目标在于寻找那些到期期限或者久期接近于投资者预期投资期间的债券，并降低价格风险和再投资风险。在现实中，买持策略多用于个人投资者而非机构投资者。个人投资者多厌恶风险且资产管理能力不强，因此对于个人投资者来说买持策略是最简单的管理策略；而机构投资者的专业化水平通常较高，可以进行随机调整，所以这种策略的应用并不常见。

对于个人投资者来说除了上述契约条款和久期的因素之外，还要注意以下四个方面：
第一，采取买持策略代表需要持有至到期，因此债券的选择应多为无违约风险债券或者违约风险较低的不可赎回债券。除此之外，风险较低的多元化投资组合也是值得提倡的。

第二，税收会影响投资者的净收益，所以投资者应当比较债券税后收益率并选取税后收益较高的债券。

第三，投资者需要积极地寻找与预期收益特征相符合的债券，从而获得相对较高的收益率。

第四，在债券持有至到期时，投资者要关注产品到期后的资金再投资问题，以及之后的策略选择。

二、免疫策略

金融机构的资产负债管理主要涉及两个方面：第一，要满足未来债务偿还所需资金的需要；第二，规避利率风险。其中，银行类金融机构侧重于净现值的保护，使其免受利率风险的影响，而对于需要进行定期支付的机构（如养老基金）来说，投资者更关心资产组合在未来特定时刻的价值。如果想要同时满足这两方面的要求，便需要考虑免疫策略。免疫策略，就是通过资产负债的适当组合，规避利率风险，以实现对利率风险的免疫。本节将对免疫策略，即利率免疫策略进行具体的阐释。

1. 免疫策略

免疫策略（immunization techniques），就是使整个金融资产免受利率波动的策略，也就是我们常说的利率免疫（interest immunization），投资者借助久期的调整，与负债的到期期限相匹配，从而规避利率风险。债券组合管理者面临的一个十分重要的问题就是如何在未来特定的时期内，也就是投资期限（investment horizon）内，达到投资者的目标收益率。如果利率期限结构水平，并且市场利率不发生变化，那么我们便会获得一种到期期限与预期期限相等的债券，来自该债券的最终财富也会等于到期收益率所隐含的预期价值。然而，实践中利率期限结构通常并不是水平的，利率水平也会经常发生变化。正因如此，债券组合管理者在持有期间便会面临利率风险（interest rate risk）。由于投资期限内市场利率的不断变化，债券的最终价值是不确定的，这种不确定性就是利率风险。

利率风险包括两个部分：价格风险（price risk）和息票利息再投资风险（coupon reinvestment risk），后者简称再投资风险。价格风险是债券投资者面临的主要风险。当投资者持有至到期，利率变动带来的价格变动对其没有影响。但是如果债券投资者选择到期前出售，利率在投资期限内发生变化，那么就会产生价格风险。若利率上升，则二级市场债券价格下降，投资者便会遭受损失，这种风险称为价格风险。除此之外，利率的变动还会影响投资者的再投资收益。而利息再投资风险出现的原因在于，到期收益率的计算隐含一个假设：所有利息现金流量都按预期到期收益率进行再投资。如果投资者购入债券后，市场利率下降，那么利息现金流量将以低于允诺收益率进行再投资，因而所获得的最终价值低于预期终值。所以当无法确知未来利率的时候，投资者是无法确定再投资收益率的。这种由利率变动带来的再投资收入的不确定性称为再投资风险，并且与债券持有期限和票面利率正相关。

通过上述分析，我们得到：利率波动对债券价格和再投资收入的影响正好相反。利率上升，债券价格下跌，再投资收入增加；利率下降，债券价格上涨，再投资收入下降。那么就可能存在一个特定目标投资期限，通过适当的搭配使得两种风险相互抵消，从而规避利率风险，这正是利率免疫的整体思路。如图5-1所示，价格风险是持有期的减函数，再投资风险是持有期的增函数。因此存在一个这样的期限使得两种风险相抵消，这一持有期就是我们之前所讲的麦考利久期，因此这种策略也可以理解为久期配比策略（duration-matched strategy）。

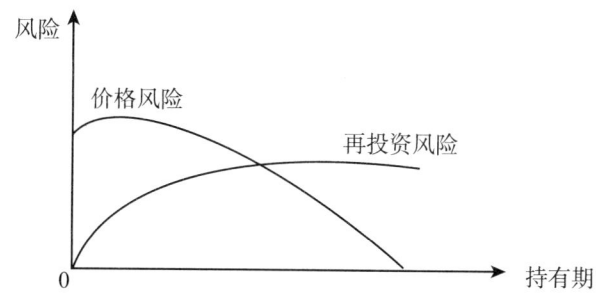

图5-1 价格风险和再投资风险随持有期的变化

那么，具有明确投资期限的债券管理者试图消除这两种风险的过程，就被称为免疫（immunization）。菲什和韦尔（Fiche and Weil，1971）曾经对免疫进行深入探讨，他们的解释也将更有利于我们理解免疫的具体内涵：如果不考虑持有期间利率的变化，持有期期末的债券投资组合的价值总是大于等于它在持有期间内利率一直保持稳定的情形下的价值，那么，该债券组合是免疫的。如果一项债券投资的实现收益率大于或者近似等于计算的持有期收益率，那么，这项投资是免疫的。免疫策略就是用利息再投资收入和债券价格相反变动、相互抵消的特点来规避利率风险。

实际应用中，利率免疫主要划分为目标期免疫策略和多期免疫策略。

（1）目标期免疫策略。在债券市场上，投资者除了个人投资者之外，还包括银行、保险公司、基金公司等机构投资者。在具体的策略应用方面，不同类型投资者的要求也不尽相同。金融机构未来的资金流出是它的负债，在负债结构一定的条件下，如何安排资产结构，从而使得资产结构与负债结构正好平衡，以消除或减弱利率风险造成的不良影响，是资产负债管理的主要目标。利率风险主要涉及两个方面。第一，如果投资期限太长，银行有可能遭遇市场利率上升的风险。当市场利率上升时，由于储户可能要抽走资金，此时，银行就不得不变现未到期资产，而市场利率上升，未到期资产减值，银行会遭受损失。第二，如果投资期限太短，银行有可能遭受市场利率下降的风险。因为投资期限太短，当市场利率下降时，投资的收益率必然会下降，从而使银行的总体收益减少，甚至不能按时付息，从而遭受损失。

为了规避利率风险，银行可以通过相应的资产负债组合进行调整。为了理解这种免疫策略的应用，我们参考一个简单的目标期免疫的案例。

例5-1 某商业银行吸收一笔1000美元的5年期定期存款，年利率8%。银行利用这笔存款投资于一个面值为 1000 美元，息票率为 8%，每年付息一次的 5 年期债券。我们在此假定市场利率为 8%。

① 5 年之后银行需要偿还的存款本息和是多少？
② 当前债券的价格是多少？
③ 如果当前市场利率在 5 年之内保持在 8% 不变，那么银行投资 5 年期债券的总收益是多少？投资债券的平均年收益率是多少？投资债券最后能否足额偿付本息？
④ 如果市场利率从 8% 下降到 6%，那么此时情况又会有哪些变化？
⑤ 如果市场利率从 8% 上升到 10%，那么此时情况又会有哪些变化？

存款：银行吸收 5 年期定期存款，到期本息和应为：
$$1000 \times (1+8\%)^5 = 1469.328 （美元）$$

债券：通过现金流贴现求取债券的现价 P。息票率为 8%，所以每年的利息流入为 80 美元，由此可以求取现价：
$$P = \sum_{t=1}^{5} \frac{80}{(1+8\%)^t} + \frac{1000}{(1+8\%)^5} = 1000 （美元）$$

既定 5 年内市场利率不变，我们通过计算可以得到该债券每一年的再投资收益状况，如表 5-1 所示。

表 5-1　　　　　　　利率维持在 8% 时投资结果详情

时间（年）	剩余期限（年）	现金流（美元）	利息及再投资终值（美元）
1	4	80	$80 \times (1+8\%)^4 = 108.84$
2	3	80	$80 \times (1+8\%)^3 = 100.78$
3	2	80	$80 \times (1+8\%)^2 = 93.31$
4	1	80	$80 \times (1+8\%)^1 = 86.40$
5	0	80	80.00
利息及再投资总收入	=		469.33
5 年后债券价格	=		1000.00
5 年后债券投资总收入	=		1469.33

从表 5-1 中我们可以看出，利息再投资最后得到的总收益为 469.33 美元，届时由于银行购买债券的价格为 1080 美元，所以没有债券价格变动的收益，银行投资 5 年期债券的总收益为 469.33（1469.33-1000）美元。基于此，投资债券的平均年收益率为 9.3%。银行投资债券最后得到的终值为 1469.33 美元，刚好可以用来偿还银行存款负债的本息和 1469.33 美元。

那么当市场利率下降到 6% 的时候，这项债券投资的收益又会怎样变化呢？我们依旧参考之前的思路，通过每一年的投资收益进行分析，如表 5-2 所示。

表 5-2　　　　　　　　利率下降到6%时投资结果详情

时间（年）	剩余期限（年）	现金流（美元）	利息及再投资终值（美元）
1	4	80	$80 \times (1+6\%)^4 = 101.00$
2	3	80	$80 \times (1+6\%)^3 = 95.28$
3	2	80	$80 \times (1+6\%)^2 = 89.89$
4	1	80	$80 \times (1+6\%)^1 = 84.80$
5	0	80	80.00
利息及再投资总收入	=		450.97
5年后债券价格	=		1000.00
5年后债券投资总收入	=		1450.97

市场利率变化之后债券的现价也会发生相应变化，此时债券的现价为：

$$P = \sum_{t=1}^{5} \frac{80}{(1+6\%)^t} + \frac{1000}{(1+6\%)^5} = 1084.26（美元）$$

通过表 5-2 我们可以清晰地看到，市场利率从8%到6%，债券利息及再投资收入减少了18.36（469.33 - 450.97）美元，由于债券持有至到期，所以利率变动前后的债券价格变化为0。在利率为6%的情况下，债券的终值为1450.97美元不能偿还到期的定期存款。

类比市场利率下降到6%的分析过程，市场利率为10%时债券投资的收益又会有怎样的变化？通过每一年的投资收益进行分析，如表 5-3 所示。

首先，分析债券现价，此时债券的现价为：

$$P = \sum_{t=1}^{5} \frac{80}{(1+10\%)^t} + \frac{1000}{(1+10\%)^5} = 923.93（美元）$$

表 5-3　　　　　　　　利率上升到10%时投资结果详情

时间（年）	剩余期限（年）	现金流（美元）	利息及再投资终值（美元）
1	4	80	$80 \times (1+10\%)^4 = 117.13$
2	3	80	$80 \times (1+10\%)^3 = 106.48$
3	2	80	$80 \times (1+10\%)^2 = 96.80$
4	1	80	$80 \times (1+10\%)^1 = 88.00$
5	0	80	80.00
利息及再投资总收入	=		488.41
5年后债券价格	=		1000.00
5年后债券投资总收入	=		1488.41

通过表 5-3 可以看到，市场利率从8%上升至10%，债券利息及再投资收入增加了19.08（488.41 - 469.33）美元，此时没有价格风险。债券终值偿付负债是足够的。

本例中，利率变动带来的最大变化就是债券现值的变化，当债券现值等于负债的现值时，债券的终值是可以实现负债偿付的；当债券的现价不等于负债的现价时，债券的终值无法实现对负债的偿付。为验证本题结论，综合比较上述讨论的情形，如表 5-4 所示。

表 5 – 4　　　　　　　　　　　　资产负债现值终值对比

	市场利率8%		市场利率6%		市场利率10%	
	债券	负债	债券	负债	债券	负债
现值（美元）	1000	1000	1084.26	1097.97	923.93	912.06
终值（美元）	1469.33	1469.33	1450.97	1469.33	1488.41	1469.33
	其中：负债现值 $=1469.33/(1+i)^5$					

承接例 5 – 1，我们通过例 5 – 2 看一下久期的变化对于这项策略结果的影响。

例 5 – 2　某商业银行吸收一笔 1000 美元的 5 年期定期存款，年利率 8%。银行利用这笔存款投资于一个面值为 1000 美元，息票率为 8%，每年付息一次的 6 年期债券。

① 债券的价格是多少？

② 债券的久期是多少？

③ 如果市场利率从 8% 下降到 6%，那么此时情况又会有哪些变化？银行投资 5 年期债券的总收益是多少？投资债券最后能否足额偿付本息？如果上升到 10% 呢？

④ 与例 5 – 1 相比，我们可以得出什么结论？

债券：通过现金流贴现求取债券的现价 P。息票率为 8%，所以每年的利息流入为 80 美元。由此可以求取现价：

$$P = \sum_{t=1}^{6} \frac{80}{(1+8\%)^t} + \frac{1000}{(1+8\%)^6} = 1000 \text{（美元）}$$

根据债券久期的计算公式我们可以得到该债券的久期为 5 年。

如果市场利率从 8% 下降到 6%，根据债券价格的计算公式我们可以得出此时债券的现价为：

$$P = \sum_{t=1}^{6} \frac{80}{(1+6\%)^t} + \frac{1000}{(1+6\%)^6} = 1098.36 \text{（美元）}$$

如果市场利率从 8% 上升到 10%，那么该债券的现价经过计算可以得到：

$$P = \sum_{t=1}^{6} \frac{80}{(1+10\%)^t} + \frac{1000}{(1+10\%)^6} = 912.70 \text{（美元）}$$

其每年的投资收益变化情况如表 5 – 5、表 5 – 6 和表 5 – 7 所示。

表 5 – 5　　　　　　　　　　　利率维持在 8% 时投资结果详情

时间（年）	剩余期限（年）	现金流（美元）	利息及再投资终值（美元）
1	4	80	$80 \times (1+8\%)^4 = 108.84$
2	3	80	$80 \times (1+8\%)^3 = 100.78$
3	2	80	$80 \times (1+8\%)^2 = 93.31$
4	1	80	$80 \times (1+8\%)^1 = 86.40$
5	0	80	80.00
利息及再投资总收入	=		469.33
5 年后债券价格	=		$1080/(1+8\%) = 1000$
5 年后债券投资总收入	=		1469.33

表 5-6　　　　　　　利率下降到 6% 时投资结果详情

时间（年）	剩余期限（年）	现金流（美元）	利息及再投资终值（美元）
1	4	80	$80 \times (1+6\%)^4 = 101.00$
2	3	80	$80 \times (1+6\%)^3 = 95.28$
3	2	80	$80 \times (1+6\%)^2 = 89.89$
4	1	80	$80 \times (1+6\%)^1 = 84.80$
5	0	80	80.00
利息及再投资总收入	=		450.97
5 年后债券价格	=		$1080/(1+6\%) = 1018.87$
5 年后债券投资总收入	=		1469.84

表 5-7　　　　　　　利率上升到 10% 时投资结果详情

时间（年）	剩余期限（年）	现金流（美元）	利息及再投资终值（美元）
1	4	80	$80 \times (1+10\%)^4 = 117.13$
2	3	80	$80 \times (1+10\%)^3 = 106.48$
3	2	80	$80 \times (1+10\%)^2 = 96.8$
4	1	80	$80 \times (1+10\%)^1 = 88.00$
5	0	80	80.00
利息及再投资总收入	=		488.41
5 年后债券价格	=		$1080/(1+10\%) = 981.82$
5 年后债券投资总收入	=		1470.23

通过不同利率条件下收益的比较，我们可以发现利率的变动并未带来最后总收益的变动，债券的终值是一致的。其中当利率由 8% 变动到 6% 时，债券的利息及再投资收益减少了 18.36（469.33－450.97）美元，而债券的价格变动收益则增加了 18.87（1018.87－1000.00）美元。可见债券的再投资收益的增加额等于价格变动的减少额，基本消除了利率风险，也就是说，这项策略是免疫的。究其原因，我们可以发现在本例中，6% 市场利率水平下债券的现值是不等于负债的现值的。但是值得关注的是，利率变化前后债券的久期是没有发生变化的。10% 的利率水平下，我们可以发现，这项策略同样也是免疫的。综合对比分析上述讨论的情形，如表 5-8 所示。

表 5-8　　　　　　　资产负债现值终值对比

	市场利率 8%		市场利率 6%		市场利率 10%	
	债券	负债	债券	负债	债券	负债
现值	1000	1000	1098.36	1097.97	912.7	912.06
终值	1469.33	1469.33	1469.84	1469.33	1470.23	1469.33
	其中：负债现值 $= 1469.33/(1+i)^5$					

综合上述例题，我们可以总结出免疫策略实现需满足的条件是：

① 按当前的市场利率计算，债券的现值等于负债的现值；

② 债券的久期等于负债的久期，久期匹配平衡了利息再投资累计支付和债券的销售价格之间的差异。

（2）多期免疫策略。当然，现实中金融机构的资产负债管理不单单是纯粹现金流的目标期管理，很多时候企业需要考虑在一定时间之内偿付一系列现金流的情形，如保险公司特别是人寿保险公司这一类型的金融机构都需要在未来的一定时间偿付一系列的现金流。如果要对这一时间段内多期负债进行管理，拓展目标期策略，即得到多期免疫策略。所谓多期免疫策略（multiphase immunization strategy），指的是不论利率怎样变化，构建出的某种特定的债券组合都可以满足未来一系列负债产生的现金流支出的需要。

多期免疫策略的实现主要利用两种方法。第一，匹配或聚焦策略。将每次负债产生的现金流视为一个单期负债，通过目标期免疫策略的实现条件对每一期负债分别构建债券组合。第二，投资组合或哑铃型策略。通过构建债券组合，使得债券组合的久期与负债现金流的久期加权平均值相等。举一个简单的例子，某保险公司的教育保险需要在3年、4年、5年、6年后支付4笔资金，每一笔资金的现值为人民币20万元，在这种情况下，如何进行免疫呢？如果我们选取第一种多期免疫方法，可以投资4种债券或者债券组合，其现值均为20万元，久期分别对应3年、4年、5年和6年。当然，假如选择了第二种哑铃型策略，该保险公司只需要投资于久期为4.5年的债券投资组合。

要获得多期免疫策略的成功，类比于目标期策略，必须满足以下三个要求：

第一，债券现值和负债的现值相等；

第二，债券和负债的久期相等；

第三，债券资产现金流时间分布范围比负债现金流时间分布范围更广。

前两个条件很好理解，针对第三个条件我们可以这样分析：如果某保险公司未来10年内需要在每年年底支付教育金50万元，采取利率免疫，公司购买了与公司负债的久期和现值都相等的零息债券。假设，首年利率出现大幅上升，会带来零息债券的价值降低，利率的上升无法带来再投资收益的上升，价格风险和再投资风险没有实现对冲，无法保证零息债券产生的现金流可以用来支付教育金负债，这就要求我们债券组合中的资产现金流时间分布要广于负债现金流的时间分布。

（3）净资产免疫策略。在免疫策略中，除了前述的目标期策略和多期免疫策略，还涉及一个特殊的免疫策略——净资产免疫。利率的变化会影响资产和负债的市场价值，将资产负债适当搭配，使得利率对资产和负债的影响方向相反，数额相等，相互抵消，以此化解净资产的利率风险，这便是净资产免疫策略的基本思路。

利率变化对资产和对负债的影响如下：

$$\%\Delta A = \frac{\Delta A}{A} = -D_A \times \frac{\Delta i}{1+i} \tag{5-1}$$

$$\%\Delta L = \frac{\Delta L}{L} = -D_L \times \frac{\Delta i}{1+i} \tag{5-2}$$

式中：$\%\Delta A$ 表示资产市场价值变动率；D_A 表示资产久期；$\%\Delta L$ 表示负债市场价值变动率；

D_L 表示负债久期；i 表示利率水平。

净资产市场价值变动如下：

$$\Delta E = -(D_A \times A - D_L \times L) \times \frac{\Delta i}{1+i} \quad (5-3)$$

从上式我们可以看出，当 $D_A \times A - D_L \times L = 0$ 时，利率的变化不会影响净资产的市场价值。基于此，我们可以推断出净资产市场价值利率免疫的实现条件为：

$$D_A \times A = D_L \times L \quad (5-4)$$

2. 利率免疫策略的局限性

以上我们介绍了免疫策略的基本思路和实现方法，其核心在于久期与投资期限的匹配，但事实上并非如此简单。在实际应用中，免疫策略的应用还是有很大局限性和有待改善之处。但值得关注的是，利用免疫策略进行投资管理，对利率风险的规避效果必然要优于不采取措施而进行的一般投资的效果。

（1）久期的非精确性。免疫策略的实现以久期为基础，但是实际上久期只是债券的价格变动的近似度量，是一种非精确度量。这种非精确性使得通过久期匹配原则确定的债券组合实质上无法完全规避利率风险。

（2）假设条件较多。免疫策略本身要求一定的假设条件，如利率期限结构曲线必须是水平或者是接近水平的，利率期限结构曲线的变动也必须是平行变动，即利率期限结构的形状必须保持不变。因为一旦利率期限结构发生变化，债券组合和负债的久期也会随之发生变化，且这种变化并不能够相互抵消。这种假设在实际中很难成立，免疫后的债券组合仍然不能完全规避利率风险。

（3）组合的久期再平衡。随着时间的流逝，资产负债的久期也会发生变化，债券免疫资产组合需要不断地进行再平衡，使其重获免疫能力。这就意味着我们需要适度调整手中持有的债券，进行不同债券之间的替换以调整久期，从而使得新的债券组合的久期与剩余的负债现金流的久期相一致。因此，免疫策略是占有主动成分的消极策略。

例 5-3 宝华资产管理公司 7 年后有一笔 19487 万元的债务需要偿付。当前市场利率为 10%，债务的现值为 10000 万元。公司管理部门决定利用 3 年期零息债券和永续债券（终身年金）进行负债的匹配。这样的条件下如何让实现免疫呢？如果 1 年之后市场利率依旧维持在 10%，免疫策略是否还有效？假如策略无法实现免疫，又将如何改善？

负债久期：根据已知条件，负债的久期为 7 年；

资产久期：零息债券的久期为 3 年，永续债券（终身年金）的久期计算为 $(1+10\%)/10\% = 11$ 年；

资产组合久期：资产组合久期 $= \omega \times 3 + (1-\omega) \times 11$；

资产负债久期的匹配：$\omega \times 3 + (1-\omega) \times 11 = 7$，通过计算可以得出 $\omega = 0.5$。

所以债券的资产组合组合策略应该将资金均匀投资给零息债券和永续债券。

当前负债的现值为 10000 万元，所以管理者应该购买 5000 万元零息债券和 5000 万元永续债券。

1 年之后，市场利率维持在 10%，此时资产负债发生的变化如下：

资金：负债的现值变为 11000 万元，同时到期期限减少 1 年为 6 年。资产方面，零息债券的价值上涨为 5500 万元，永续债券已经支付 500 万元利息但价值仍为 5000 万元。很明显债务可以偿付。

久期：零息债券的久期现在为 2 年，永续债券仍为 11 年。负债久期为 6 年。所以此时 $\omega \times 2 + (1-\omega) \times 11 = 6$，得出零息债券的权重为 5/9，通过久期匹配原则，最后宝华管理公司要投资 6111.11（11000×5/9）万元到零息债券，这就意味着要把永续债券的 500 万元利息和 111.11 万元的永续债券投入零息债券中。在这一过程中资产管理者是需要主动进行权重的匹配，因此含有主动的因素。同时在现实中，债券转换过程中的交易费用也是需要考虑的一项重要内容。

（4）资产的选择问题。策略在实际应用中，如何从种类繁多的债券选择目标债券，对债券管理者来说是一项严峻的挑战。一般来说，构建组合的债券应尽量选择到期期限接近于现金流流出的平均期限，以便减小其离差值。

（5）延期和提前赎回风险。若债券存在赎回条款，债券很可能会被提前赎回，如果债券的发行者存在比较严重的财务危机，投资者极有可能受到债券延期给付的损失。一旦债券被提前赎回或者延期，原来的久期配比将会失效，原免疫策略失效。因此在债券的选择方面，要优先选择信用等级比较高的债券，特别关注债券是否有附加条款。

三、现金流匹配策略

现金流匹配策略（cash flow matching）是一种特殊的免疫策略，通过构造债券组合，使其产生的每一期现金流等于该期负债产生的现金流，且在最后一笔负债偿还后该组合的价值减为零，满足负债产生的现金流出的需要，形成特殊的免疫组合，完全规避利率风险。

类比于免疫策略的目标期和多期免疫策略，现金流匹配策略的目标期策略应用如下：假如某机构投资者需要在 2 年后偿还 20000 元负债，其可以直接购买一张面值为 20000 元的 2 年期零息债券，完全规避利率风险。因为债券 2 年后的现金流为确定值，到期支付即可。

如果是在多期的基础之上进行的现金流匹配，则涉及贡献策略（dedication strategy）的使用，这样的资产组合就是贡献化的资产组合（dedicated portfolio）。它的特色就是没有利息再投资风险，到期售出也规避了价格风险，因此完全剔除利率风险。在多期的情况下，选择零息债券和附息债券使得每期的现金流相匹配。如例 5-4，我们将展示一个 5 年债务流的现金流匹配过程。

例 5-4 试描述一个 5 年期债务的现金流匹配过程，已知该现金流每年发生一次。

假设：5 年期债务，来自债券的资金流是每年 1 次的。

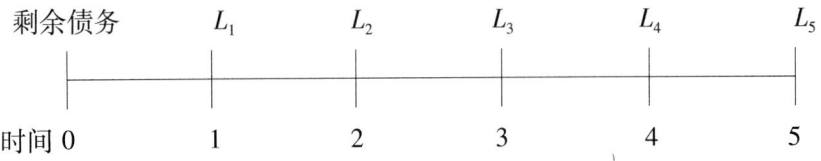

第一步：

选择可以偿还债务现金流 L_5 的债券 A，利息 $= A_i$，本金 $= A_p$，$A_i + A_p = L_5$。

剩余的未匹配现金流为：

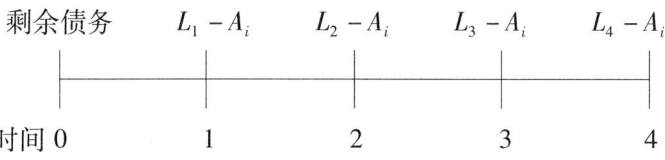

第二步：

选择可以偿还债务现金流 L_4 的债券 B，利息 $= B_i$，本金 $= B_p$，$B_i + B_p = L_4 - A_i$。

剩余的未匹配现金流为：

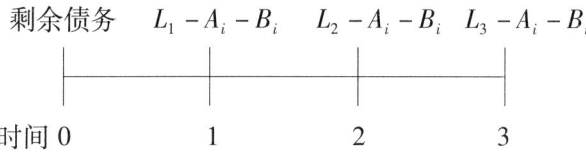

第三步：

选择可以偿还债务现金流 L_3 的债券 C，利息 $= C_i$，本金 $= C_p$，$C_i + C_p = L_4 - A_i - B_i$。

剩余的未匹配现金流为：

剩余债务　$L_1 - A_i - B_i - C_i$　$L_2 - A_i - B_i - C_i$

时间　0　　　　　　1　　　　　　　2

第四步：

选择可以偿还债务现金流 L_2 的债券 D，利息 $= D_i$，本金 $= D_p$，$D_i + D_p = L_4 - A_i - B_i - C_i$。

剩余的未匹配现金流为：

剩余债务　$L_1 - A_i - B_i - C_i - D_i$

时间　0　　　　　　1

第五步：

选择可以偿还债务现金流 L_1 的债券 E，其现金流为 $L_1 - A_i - B_i - C_i - D_i$。

例 5-4 已经详细描述了一个 5 年期的现金流匹配过程，那么代入现实数据后这一过程应该怎样实现呢？接下来我们通过一个具体的例子来说明上述介绍的现金流匹配过程。

例 5-5　宝华资产管理公司在未来四年涉及的资金流入和支出情况如表 5-9 所示。

表 5-9　　　　　　　　宝华资产管理公司预计资金收支　　　　　　单位：千元

	第一年年底	第二年年底	第三年年底	第四年年底
资金流出	4800	4800	4800	4800
4 年期附息债券	200	200	200	1200

续表

	第一年年底	第二年年底	第三年年底	第四年年底
3 年期附息债券	125	125	1000	—
2 年期附息债券	500	3500	—	—
零息债券	600	—	—	—

如果宝华资产管理公司想要采取现金流匹配策略进行资产负债管理，来满足未来四年的资金支出需要，应该怎样做？合理的债券投资组合是怎样的？

我们可以这样思考：先假设零息债券与 2 年、3 年、4 年期附息债券的需求数量，不妨直接设为 x_1，x_2，x_3，x_4。

根据现金流匹配策略的实现思路，将每一期现金流进行匹配，可以得到：

$$\begin{cases} 1200x_4 = 4800 \\ 200x_4 + 1000x_3 = 4800 \\ 200x_4 + 125x_3 + 3500x_2 = 4800 \\ 200x_4 + 125x_3 + 500x_2 + 600x_1 = 4800 \end{cases}$$

求解方程，可以得出 $x_1 = 5$，$x_2 = 1$，$x_3 = 4$，$x_4 = 4$，方程结果代表宝华资产管理公司需要购买零息债券、2 年期附息债券、3 年期附息债券、4 年期附息债券的数量分别为 5 份、1 份、4 份、4 份。

通过这个例子我们可以看出，现金流策略此时实现了利率的免疫。一是公司使用现金流匹配策略应用的债券都是持有至到期出售，没有出售的价格风险。二是债券到期之前，既得的利息收入，并不进行再投资，而是直接与当期现金流匹配，又避开了再投资风险，实现资产完全免疫的目的。

通过理论的阐述和实际例证我们可以得出结论：现金流匹配策略一旦制定正确，以后的持有期，投资者并不需要再进行债券的买卖或者份额的变更，可以说，这才是真正的消极债券管理策略。

然而，实践中现金流匹配策略并没有被广泛应用。究其原因，一是现金流匹配策略的实现性差。在例 5-5 中我们假定现金流的支出是一系列定额支付，但现实中更多的是一系列金额不等的现金流支付，这造成了其现金流匹配的难度。另外有些现金流支付的时间过长，对债券的时间要求较高，很可能出现现金流支付时间过长，暂时没有适合的长期债券。因此，现金流匹配策略的实践性减弱，广泛性受到限制。二是策略中债券组合的可调整弹性较小。在现金流匹配策略中，债券组合的隐形要求是持有至到期，因此现金流匹配策略放弃了二级市场价格变化的套利区间。

四、指数化策略

1. 债券市场指数及指数化策略

当没有必须偿付的负债时，投资者的投资目标往往就是追平债券市场指数。当然，具有负债结构的客户也可以选择以债券市场指数为目标，负债结构的有无与本策略的使用并不存在直接关系。

债券市场指数（bond market index）也称为基准指数（benchmark index），反映债券市场价格总体趋势和收益率水平，体现当期平均价格相对于基期平均价格的位置。在这里我们回顾一下债券市场指数的组成，其主要被分类为宽基美国债券市场指数、特别市场债券指数、全球和国际债券市场指数。当前，在美国市场，机构投资者最常用的三种债券市场指数是：所罗门大市投资分级指数（Salomon Brother Broad Investment Grade Index）、巴克莱资本美国综合债券指数（之前为雷曼兄弟总指数，Lehman Brothers Aggregate Index）和美林国内标准指数（Merrill Lynch Domestic Master Index）。这三种指数代表性强，每种指数包含的债券种数都超过5500种，其中所罗门大市投资分级指数的债券数量更是大于6000种。而国内的债券市场指数最具代表性的中债指数是综合性指数，包含中债总指数、国债总指数、金融债总指数、公司债总指数等。模仿债券指数的构建策略便是我们本小节的主题——指数化策略。

指数化策略（indexing strategy），是指债券管理者构造一个债券资产组合，模仿市场上存在的某种债券指数的业绩，由此该债券的资产组合风险回报便与相联系的债券市场指数的风险回报状况相当。目前指数化策略在债券市场中的应用还未完全成熟，很多方面需要逐渐探索。实证检验中，多数投资者的投资业绩是很难做到风险与收益的完美匹配，所以很多客户选择将一部分债券组合指数化，即建立起一种与所盯住的债券指数的绩效相一致的债券组合。

5-1 债券市场指数

2. 指数化策略的主要类型

（1）纯债券指数匹配。在风险和收益方面，指数策略中表现落后的就是最小风险策略，也就是纯债券指数匹配策略，也是我们通常意义上所说的指数化策略。纯债券指数策略需要创建一个债券组合来复制基准指数。但需要注意的是基准指数表现和投资组合之间存在不可磨灭的偏差。

（2）增强指数化（匹配风险因子）。增强指数策略是指要构建一个投资组合——由于无法获取指数中每种债券的情况，它需要与主要的风险因素相匹配。这是资金较少时使用的策略，因为获取构成该指数的所有债券是有难度的。一般来说，用来复制基准指数的债券数量越少，交易成本越低，匹配风险因素的困难也就越大。通常在实践中应用这种策略的技术为分层抽样和采用多因子风险模型的最小化跟踪误差。

（3）增强指数化（较小风险因子匹配）。这种策略基于构建一个风险因素的微小偏差会影响指数表现的投资组合，可以用来构建部门比重略偏高的组合。该策略使得组合久期与基准指数的久期相等，不存在久期赌注。

3. 指数化策略存在的问题

从理论上来说，债券指数投资与股票指数投资的策略大体相似，市场操作也十分相似，都是先选取一种指数，以市值的比重为比例购买相应成分证券。但是债券市场上指数的特点又使得债券市场上的指数化策略有其独特之处。

第一，债券市场指数包含的债券种类太多。每种债券市场指数都包含众多成分债券，即使是大的机构投资者都难以按每种债券的市值比重购买对应债券。庞大的资金量和交易成本的限制都使得这种策略的实现相对困难。国内的债券市场发展相对不繁荣，债券种类相对较少，债券指数成分债券的数量限制压力相对较轻。

第二，债券的二级市场相对不繁荣。指数中涵盖的大多数债券，其流动性差，交易不活跃，有时不存在交易对手方，存在流动性风险。

第三，债券指数的涵盖范围不断更新。债券市场上的指数所选取的成分债券的期限大于1年，随着时间的推移，期限小于1年的债券被不断剔除，指数范围会发生变化，投资者需要不断调整债券的持有比例，使得构建的债券组合机构和指数结构尽可能一致。而这一过程的实现是非常困难的。

以上几个方面都使得债券的指数化策略存在其实际应用中的复杂性大大提高。除此之外，指数化策略的实现对于基准指数的选取也有一定的要求。

第一，确定性。有价证券的名称和权重在指数中应该有明确的规定。

第二，可投资性。客户有买入并持有基准指数债券的选择权，而不必实施积极的管理。

第三，可测性。基准指数的回报可以由投资经理人、客户和第三方按照合理的频率计算。

第四，恰当性。基准与经理人的投资风格一致。

第五，反映当前投资意见。投资经理人具有基准（债券指数的主要行业）债券投资的专业理财知识。

第六，事先确定性。基准在对经理人进行评估之前已经设定好。

4. 债券指数化策略的实现

我们知道债券指数化策略进行指数的完全复制是不可能的，但是在具体的应用中，作为现实的替代，还是有三种主要的应用方法：分层抽样法、线性规划法和方差最小化法。本小节主要介绍分层抽样法（stratified sample），其具体应用过程如表 5 – 10 所示。

表 5 – 10　　　　　　　　　　债券分层网格

信用评级 到期期限	A（AAA/AA/A）	B（BBB/BB/B）	C（CCC/CC/C）	D
1～5 年	6	7	0	0
5～10 年	0	10	2	2
10～15 年	10	5	3	3
15～20 年	9	12	6	5
20 年以上	5	0	0	3

首先，需要将债券市场的债券按照一定的标准进行分类。表5-10中按照到期期限（5个阶段）和标普信用等级（4个大类）进行分类。指数被划分成代表风险因素的不同单元。目标是从指数中的所有债券选取一定数量的债券来代表整个单元。在实际应用中，也可以参考债券息票率和发行主体等标准进行分类。在既定的标准下，我们可以发现同一单元格中的债券在标准下是同质的，也就是同期限、同等级。然后，选取目标指数，分别计算每一个类别的债券占全部债券的比重，如表5-10所示。最后，按照表中计算出来的比重分配资金，购买相应类别的债券。按照这种方式构建的债券资产组合就近似地复制了债券市场指数的结构。这种方法可以弱化之前提到的相关问题，进而提升指数化策略的可操作性。

第三节 积极的债券投资组合管理策略

与消极的债券资产管理者相对，积极的债券资产管理者认为债券市场并不是那么有效的，所以积极的投资者会把握市场机遇，以期获得超出市场平均收益水平的超额收益率。积极的债券管理策略（active bond management）就是通过对未来利率变动的预测，或者债券价格的失衡，采用特定的策略试图获得超额回报。积极的债券管理者认为市场的无效性主要体现在债券的错误定价和利率波动的可预测性，并通过这两个方面知识的单独或结合使用，来构建合理的债券组合。例如，投资者预期未来市场利率下降，则需要购进久期长的债券，规避利率风险；而预期利率上升的时候，则需要购进短期债券，以避免错过高利率的投资机遇。

不难看出，积极的债券管理策略想要成功获取超额利润，就必须要求投资分析人员具有较强的市场预期（预测）能力。大多数投资分析人员在市场参与者之前意识到未来利率下降，并率先行动购买长期固定收益证券（如债券），就可以获得由于利率下降带来的长期债券的溢价利得；同样，如果大多数市场参与者都意识到了这一点，那么公共预期便会体现在下一期的价格中，投资者便失去了获利空间。本节将针对积极的债券管理策略展开具体阐述，也将着重介绍目前市场上应用较为广泛的积极债券管理策略。

一、积极管理策略的原理

市场上积极的债券管理策略被广泛使用，那么其受欢迎的根本原因是什么呢？积极的债券管理策略实施的前提是投资者对债券市场无效性判断，或者也可以说弱式有效性的判断。弱式有效市场上，价格只反映历史信息，并不反映公开信息和内幕信息。在这种情况下，债券价格机会偏离真实价格，更不用说市场无效的条件下债券价格的真实性了。举一个例子，宝华公司发行的债券现价为66元，该公司收到某大型国有企业的注资意向，但是这一消息尚未公布，此时该公司的债券价格并未反映出这一信息，债券被低估。知情人可利用信息的差异性进行债券的买卖，并获得相关收益。这种特定时间段信息的不对称性及其对价格的影响正是积极债券管理者的策略制定出发点。

如果债券市场非有效，即表现为市场利率可预测和市场的错误定价，此时，如果积极策略的实施者具有优于市场上其他人的分析能力，通过积极的债券组合管理，积极策略管理者便会获得超出市场平均收益水平的超额收益。

目前，市场上债券管理者使用的积极债券管理策略主要涉及：互换策略、投资期限分析策略以及或有免疫。

二、债券互换策略

1. 债券互换策略概述

互换（swap）是一种约定两个或两个以上的当事人按照协议条件及在约定的时间内交换一系列现金流的衍生工具。涉及债券可能是交换利息或其他收益。鉴于此，本章中债券互换策略（bond swaps strategy）是指债券管理者通过购买和出售同等数量类似债券的方式，将预期收益率较低的债券转换成预期收益率较高的债券，以期获得债券组合收益。通俗来说，就是卖出自身持有的债券，买进与所卖债券数量相等、特征相同但是预期收益较高的债券。目前，市场中比较常见的债券互换主要有：替代互换、市场间利差互换、利率预测互换策略、纯粹追求高收益互换、税收互换。

2. 互换策略的主要类型

（1）替代互换。债券替代互换（substitution swap）是指债券向同质但收益率更高的债券的转换。具体来说，在市场失衡的特定时期，此时市场上存在两种债券特征（如票面利率、期限结构、信用等级、到期期限等）相同的债券，不同之处在于市场价格和到期收益率，此时就是要出售低收益率债券，购进高收益率债券。当市场回归均衡时，这一同类债券的价格会趋于一致。简言之，如果人们相信市场中的两种债券价格是暂时性失衡，那么这种不一致就可以带来获利机会。我们举一个简单的例子进行说明。

例 5-6 宝华公司资产管理者持有债券甲：

Aaa 级公司债券，债券面值 1000 元，剩余期限为 5 年，票面利率为 8%，年付息 1 次，该债券的市场价格是 950 元。据此我们可以计算出债券的到期收益率为 10%。

同时，在市场上有债券乙：

Aaa 级公司债券，债券面值 1000 元，剩余期限为 3 年，票面利率为 8%，年付息 1 次，但是该债券的市场价格是 945 元。据此我们可以计算出债券的到期收益率为 10.20%。

此时，宝华公司的管理者应该卖出手中的债券并购回市场上的同种类债券，以获得 20 个基点的收益。

从债券特征来看，我们选取的债券是同质的，具有可替代性。市场的失衡使得债券的到期收益率不同，这种情况下出售到期收益率较低的甲债券，买进到期收益率较高的乙债券，当市场回归均衡，便可以获得这种策略的超额收益。但是，我们应当注意的是，有的时候两种同质债券的收益率不同除了市场错误定价的情况外，还可能由于两种债券的风险、流动性或凸性不一致（市场已经正确定价）。那么在这种条件下，这种策略便没有优势性，管理者无法获得超额利润。

（2）市场间利差互换。市场间利差互换（intermarket spread swap）是指利用不同的债券市场间的利差（the yield spread），从收益率低的市场转移到收益率高的债券市场。不同于替代互换,市场间利差互换涉及的债券特征是不一致的。不同种类债券市场中的债券具有不同的债券特征,如国债和公司债在违约风险、税收待遇等方面的特征都是不一致的。由于不同市场特征带来的收益率的不同就是市场间利差,但是这种利差是相对稳定的(代表经风险调整的到期收益率应该是一致的),如果投资者认为该利差偏离正常水平(两种债券经风险调整的到期收益率不一致),这时候便可以采取市场间利差互换。需要注意的是,利差预测值和实际值的不一致将会影响这种策略的实施效果。

例 5-7 假定宝华公司持有一种公司债券:Aaa 级债券,到期期限为 10 年,到期收益率为 9.5%。此时市场上有这样一种地方政府债券,同样也是到期期限为 10 年,但是到期收益率为 8.5%。

考虑到不同市场间的利差,此时可以考虑采用不同市场间利差互换策略。宝华公司投资部门通过市场分析得出这两种债券间的利差应为 1.5%,即在此时认为这种利差过小,即两者经风险调整的到期收益率不一致。如果该投资部门认为地方政府债的收益率是合理的,公司债券经风险调整的到期收益率偏低,那么此时便可以选择卖出公司债券,购入地方政府债券,以获得市场回归均衡前的超额收益。假设允许做空,宝华公司可以卖空公司债,收益率上涨后,再购入价格较低的债券进行偿还结清头寸,获得利润。

市场间利差互换策略的运用中,需要特别关注以下两个方面。第一,从本质上来说,市场间利差互换的应用思想还是对市场错误定价的债券的挖掘。不同于替代互换中同债券特征的债券的收益率的比较,市场间利差互换更加关注不同特征债券的利差的变化。这种对于利差的预期将本质上影响投资者策略的执行。第二,我们还需要特别注意对利差的判断问题。债券收益率的影响因素有多种,如果债券利差的变化只是由于违约风险的变化,那么在这种情况下,利差的变化只是风险变化的调整,市场间利差互换策略不能获得超额收益率。

在上面的例题解析中,我们默认外围经济环境稳定,那么如果在这一过程中市场外部环境发生了变化,这种策略又会有怎样的表现呢?

例 5-8 接例 5-7,如前所述,宝华公司对利差的预测正确,进行卖空公司债购入地方债的行动。届时利差果然扩大,但是区别于例 5-7,此时经济面临极大下行压力,公司债券的到期收益率为 8%,地方债的到期收益率为 6.5%。很明显,此时,正如预期所料利差确实扩大为 1.5%,但实际上宝华公司的投资收益如何呢?

不进行卖空操作。宝华公司在市场均衡前换持的地方政府债券持有至市场均衡时,换持公司债券,由于利率下降,债券价格上升,此次换持依旧会造成损失,所以宝华公司可以考虑暂时继续持有地方政府债券以规避转换成本。虽然继续持有债券的收益率降低,但是市场间利差互换策略依旧是得利的。

卖空操作。市场回归均衡时,宝华公司卖出地方政府债券,购入公司债券。不幸的是,公司债券的收益率下降,导致价格大幅度上升,宝华公司遭受巨大损失。

(3)利率预测互换策略。利率预测互换策略(rate anticipation swap)是指债券管理者根据市场利率变动的预测进行债券互换,以获得更高收益或避免更大损失。我们之前已经讲过,债券价格与利率是反方向变化,同时,久期越长,债券价格的利率敏感性也就越大。如果投资者预期未来的利率下跌,那么债券价格就会上升。这种情况下投资者应该如何管理债券呢?这中间的关键因素就是久期。将较短期债券转换成久期更长的债券,以获得价格上涨带来的超额收益。举一个简单的例子，如果预计利率下跌，投资者会将短期国债转换成长期国债。若利率下降，长期国债的价格上涨程度将大于短期国债价格的上涨程度。那么同理，当预计利率上涨时，久期越长的债券价格下跌的程度也就越大，这时候应该"卖长买短"。

（4）纯粹追求高收益率互换。纯粹追求高收益率互换（pure yield pickup swap）是指以获取高收益为目的，卖出低收益率债券买进高收益率债券。这里需要特别注意的是，这种策略并不是从市场失效的角度出发，如发掘定价错误、利用价格失衡等，而是非常纯粹地寻求高收益率，这也就意味着投资者要承担更大的风险。从现实来看，高收益率通常附带条件，如赎回条款、转让限制条款等，而且这种策略的应用通常不要求同质债券。接下来我们举两个例子进行具体的说明。

第一，收益率的增加与信用风险相关。我们依旧选取上节的例子：假定宝华公司持有一种公司债券：Aaa 级债券，到期期限为 10 年，到期收益率为 9.5%。此时市场上有一种地方政府债券，同样也是到期期限为 10 年，但是到期收益率为 8.5%。很明显，公司债券的收益率高于地方政府债券的收益率，在纯粹追求高收益率互换的策略下，宝华公司应该持有公司债券而非地方政府债券。这种情况下，宝华公司以承担较高信用风险换取较高的收益率。

第二，债券期限的不同影响收益率水平。根据收益率曲线的形状，进行长短期债券的持有调整，由此可以获得更高收益。具体情形如表 5-11 所示。

表 5-11　　　　　　　　　　依据收益率曲线的策略调整

YC 形状 项目	向上倾斜	向上倾斜 向上位移	水平	向下倾斜	向下倾斜 向下位移
收益率比较	短期 < 长期	短期 < 长期	短期 = 长期	短期 > 长期	短期 > 长期
策略	卖短买长	损失	此时长期短期无差异性	买短卖长	买长

（5）税收互换。税收互换（tax swap）是指为降低税负而采取的债券互换。税收互换不在于发现市场的无效，其目的仅是降低税法规定的对个人证券投资收益征收的所得税。这一策略在西方国家广为使用。在西方实施个人累进所得税，当债券的收益进入新的纳税等级时，投资者为了减少纳税，可以进行税收互换，卖出价格下跌的债券，买进另一种税收优惠债券。

3. 互换策略与免疫策略的结合

除了上述介绍的互换策略，在实际应用中还会出现一种情况，即利率预测互换策略与免疫策略的结合。在免疫策略这一节，我们已经学到通过利用债券久期和负债久期相等，使债券价格风险和再投资风险相互抵消，彻底规避利率风险。那么债券久期和负债久期不相等时呢？久期越长，利率影响下的价格变动程度越大。当债券组合的久期大于负债久期时，会产生净价格效应；而当债券组合的久期小于负债久期时，便会产生净再投资效应。

例 5-9　宝华资产管理公司目前持有一种 Aaa 级公司债券，债券面值 1000 元，剩余期限为5年，票面利率为8%，年付息1次，市场利率10%，当前市场价格877.11元，久期为7.04年。

同时，公司承担一项负债，负债期限4年，负现值也为877.11元。公司决定在4年后利用债券出售来进行债务偿还。

若当前市场利率下降2%变为8%时，会带来怎样的效应？上升2%变为12%呢？

由于公司债券的久期是大于公司负债的久期的，所以利率的变化给公司带来净价格效应。

当市场利率下降为8%时，利率变化带来的净价格效应如表5–12所示。

表5–12　　　　　　　　净价格效应变动（利率下降）

时间	现金流（元）	现金流终值（元）	
		10%	8%
1	80	106.48	100.78
2	80	96.80	93.31
3	80	88.00	86.40
4	80	80.00	80.00
	$1080/(1+i)$	912.89	1000.00
利息再投资收益		51.28	40.49
价格变化		1000 – 912.89 = 87.11	
利息再投资收益变化		40.49 – 51.28 = –10.79	
净价格效应		87.11 – 10.79 = 76.32	

可见，利率下降带来的债券价格上涨的影响大于利息再投资的减少值，最终其价格效应为正。

当市场利率上涨为10%时，利率变化带来的价格效应如表5–13所示。

表5–13　　　　　　　　净价格效应变动（利率上涨）

时间	现金流（元）	现金流终值（元）	
		10%	12%
1	80	106.48	112.39
2	80	96.80	100.35
3	80	88.00	89.60
4	80	80.00	80.00
	$1080/(1+i)$	912.89	835.54
利息再投资收益		51.28	62.35
价格变化		835.54 – 912.89 = –77.35	
利息再投资收益变化		62.35 – 51.28 = 11.07	
净价格效应		–77.35 + 11.07 = –66.28	

可见，利率上涨带来的债券价格的减少值大于利息再投资的增加值，最终其价格效应为负。

从上面的例子可以得出结论：利率预测互换策略在应用时应该综合考虑债券久期和负债久期。如果利率预测将会降低，一方面，选择的债券的久期要长；另一方面，债券的久期要大于等于负债久期，防止净再投资效应给投资者带来损失。如果预测未来利率上涨，债券应该选择久期较短的债券，同时使得债券的久期小于等于负债的久期，防止净价格效应给投资者带来损失。

三、投资期限分析法

投资期限分析法（horizon analysis）又名水平分析法，以特定投资期限内的总收益率为评价指标，从本质上来说是一种基于利率预测的方法。这是积极债券管理者经常使用的一种方法。

一般来说，投资者期限分析主要涉及以下内容：首先，确定投资期并预测收益率曲线；其次，确定可供选择的债券组合；最后，计算债券价格和总收益率。我们举一个例子进行简单说明。

例 5-10 宝华资产管理公司目前持有一种 Aaa 级公司债券，债券面值 1000 元，剩余期限为 10 年，票面利率为 10%，年付息 1 次，为了 5 年后建设资金的需要，所以债券持有期限为 5 年。宝华公司预计 5 年内市场利率保持平稳，大致为 9%，5 年后即第 6 年开始，市场利率下降为 7%。

债券当前的市场价格为：

$$P_0 = \sum_{t=1}^{5} \frac{100}{(1+9\%)^t} + \frac{1000}{(1+9\%)^5} = 1038.90 \text{（元）}$$

5 年末售出时的市场价格为：

$$P_5 = \sum_{t=1}^{5} \frac{100}{(1+7\%)^t} + \frac{1000}{(1+7\%)^5} = 1122.98 \text{（元）}$$

5 年的时间带来的价格变化（$P_5 - P_0$）即（1122.98 - 1038.9）为 84.08 元，可以理解为时间因素的影响而产生的资本利得。

5 年末利息再投资收益（I_5）为：

$$I_5 = 100 \times \sum_{t=0}^{4} (1+9\%)^t = 100 \times \left[\frac{(1+9\%)^5 - 1}{9\%}\right] = 598.47 \text{（元）}$$

5 年内预期的持有期总收益（V）及总收益率（R）为：

$$V = P_5 - P_0 + I_5 = 682.55 \text{（元）}$$

$$R = \frac{V}{P_0} = \frac{P_5 - P_0 + I_5}{P_0} = 65.7\%$$

使用这种策略时，投资者需要比较多种不同的债券或者债券组合，重复上面的计算过程，择优处理选取持有期收益率最高的债券或债券组合作为投资对象。而获利的基础是建立在对未来利率的正确预期之上，如果预测出现较大偏差，投资者也将面临较大损失。

四、或有免疫

或有免疫（contingent immunization）是指债券管理者通过积极投资策略免疫债券组合以确保至少可以获得预定的投资收益。这种策略的基本思路是：当债券组合的价值超出预定目标值，债券管理人员应该继续采取积极的管理策略，获得更高投资收益；而当债券组合的价值下降到目标价值，此时管理人员应该采取消极策略（如免疫策略）进行债券组合管理，以确保在投资期限结束时，债券组合可以达到预定的目标水平，即锁定固定期限内债券组合的投资回报率。由于这种免疫策略的实行是有条件的，所以这种策略才被称为或有免疫策略。

> 有些教材将或有免疫策略归类于积极与消极混合的投资策略，也有的教材将或有免疫归类于消极的债券管理策略。

首先，我们需要引入触发点（trigger point）这一概念。顾名思义，在投资期限内，如果债券组合的市场价值下跌到触发点，积极的债券管理策略便会停止使用，转而采用利率免疫策略。

例 5-11 如果宝华公司两年后需要偿还 121 万元的债务，当前市场利率为 10%，因此当前公司只需要购买债券即可确保到期支付债务 $\left[\dfrac{121}{(1+10\%)^2}=100\right]$。但是目前，公司的可投资资金剩余 103.74 万元，在这样的条件下，为保证到期支付只需要保证每年的收益率为 8% $\left[\sqrt{\dfrac{121}{103.74}}-1=8\%\right]$。

所以在开始时，宝华公司可以先采取积极的债券管理策略，而不需要立即使用免疫策略。那何时采用利率免疫策略呢？为了保证届时获得 121 万元，就要求在这一时刻下，债券组合的价值是大于等于 $\dfrac{121}{(1+i)^T}$ 万元（T 为债券剩余的投资年限，i 为特定时刻的市场利率）。这个价值就是前面提到的触发点。在投资期限内，债券资产组合的市场价值如果下跌到触发点，积极的债券管理策略就会被叫停，并开始使用利率免疫策略，保证完成投资的目标价值。当然，如果在投资期限内，债券资产组合的市场价值不会下跌到触发点，那么在投资期限内就都不需要使用利率免疫策略。

➡ 第四节 债券投资的基本原则和技巧

在上述积极和消极的债券组合管理策略中，只有买持策略对债券管理者的金融素质要求较低，其他策略的实施对投资者的综合金融素质要求较高，需要对金融市场有较为深刻的理解，有一部分甚至需要掌握很难的数学知识，这些要求一般只有机构投资者和专门的债券管理机构才能够胜任。虽然普通投资者无法做出专业性的判断和管理，但是也存在一些基本的原则和技巧来供普通投资者利用。

一、债券组合投资的基本原则

1. 适合的投资对象

经济人投资的目的都是使投资收益最大化，但风险与收益相伴，高收益对应高风险，投资者需要根据其自身条件进行投资对象的选择。风险偏好者可以投资一些高风险债券以博得高收益；风险厌恶者比较适合投资于低风险债券，如国债、地方政府债、金融债等，以保证稳定的收益。一般来说，理财产品的风险性由小到大的次序是固定收益型、信托型、挂钩型、债券型、货币市场型、票据型、打新股类、类基金和 QDII 型产品。各类产品的收益取决于该产品投资标的的市场表现，因而，其风险大小与投资市场息息相关。简言之，投资者应根据自身的财力状况、操作能力以及承受风险的心理能力和经济能力进行投资对象的选择。

2. 资金条件限制

个人投资要有稳定的、可用的资金来保证。这是个人投资者首先要考虑的问题。个人应将个人资金在投资和消费之间进行合理分配，而借债投资行为不宜提倡。个人投资者要在评估好个人整体资产和心理承受能力的基础上进行债券的投资和债券资金的投入量。综合来看，投资者需要根据自身在生命周期的不同阶段考虑投资的风险性问题，如图 5-2 所示。

5-2 生命周期理论

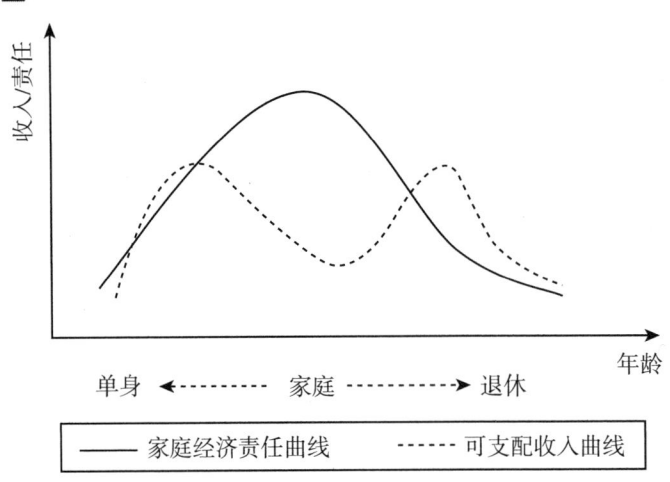

图 5-2 个人生命周期

3. 分散投资

债券价格的变动既受系统性风险的影响，也受非系统风险的影响，这时候分散投资减小非系统风险就是必要的。机构投资者庞大的资金量可以做到投资品种充分的分散化,而个人投资者资金量虽然不充足,但是也应该在自身资金可以达到的范围内进行充分分散化的投资,即"不要把鸡蛋放在一个篮子里"。这样,个人投资者虽然不能消除非系统性风险,但是这种投资风险要远低于投资某单一债券的风险。

4. 理性投资

个人进行投资时应不受感情左右,在对各种债券进行细心比较、分析之后,冷静而慎重地按照自己的投资策略投资。理性投资是建立在对债券的客观认识上的,投资者应熟悉一些基本的债券知识和市场操作技巧。在此基础上,通过分析比较后再采取行动。

5. 收益率比较原则

影响债券投资收益率高低的因素有三项,即债券的票面利率、债券的持有期限和债券的购买价格。三项因素中任何一项因素的变化都会对债券投资收益产生影响,所以进行债券投资时应综合分析相关因素,从而在不同债券收益率之间做出合理的比较。

二、债券组合投资技巧

1. 梯形投资

梯形投资法(trapezoidal investment),又称等期投资法,其为确保一定的流动性,每年获取固定收益,均等的持有从长期到短期的各种债券,形成梯形期限结构。无论何时的投资结构都是相同的,收益也基本相同,其流动性风险是很小的。在实际操作中,具体的债券期限、投资时间间隔以及投资比率可以根据投资者的实际情况来确定。

例 5-12 宝华资产管理公司在 2005 年 3 月购买了当年发行的 3 年期公司债券,在 2006 年 3 月又购买了当年发行的 3 年期公司债券,同样在 2007 年 3 月也购买了当年发行的 3 年期公司债券。

这样在 2008 年宝华资产管理公司收到了 2005 年购买债券的本息和,这个时候公司又可以购买 2008 年发行的 3 年期债券。这样公司所持有的债券的到期期限又分别为 1 年、2 年、3 年,与之前的期限结构是一致的。这样的循环再投资基本消除了流动性风险,如图 5-3 所示。

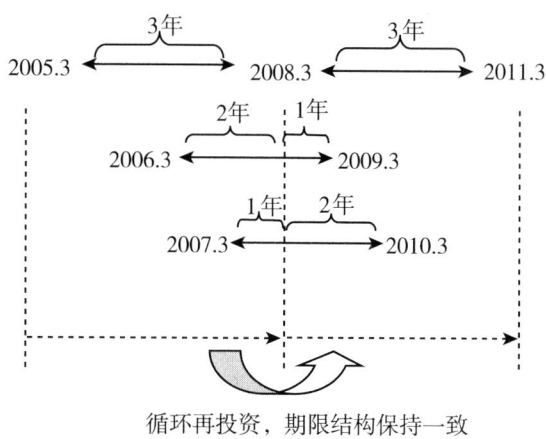

图 5-3 梯形投资示意

2. 杠铃形投资

类比于杠铃的形状，杠铃形投资法（barbell structure approach）将资金投资于债券的两个极端：投资短期债券保证债券的流动性，投资长期债券确保债券的收益性，并不考虑中期债券的投资。这种方法强调投资者要根据自身具体情况确定长短期债券的购入比例。若投资者要求流动性较强，就可以增加短期债券比例；对流动性的要求比较低，就可以减少短期债券的比例。同时，投资者也可以根据市场的变化改变自身的长短期债券的投资比例。当长期预期年化利率看跌引起长期证券价格看涨时，即卖出部分短期证券，买进长期证券。

3. 等级投资计划法

等级投资计划法（methods level investment plan）是短期投资的一种应用广泛的方法，在短期债券价格频繁波动时应用较多。投资者持有一种特定债券，债券价格下降一定比例或下降到某一特定值时就购入一定数量的债券，当债券价格上涨一定比例或上涨到一个特定值的时候就卖出一定数量的债券。需要注意的是，这种方法不适宜在大趋势持续上涨或大趋势持续下跌的行市情况下使用。

例 5-13 宝华资产管理公司购入某种公司债券，面值为 100 元，期限为 3 年。投资部门决定每当债券价格波动 2 元时就进行债券的买卖。假设当前债券价格为 110 元，那么投资过程如表 5-14 所示。

表 5-14 等级投资计划

期次	价格（元）	交易量（张）	净持有量（张）	累计投资额（元）
1	110	买进 100	100	11000
2	108	买进 100	200	21800
3	110	卖出 100	100	10800

从表 5-14 分析可以得出，宝华资产管理公司在这一过程中获得的收益为 200 元。

4. 逐次等额买进摊平法

债券行情并非一直小幅度波动，在市场作用下债券行情在特定时期的波动比较剧烈，而普通投资者并没有足够的时间和充足的经历准确预测债券价格大幅波动的各个拐点。这时逐次等额买进摊平法是值得提倡的。投资者首先确定目标债券，然后在选定的时间段内定量定期购买债券而忽略债券价格的波动。但是运用这种方法，投资者需要严格控制每次债券的购买数量，以保证投资计划逐次等额进行。

例 5-14 宝华资产管理公司选择以 5 年期国债为投资对象，但由于近期经济波动不稳定，公司决定多次购买国债摊平购买成本，每次购入 100 张。第 1 次购买时，国债的价格为 120 元，第 2 次购买价格为 110 元，第 3 次购买价格为 125 元，第 4 次购买价格为 100 元，第 5 次购买价格为 130 元。假设当前国债价格为 126 元，并准备出售。那么宝华资产管理公司是否获利？如果获利，其收益为多少？如果当前价格为 115 元，公司又该有怎样的对策？

分析宝华资产管理公司 5 次国债购买的决策，其每次决策的现金流量及获利情况如表 5-15 所示。

表 5-15　　　　　　　　　　逐次等额买进摊平法应用详情　　　　　　　单位：元

收支 时间	购入价格	资金流出	当前价格	资金流入	是否获利	收益
第1次	120	12000	124	12400	是	400
第2次	110	11000	124	12400	是	1400
第3次	125	12500	124	12400	否	-100
第4次	100	10000	124	12400	是	2400
第5次	130	13000	124	12400	否	-600
合计		58500		62000	是	3500
平均值	117	11700	124	12400	是	700

从表 5-15 中可以看出，虽然并非每次购买决策都是盈利，但在当前 124 元的条件下出售，仍是获利的，总收益为 3500 元。

那么当债券价格为 115 元时，其每次决策的现金流量及获利情况将变为表 5-16 的情形。

表 5-16　　　　　　　　　　逐次等额买进摊平法应用详情　　　　　　　单位：元

收支 时间	购入价格	资金流出	当前价格	资金流入	是否获利	收益
第1次	120	12000	115	11500	否	-500
第2次	110	11000	115	11500	是	500
第3次	125	12500	115	11500	否	-1000
第4次	100	10000	115	11500	是	1500
第5次	130	13000	115	11500	否	-1500
合计		58500		57500	否	-1000
平均值	117	11700	115	11500	否	-200

从表 5-16 中可以看出，当国债价格为 115 元时，如果公司采取全部售出的策略，将无法获得收益，此时公司可以采取买持策略。当价格上涨至平均成本 117 元时，再考虑出售的策略，或根据经济形势审时度势考虑是否需要即时出售。从购买成本上来看，虽然价格波动较大，这种逐次等额买进摊平法在一定程度上降低了价格风险，避免了高价购入债券的风险，有效降低债券购入成本。

5. 金字塔法

类比于金字塔的形状，金字塔法（the pyramid method）实际上是一种倍数买进摊平法。这种方法初始于股票投资后广泛应用，其运用的基本思路在于：在债券价格处于上涨的趋势时，投资者应该买进债券，但每次减少买进的数量，以保证最初按较低价购买的债券在购买的债券总数中占有较大比重。这样,低价购入的债券占购入债券总数的比重就会增加,从而降低了平均成本。除了债券的买进,债券的卖出也可以采用金字塔法。在债券价格处于上涨的趋势时,每次加倍抛出手中债券(投资者可自由决定比例);而在债券价格处于下降的趋势时,每次减半抛出手中的债券。现实中,金字塔法主要分为正金字塔型向上买入法、倒金字塔型买入法和倒金字塔型卖出法。

例 5-15 宝华资产管理公司在债券价格为 80 元时,买入一张企业债券(面值为 100 元),随后债券价格有上涨的趋势,于是公司决定在 85 元时加码。后价格上涨到 90 元公司依旧加码补仓,但是公司目前的剩余资金只能购买 7 手(1 手 = 10 张)债券。当公司采用金字塔型买入法(每次加码的数量都是上一批交易的一半左右)进行债券买入的话,会给公司购入债券的均价带来怎样的影响呢?

按照金字塔型买入法的法则,80 元时公司购入的债券应为 4 手(40 张,3200 元);债券价格为 85 元时,应购入 2 手(20 张,1700 元);债券价格为 90 元时,应购入 1 手(10 张,900 元)的债券。此时债券核算出的平均价格为 82.86 元。很明显这种方法相对拉低了价格上升趋势中的平均成本。

例 5-16 宝华资产管理公司在债券价格为 90 元时,买入一张企业债券(面值为 100),随后债券价格有下降的趋势,于是公司决定在 85 元时加码。后价格下降到 80 元公司依旧加码补仓,但是公司目前的剩余资金只能购买 7 手(1 手 = 10 张)债券。当公司倒金字塔型买入法(每次加码的数量都是上一批交易的一倍左右)进行债券买入的话,会给公司购入债券的均价带来怎样的影响呢?

按照倒金字塔型买入法的法则,债券价格为 90 元时,应购入 1 手(10 张,900 元)的债券;债券价格为 85 元时,应购入 2 手(20 张,1700 元);债券价格为 80 元时公司购入的债券应为 4 手(40 张,3200 元)。此时债券核算出的平均价格为 82.86 元。日后市场向好,债券价格上涨,此时投资者可以考虑在合适的价位全部出手,或者如有剩余资金按照金字塔正向买入法进行债券的买入操作,具体过程如图 5-4 所示。

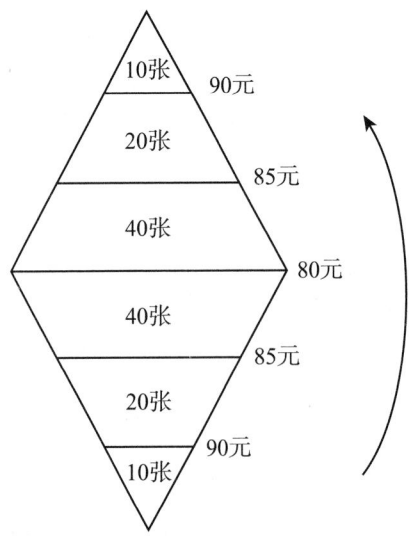

图 5-4 倒金字塔买入法和金字塔型正向买入法

例 5 – 17 宝华资产管理公司在债券价格为 75 元时,持有一企业债券(面值为 100 元),7 手 (70 张)。随后债券价格有上涨的趋势,于是公司决定在 80 元时卖出一部分,85 元时再卖出一部分。后价格上涨到 90 元公司继续做空,其收益合计为 1250 元。当公司倒金字塔型卖出法(公司决定每次卖出的数量都是上一批交易的一倍左右)进行债券卖出的话,其具体过程如图 5 – 5 所示。

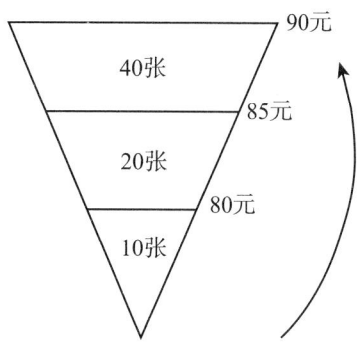

图 5 – 5 倒金字塔型卖出法

6. 固定金额投资法

在投资者将资金进行股票和债券的投资时,固定金额投资法 (fixed amount of investment method) 是进行投资搭配的一种投资方法。基本思路是:投资者将资金分别购买股票和债券,并且股票投资的金额固定,在固定金额的基础上确定一个特定数额,当股价上升使购买的股票市值超过该数额时,就卖出超额部分股票,用来购买债券;同时,在固定金额下确定另外一个数额,当股价下跌使所购股票市值低于这个数额时,就出售债券来购买股票。就这样不间断地买进与卖出,股票总额虽然没变,但总资本在慢慢增加。一般情况下股价的波动大于债券的波动,这种方法在应用中一般是盈利的。

例 5 – 18 宝华资产管理公司有 10 万元闲置资金,计划用 6 万元投资股票,其余 4 万元投资效益稳定的债券。当股票价格每上涨 10% 或下跌 10% 时,就参与买卖,以维持 6 万元的股票市价总额。如果股份上涨 10%,股票市值总额增加到 6.6 万元,于是要将增值的 6000 元股票卖出,购进相应金额的债券。相反,若股价下跌 10%,就要卖出 6000 元债券,换而购进 6000 元股票,以维持固定金额的 6 万元股票投资计划。其具体变动情况如表 5 – 17 所示。

表 5 – 17 股价波动情况及公司的操作情况详情

市场	股价变动 (%)	股票市价总值(元)	债券市价总值(元)	证券总市值(元)	调整操作
	0	60000	40000	100000	
上涨	10	66000	40000	106000	卖出市值 6000 元的股票,买入债券
		60000	46000	106000	
下降	10	54000	40000	94000	卖出市值 6000 元的债券,买入股票
		60000	34000	94000	

7. 固定比例投资法

固定比例投资法（constant proportion portfolio insurance，CPPI）是由固定金额投资法演变而来的，两者的区别在于一个是固定比例，一个是固定金额。具体而言，固定金额法下股票市值围绕固定金额上下波动，而在固定比例法下股票与债券市值则是固定比例，这一比例的制定需要依据投资者的风险偏好而定，风险偏好者的比例较低；反之，风险厌恶者的比例较高，而且在市场表现出强烈的上升或下降的趋势时，固定比例投资法是优于买持策略的。

5-3 详谈固定比例投资法

当股价上涨，股票总投资比例上升，就出售股票，购入债券，使股票和债券的比例为既定值。反之，当股价下跌，应出售债券，购入股票以保持既定比例。

例 5-19 设宝华资产管理公司将 10000 元投资于股票和债券（二者各 5000 元）两种金融工具，并事先确定总额之比为 50:50。当月股价总额上涨（或下降）10%，就要变卖股票来买债券（或卖出债券买股票），旨在使总额之比维持在 50:50。10~12 月股价波动情况及宝华资产管理公司的操作情况如表 5-18 所示。

表 5-18　　　　10~12 月股价波动情况及公司的操作情况详情　　　单位：元

月份	每股市价	股票市价总值	债券市价总值	证券总市值	调整操作
10	50	5000	5000	10000	
11	55	5500 5250	5000 5250	10500	卖出市值 250 元的股票，买入债券
12	48	4582 4916	5250 4916	9832	卖出市值 334 元的债券，买入股票

8. 可变比率法

可变比率法（variable ratio method）也称为变动比率法、变动比例法、常值变比定式计划，是指投资者随着股价上升或下降而相应变动投资总额中股票和债券之间的比率，以获取最大收益的一种投资方法。可变比率投资法又划分为标准型计划和非标准型计划。非标准型计划是指随着股价上涨或下跌，积极减少或增加股票比率。标准型投资计划是指在股价上升或超过既定标准但尚未再度上升之前，并不降低股票比率；反之，在股价下跌超过既定标准但尚未再度下跌前并不增加股票比率。这个既定标准就是"中数价格""中央价值水准"，在西方经常用过去 10 年道·琼斯工业平均数的平均数来确定。

例 5-20 1月份，宝华资产管理公司目前拥有闲置投资资金 10000 元，欲按可变比率法进行投资股票与债券。初始股票与债券的投资比例均为50%（5000元股票，5000元债券）。目前经济形势向好，当前股票价格为50元（100股），公司预计股票价格每月上涨4元，债券价格为100元（50张）。

当股价变动与公司预计一致时：按照股票实际价格与预期价格的差额进行股票买卖，各项具体数值变化如表5-19所示。

表5-19　可变比率法应用详情（股票价格上涨到预期）　　　　单位：元

时间 内容	1月	2月	3月	4月
股票预期价格	50	54	58	62
股票实际价格	50	54	58	62
股票投资数量	100	100	100	100
股票投资价值	5000	5400	5800	6200
债券投资价值	5000	5000	5000	5000
风险性部分比率（%）	50	51.92	53.70	55.36

从表5-19可以看出，投资组合风险性部分的比例随着股票价格的上涨逐渐上升。

当股价变动与公司预计不一致时，根据实际差价的分配百分比卖出股票。未来4个月实际股票价格变动幅度超出4元范围，其中2月份实际为56元，3月份为60元，4月份为66元。我们假定差价部分的分配比例仍为50%，具体情况如表5-20所示。

表5-20　可变比率法应用详情（股票价格上涨高于预期）　　　　单位：元

时间 内容	1月	2月	3月	4月
股票预期价格	50	54	58	62
股票实际价格	50	56	60	66
股票买卖操作		卖出100元	卖出100元	卖出200元
股票投资价值	5000	5500	5900	6400
债券买卖操作		买入100元	买入100元	买入200元
债券投资价值	5000	5100	5200	5400
风险性部分比率（%）	50	51.89	53.15	54.24

当股票价格下降时，也是同样的分析过程，当预期股票价格每月下降4元，且实际价格变化与预期一致，那么此时风险性部分的比率变化如表5-21所示。

表 5-21　　可变比率法应用详情（股票价格下降到预期）　　　单位：元

时间 内容	1月	2月	3月	4月
股票预期价格	50	46	42	38
股票实际价格	50	46	42	38
股票投资数量	100	100	100	100
股票投资价值	5000	4600	4200	3800
债券投资价值	5000	5000	5000	5000
风险性部分比率（%）	50	47.92	45.65	43.18

当实际价格低于预期价格时，同理根据实际差价的分配百分比买入股票。其具体操作过程如表 5-22 所示。

表 5-22　　可变比率法应用详情表（股票价格下降高于预期）　　　单位：元

时间 内容	1月	2月	3月	4月
股票预期价格	50	46	42	38
股票实际价格	50	44	38	32
股票买卖操作		买入100元	买入200元	买入300元
股票投资价值	5000	4500	4000	3500
债券买卖操作		卖出100元	卖出200元	卖出300元
债券投资价值	5000	4900	4700	4400
风险性部分比率（%）	50	47.87	45.98	44.30

综上所述，我们可以发现：当股票价格上涨时，投资组合中风险性部分比率是逐渐上升的；当股票价格下降时，投资组合中风险性部分的比率是逐渐下降的。在使用可变比率法时，预期价格的走势至关重要，其走势方向和幅度直接决定了投资组合中风险性部分的比例和比例的变动幅度。

在实际应用中，这种方法的缺点也非常明显。首先，趋势线很难确定，一旦趋势线判断错误，投资者就可能在错误的时刻买入或卖出证券。其次，投资者必须监控股票价格的变化，当股价达到预设标准时就要做出买卖决策。

本章小结

1. 债券资产的管理策略大致可以分为两类：消极的债券投资组合管理策略和积极的

债券投资组合管理策略。奉行消极策略的投资者承认市场有效性，个人不可以战胜市场获得超额收益率；执行积极投资组合策略的投资者认为市场并非有效，个人可以战胜市场获得超额收益率。

2. 消极投资组合策略是债券组合管理者不再积极寻求交易的可能性而企图战胜市场的一种策略，主要包括：买持策略、免疫策略、现金流匹配策略、指数化策略。

3. 积极的投资组合策略是积极交易证券组合试图得到附加收益的一种策略，主要包括：债券互换、投资期限分析法、或有免疫。

4. 债券组合投资的基本原则：适合的投资对象、资金条件限制、分散投资、理性投资、收益率比较原则。

5. 债券组合投资技巧：梯型投资、杠铃型投资、等级投资计划法、逐次等额买进摊平法、金字塔法、固定金额投资法、固定比例投资法、可变比率法。

本章重要术语

买持策略　　　　免疫策略　　　　现金流匹配策略　　　　指数化策略
债券互换　　　　或有免疫　　　　金字塔法

延伸阅读

朱世武、陈健恒：《基于预测利率期限结构变动的债券投资策略实证研究》，载于《金融理论与实践》2006年第10期。

该文紧密联系利率期限结构理论知识与积极的债券投资策略，从理论及实证的视角帮助读者理解本章知识与前章的联系。

复习与思考

一、简答题
1. 简述免疫策略的基本原理。
2. 个人投资者常用的债券组合投资技巧有哪些？
3. 债券的投资管理策略是如何划分的？

二、计算题
1. 一家保险公司需要在今年底向投保人支付100万元，并且从今年开始在未来5年每年年底需要每年向银行支付贷款利息40万元。假设当前市场利率为10%，且收益率曲线水平为10%。如果公司目前只打算利用零息债券进行融资来免疫这些债务，那么应该购买多少零息债券？其购买的零息债券的期限应为多少，面值和市场价值又为多少？

2. 宝华资产管理公司3年后需要200万元的流动资金，目前市场利率为8%。宝华资产管理公司面临以下三种方案解决资金困难问题：

方案一，目前有一种3年期债券，本金和利息的再投资收益率均为8%，息票率为9%。那么公司可否购买这种债券满足资金缺口？公司当前需要支付多少资金来购买这种债券？

方案二，有一种3年期零息债券，年收益率为8%，票面价值为200万元。如果用这种方法进行免疫，公司当前需要支付多少资金购买债券？

方案三，考虑到方案一和方案二的实现有困难，公司目前只有 2 年期和 5 年期债券的选择。其中 2 年期债券的票面利率为 6%，面值为 100 万元，利息按年支付，到期还本；5 年期债券的票面利率为 8%，面值为 100 万元，利息按年支付，到期还本。那么，公司需要怎样组合这两种债券才能免疫 3 年后的流动资金缺口？

承接上一问，1 年之后市场利率升至 9%，此时该组合的免疫效果是如何实现的？

如果 1 年之后市场利率下降到 7%，该组合的免疫效果又将如何？

3. 宝华资产管理公司需要在 3 年后一次性支付 190000 元的公司购货欠款。为了满足到期偿付的需要，公司决定利用一个 2 年期零息债券和一个永续债券进行投资组合来偿还债务。假设当前市场利率为 7%。

① 计算债务的久期；

② 计算零息债券与永续债券的久期；

③ 公司欲实现债务的免疫，需要在零息债券和永续债券之间进行怎样比例的分配才能实现免疫？

④ 想要实现免疫，每项资产的投资额是多少？

4. 2012 年初，宝华资产管理公司手中持有一个投资组合，要求其在 2016 年初（4 年）至少获得 2100 万元的资金流量以偿付银行到期欠款。当前市场利率为 8%，公司准备使用或有免疫策略。

① 当前，投资组合价值的触发点是多少？如果投资组合的价值为 1600 万元，公司是否应该采取免疫策略？你的理由又是什么？

② 如果 1 年以后市场利率下行到 7.3%，那么此时触发点变为多少？如果投资组合的价值依旧为 1600 万元，公司是否应该采取免疫策略？说明理由。

③ 如果又过了 2 年，市场利率回归到 8.7%，触发点又是多少？如果此时投资组合的价值为 1780 万元，公司是否应该采取免疫策略？说明理由。

④ 如果又过了 1 年，市场利率变为 9.4%，触发点又变为多少？如果投资组合的价值为 1900 万元，公司是否应该采取免疫策略？说明理由。

拓展练习

通过互联网搜集债券积极或消极管理策略的实际案例，并结合本章所学知识具体分析债券积极或消极管理策略的实施效果。

第六章

利率衍生工具

【学习目标】

通过本章的学习,要求了解各种利率衍生工具的交易机制,掌握利率衍生工具的基本特征,理解利率衍生工具管理利率风险的主要原理,熟悉利率衍生工具在金融市场的实际运用。

【引导案例】

商业银行的利率风险[①]

20世纪80年代中期,美国明尼阿波利斯第一系统银行(First Bank System, Inc. of Minneapolis)预测未来的利率水平将会下跌,于是购买了大量政府债券。1986年,利率水平如期下跌,从而给银行带来不少的账面收益。但不幸的是,1987年和1988年利率水平却不断上扬,债券价格重挫下跌,导致该行的损失高达5亿美元,最终不得不卖掉其总部大楼。面对利率波动日益频繁的现实,西方商业银行越来越重视利率风险的管理,利率衍生工具日益成为金融机构有效应对和管理利率风险的工具。

第一节 远期利率协议

一、金融远期合约

远期合约是简单的金融衍生产品之一,属于场外交易衍生品,其主要品种产生于20世纪80年代。1984年在美国芝加哥交易所产生的名为"To-arrive"的农产品交易合约是世界上第一份远期合约,芝加哥交易所的成立是现代远期市场的开端。远期合约存续至今并发展迅速,原因在于其能够使公司防范价格风险,规避经营活动中因价格变化造成的公司价值波动,因此被广为采用。

1. 远期合约的定义

远期合约是指双方约定在未来的某一确定时间,按确定的价格买卖一定数量的某种金融资产的合约。远期合约的交易双方在签订协议时不支付任何现金,因此,远期合约使得

---

① 资料来源:https://wenku.baidu.com。

交易双方存在潜在的违约风险,即未来亏损的一方可能会不履行合约,导致赚钱的一方承受风险。所以,远期合约交易一般发生在大机构之间,例如政府、中央银行、投资银行和大企业等。

在远期合约中,我们把远期交易的买方和卖方分别称为多头和空头。多头是指远期合约中同意在未来某个确定的时间以某一确定的价格买入标的资产的一方;空头是指远期合约中同意在未来某个确定的时间以某一确定的价格卖出标的资产的一方。远期合约交割的时期称为到期日,交割时多头接收空头的标的资产并支付现金给空头。

2. 远期合约的基本要素

远期合约主要由以下要素构成:

(1) 标的资产。标的资产是指远期合约中用于交易的资产,又称基础资产,例如利率、外汇、股票等。

(2) 多头和空头。远期合约中规定将来买入标的资产的一方称为多头,即买方;在将来卖出标的资产的一方称为空头,即卖方。

(3) 到期日。远期合约的交易双方在到期日进行交割,交割时,空头的持有者交付标的资产给多头的持有者,多头支付等于交割价格的现金给空头。

(4) 交割价格。合约中规定未来买卖标的资产的价格称为交割价格。标的资产的市场价格决定了远期合约的交割价格。我们把使远期合约价值为零的交割价格称为远期价格。远期价格与标的资产的现货价格紧密相连,而远期价值则是指远期合约本身的价值,它是由远期合约的实际价格与远期理论价格的差距所决定的。

在合约签署时,交易双方选择的交割价格应该使远期价值对于双方都为零,这意味着合约的交易方不需要成本就可以处于远期合约的多头或者空头状态。随着时间的推移,远期合约的价值不再为零,可能为负、可能为正,取决于标的资产价格的变动,但原有合约的交割价格不变。当合约签署后,标的资产的价格上涨,则远期合约多头价值为正,空头价值为负。

3. 远期合约的特征

(1) 远期合约不在交易所交易,通常都通过现代通信方式在场外市场(OTC)交易,由银行给出双向标价,直接在银行和银行、银行和客户之间进行。

(2) 由于不在交易所集中交易,而是由交易双方具体谈判商定细节,因此远期合约是一种非标准化合约。远期合约的交割日期、交割价格、合约规模等没有一定标准的格式。交易双方互相认识,而且每一笔交易都是双方直接见面,交易意味着接受参加者的对应风险。

(3) 远期合约不需要缴纳保证金,对方风险通过变化双方的远期价格差异来承担。大部分交易都导致交割。

(4) 远期合约的金额和到期日都是灵活的,有时候只对合约的金额最小额度做出规定,到期日经常超过期货的到期日。远期合约在到期日交割。

> 远期合约的本质特征是场外交易的非标准化合约。

4. 远期合约的优缺点

远期合约是一种非标准化合约。在签署合约之前，合约双方就合约的具体条款（如交割地点、交割时间、交割价格、合约规模以及标的资产的品质等）进行谈判，只要双方愿意，所有条款都可以协商达成，这样便可以最大限度地满足不同类型客户的不同需求。远期合约具有较大的灵活性，这是远期合约最大的优点。

但是，远期合约同时也存在着明显的缺点。首先，远期合约没有固定集中的交易场所，不利于信息的传递和交流，很难形成统一的市场价格，因此市场效率较低；其次，远期合约是一种非标准化合约，导致每份合约千差万别，不利于合约的二级流通，因此远期合约的流动性很差；最后，远期合约一般无须缴纳保证金，当市场价格的变动使得一方没有能力或者由于其他原因不履行合约时，就可能发生违约风险，因此其违约风险较高。

5. 远期合约的类型

远期合约主要分为远期利率协议、远期外汇合约和远期股票合约三类。

（1）远期利率协议（forward rate agreement，FRA）是指买卖双方同意从未来某一约定的时刻开始，在某一特定时期内按协议利率借贷一笔数额确定、以特定货币表示的名义本金，并约定在结算日根据协议利率与确定日的市场利率之间的差额，由一方支付给另一方结算金的协议。

（2）远期外汇合约（foreign exchange contracts，FEC）是指双方约定在将来某一时间按约定的汇率买卖一定金额的某种外汇的合约。

（3）远期股票合约（equity forwards，EF）是指在将来某一特定日期按特定价格交付一定数量单个股票或一揽子股票的协议。

在金融市场上，最常见的用于管理利率风险的金融远期合约是远期利率协议。

二、远期利率协议（FRA）的交易机制

1. 远期利率协议的含义

FRA起源于1983年的伦敦银行间同业拆借市场，是为管理远期利率风险和调整利率不匹配而进行的金融创新之一。在发展初期，参与者主要是美国的一些大型商业银行和英国的一些商人银行以及清算银行。随着进一步的发展，远期利率协议出现于非银行金融机构和公司企业与银行之间，目的在于利用签订的远期利率协议来规避远期借款利率上升的风险。在国际上，远期利率协议市场主要集中于伦敦，其次为纽约。

6-1 我国远期利率协议业务的开端

远期利率协议是交易双方签订的一种远期贷款合同，指买卖双方同意从未来某一约定的时刻开始，在某一特定时期内按协议利率借贷一笔数额确定、以特定货币表示的名义本金，并约定在结算日根据协议利率与参考市场利率之间的差额，由一方支付给另一方结算

金的协议。FRA 的多方为利息支付者，即名义借款人，为了避免利率上升的风险而买入；FRA 的空方为利息获得者，即名义贷款人，为了防范利率下降的风险而卖出。保值者希望通过远期利率协议对未来的利率风险进行防范，投机者希望通过远期利率协议从未来的利率变化中获利。

FRA 的多方和空方之所以被称为"名义"，是因为借贷双方无须交换本金，只是在结算日根据协议利率和参考利率之间的差额以及名义本金额，由一方向另一方交付结算金。例如，如果商业银行希望把未来的借款成本固定在一定的水平上，则其可以购买一份远期利率协议，如果利率上升，则按照远期利率协议的协议利率进行筹资便能够降低筹资成本。如果银行想把未来的收益固定在一定的水平，则其可以出售一份远期利率协议，如果利率下降，则按照远期利率协议利率贷款，便可获得更高的利息收入。但这两种情况都使得商业银行放弃了利率朝有利方向变动所带来的收益，却能够使得商业银行避免利率朝不利方向变动带来损失的风险。

例 6-1 假设某企业 A 为了规避人民币贷款利率上升的风险，向银行买入一个 6 个月后的半年期远期利率协议，FRA 的协议利率为 5.8%，名义本金为 1000 万元。

（1）假定 6 个月后，市场实际半年期贷款利率为 6.24%。此时，企业 A 执行 FRA 比市场利率节省的利息支出为：

$$1000 \times \frac{6.24\% - 5.8\%}{2} \times \frac{1}{1 + \frac{6.24\%}{2}} = 2.1334 \text{（万元）}$$

（2）假定 6 个月后，市场实际半年期贷款利率下跌为 5.6%，则企业 A 在 FRA 中损失，银行盈利，损失金额为：

$$1000 \times \frac{5.6\% - 5.8\%}{2} \times \frac{1}{1 + \frac{5.6\%}{2}} = -1.9455 \text{（万元）}$$

2. 远期利率协议的常见术语

为了规范远期利率协议，英国银行家协会于 1985 年颁布了远期利率协议标准化文件（British Banker' Association London Interbank Forward Rate Agreements Recommended Terms and Conditions，FRABBA），作为远期利率市场实务的指导原则。目前世界上大多数远期利率协议都是根据 FRABBA 签订的。该标准化文件使得每一笔 FRA 交易仅需一个电传确认便可成交，大大提高了交易速度和质量。

FRABBA 对远期利率协议的重要术语做出了如下规定：

协议金额（contract amount）——借贷的名义本金额；

协议货币（contract currency）——货币币种；

交易日（dealing date）——远期利率协议成交的日期；

结算日（settlement date）——名义借贷开始的日期；

确定日（fixing date）——确定参照利率的日期；

到期日（maturity date）——合约结束之日；

协议期（contract period）——结算日至到期日的天数；

协议利率（contract rate）——协议中双方商定的利率；

参考利率（reference rate）——在确定日用以确定结算金的参照市场利率；

结算金（settlement sum）——在结算日，根据协议利率和参考利率之间的差额计算出来，由交易一方支付给另一方的金额。

3. 远期利率协议的交易流程

为进一步了解远期利率协议中有关术语的含义以及理解 FRA 的交易流程，我们在此举例说明。

例 6-2 假定某远期利率协议的交易日是 2009 年 7 月 1 日星期三，双方同意成交一份 1×4 名义金额为 100 万美元、协议利率为 4.75% 的远期利率协议。其中，协议货币为美元，协议金额为 100 万美元，协议利率为 4.75%。"1×4"指的是起算日和结算日为 1 个月，起算日和名义贷款到期日之间的时间为 4 个月，交易日和起算日一般间隔 2 天。

本例中，起算日是 2009 年 7 月 3 日星期五，结算日为 2009 年 8 月 3 日星期一。确定日通常情况下是结算日的前两天，由于 8 月 1 日为星期六，因此确定日向前提至第 1 个工作日即 7 月 31 日星期五。到期日为 2009 年 11 月 3 日星期三，协议期为 2009 年 8 月 3 日至 2009 年 11 月 3 日，即 92 天。参考利率通常为确定日的伦敦银行同业拆借利率（LIBOR 利率）。上述流程见图 6-1。

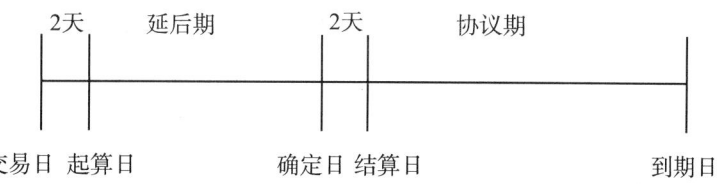

图 6-1 FRA 的交易流程

4. 远期利率协议的结算金

在远期利率协议下，如果参考利率超过合同的协议利率，那么名义贷款人（卖方）就要支付给名义借款人（买方）一笔结算金，以补偿买方在实际借款中因利率上升而造成的损失。反之，则由名义借款人（买方）支付给名义贷款人（卖方）一笔结算金。一般来说，实际借款利息是在贷款到期时支付，结算金则是在结算日支付，因此，结算金通常并不等于因利率上升而给买方造成的额外利息支出，而是等于额外利息支出在结算日的贴现值。结算金由协议利率、参考利率和协议金额共同决定。结算金的具体计算公式如下：

$$\text{结算金} = \frac{A \times (r_r - r_k) \times \frac{D}{B}}{1 + \left(r_r \times \frac{D}{B}\right)} \quad (6-1)$$

其中，r_r 为参考利率，r_k 为合同的协议利率，A 表示协议金额，D 表示协议期天数，B 表示天数计算惯例（美元为 360 天，英镑为 365 天）。式（6-1）的分子表示由于协议利率与参考利率之间的差异所造成的额外利息支出，而分母则是对分子进行贴现，以反映结算金的支付是在合同期开始之日而非结束之时。

当 $r_r > r_k$ 时，结算金为正，卖方向买方支付利差；当 $r_r < r_k$ 时，结算金为负，买方向

卖方支付利差。

例 6-3 假设公司 A 计划在 3 个月后需要筹集一笔为期半年的资金 100 万美元，为避免 3 个月后市场利率上升带来筹资成本的增加，该公司与某银行签订了一份"3×9"的 FRA，协议利率确定为 6.50%，协议期限为 182 天，市场参考利率为 6 个月期的 LIBOR。问：

（1）若基准日的 LIBOR 为 7.24%，该公司的收付情况如何？
（2）若基准日的 LIBOR 为 5.50%，该公司的收付情况如何？

因为协议利率为 6.50%，基准日的 LIBOR 为 7.24%，参考利率大于协议利率，A 公司可从银行收取利差收入，收取的数额为：

$$结算金 = \frac{1000000 \times (7.24\% - 6.50\%) \times \frac{182}{360}}{1 + 7.24\% \times \frac{182}{360}} = 3639.90（美元）$$

若基准日的 LIBOR 为 5.50%，参考利率小于协议利率，该公司需向银行支付利息差额，支付的数额为：

$$结算金 = \frac{1000000 \times (5.50\% - 6.50\%) \times \frac{182}{360}}{1 + 5.5\% \times \frac{182}{360}} = -2459.39（美元）$$

可以看出，远期利率协议是一种能把金融风险转化为确定性的工具。如果市场利率高于协议利率，远期利率协议的买方从远期利率协议的卖方收到一笔结算金作为补偿较高的利息支出；如果市场利率低于协议利率，远期利率协议的买方向远期利率协议的卖方支付结算金以补偿名义贷款人较低的利息收入。

由于 FRA 只在交割日时就利息差价收付，所以可作为一种单纯规避未来利率波动风险的利率金融工具。远期利率协议最重要的功能在于通过固定将来实际交付的利率而避免了利率变动风险。签订 FRA 后，不管市场利率如何波动，协议双方将来收付资金的成本或收益总是固定在协议利率水平上。如此一来，投资人可运用 FRA 将未来特定期间内收益或支出成本固定在一个特定的利率上，使其能够清楚地知道未来现金流量成本。例如，当参考利率上升时，表明协议购买方的资金成本加大，但由于其可以从协议出售方得到参考利率与协议利率的差价，便可以弥补其增加的资金成本，而协议出售方则固定了资金收益。

三、远期利率协议的应用

1. 远期利率协议的报价

远期利率协议是由银行提供的交易产品。在国际上，远期利率协议市场是银行在各自的交易室中进行的全球性市场，这些交易室彼此由电话线、信息站和计算机网络联系在一起。我国的远期利率协议交易既可以通过全国银行间同业拆借中心的交易系统达成，也可以通过电话、传真等其他方式达成。

FRA 的价格是指从利息起算日开始的一定期限的协议利率，FRA 的报价方式与货币市场拆入拆出利率的表达方式类似,但 FRA 报价增加了合约指定的协议利率期限,其主要形式是 $T_1 \times T_2$。FRA 市场定价是每天随着市场变化而变动的,实际交易的价格要由每个报价银行来决定。FRA 市场报价举例见表 6-1。

表 6-1　　　　　　　　　　**FRA 市场报价示例**

交易日	时限区间	FRA 报价
7月13日	3×6	8.08%~8.14%
7月13日	2×8	8.16%~8.22%
7月13日	6×9	8.03%~8.09%
7月13日	6×12	8.17%~8.23%

表 6-1 的第三行"6×9、8.03%~8.09%"作如下解释:"6×9"(6 个月对 9 个月)是表示期限,即从交易日(7月13日)起 6 个月末(即次年 1 月 13 日)为起息日,而交易日后的 9 个月末(即次年 4 月 13 日)为到期日,协议利率的期限为 3 个月期。它们之间的时间关系见图 6-2。

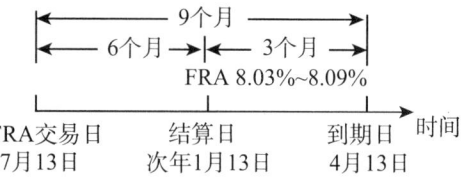

图 6-2　FRA 期限的对应关系

"8.03%~8.09%"为报价方报出的 FRA 买卖价:前者是报价银行的买价,若与询价方成交,则意味着报价银行(买方)在结算日支付 8.03% 的利率给询价方(卖方),并从询价方处收取参照利率;后者是报价银行的卖价,若与询价方成交,则意味着报价银行(卖方)在结算日从询价方(买方)处收取 8.09% 的利率,并支付参照利率给询价方。

例 6-4　某公司将在 6 月 10 日借入一笔为期 3 个月、以 LIBOR 浮动利率支付利息的 1000 万英镑债务,假设现在是 3 月 10 日,为防止利率上涨,该公司买入一笔 1000 万英镑 "3×6 10.52%" 的远期利率协议。假定 6 月 10 日的 3 个月英镑 LIBOR 上升为 10.80%,该公司如果以此利率借入 3 个月期英镑,在 9 月 10 日须付息:

$$10000000 \times 10.80\% \times \frac{92}{365} = 272219.10 \text{(英镑)}$$

而由于购买了 FRA,6 月 10 日该公司得到支付利息差额的现值:

$$结算金 = \frac{10000000 \times (10.80\% - 10.52\%) \times \frac{92}{365}}{1 + 10.80\% \times \frac{92}{365}} = 6870.50 \text{(英镑)}$$

将这笔钱以 10.80% 利率存入 3 个月期,9 月 10 日得到利息 185.50 英镑,因此,9 月 10 日 1000 万英镑债务实际利息支出为:

$$272219.10 - 6870.50 - 185.50 = 265163.10 \text{(英镑)}$$

这样,该公司的实际借款利率为:$\dfrac{265163.10 \times \dfrac{365}{92}}{10000000} = 10.52\%$。假如 6 月 10 日 LIBOR 利率降至 10.52% 以下,该公司须支付利差,从而将借款成本提高到 10.52%。由此可见,该公司通过购买 FRA 将其借款成本锁定在 10.52%。

2. 利用远期利率协议对冲利率风险

如果银行或其他金融机构有浮动利率的借款,或者预期在未来短时间内将有借款,可买入远期利率协议来对冲利率上升的风险。

例 6 – 5 假设商业银行 A 向客户 B 承诺 3 个月后将提供 1000 万美元的固定利率贷款,期限为 6 个月。为了防范利率上升的风险,银行需要锁定 3 个月后开始的 1000 万美元的融资成本(即 3 个月后的 6 个月期 LIBOR)。为此,银行 A 买入一份 3×9 的 FRA,协议利率为 8.25%。按照银行内部制定的规则,对最优信用等级客户适用的贷款利率为 LIBOR 加上 50 个基点,即银行对客户报出的 3 个月后提供期限为 6 个月、金额为 1000 万美元的固定利率为 8.75%。

3 个月后,假定市场上的 6 个月期 LIBOR 已经上升至 8.86%,银行 A 的筹资成本加大,但对客户 B 承诺的贷款利率不变,为此,银行损失年利率为 0.11%(8.86% − 8.75%),具体的金额为:

$$(8.86\% - 8.75\%) \times 10000000 \times \dfrac{182}{360} = 5561.11 \text{(美元)}$$

与此同时,到了 FRA 的结算日,银行从 FRA 中盈利,其收到的结算金为:

$$\dfrac{(8.86\% - 8.25\%) \times 10000000 \times \dfrac{182}{360}}{1 + 8.86\% \times \dfrac{182}{360}} = 29516.54 \text{(美元)}$$

由于结算金是折现后的数值,银行从远期利率协议中获得的盈利应为:

$$(8.86\% - 8.25\%) \times 10000000 \times \dfrac{182}{360} = 30838.88 \text{(美元)}$$

银行将远期利率协议的盈利与贷款的亏损进行对冲,对冲的数额为:30838.88 − 5561.11 = 25277.77(美元),从而使 50 个基点的贷款净利润得到了保证,即:$10000000 \times 0.5\% \times \dfrac{182}{360} = 25277.77$(美元)。

从本案例可以发现,买入远期利率协议可以很好地对冲利率上升带来的风险,但不能得到利率出现意外下跌的任何好处。同理,如果银行或其他金融机构有浮动利率的投资,或预期在未来短时间内将进行投资,则可以通过卖出远期利率协议来对冲利率下降的风险,但是不能得到利率上升带来的好处。

3. 利用远期利率协议进行套利

如果银行对远期利率协议的定价出现错误,其他机构就会买入或卖出这个远期利率协议获取套利利润。由于市场会做出迅速调整来消除错误的定价,套利机会出现后将很快消失。

例 6 – 6 假设欧元 3 个月的欧洲银行同业拆借利率为 4.75%,1×3 的远期利率协议的买入报价是 5.10%,1 个月的同业拆借利率为 4.25%。这时,有的银行会发现,远期利率协议的定价偏高，就会迅速进行套利。

具体的套利方法如下：

(1) 以 4.75% 的利率借款 3 个月；

(2) 以 4.25% 的利率贷出 1 个月；

(3) 以 5.10% 的协议利率卖出一份 1×3 的远期利率协议。

此套利组合的具体收益分析如下：

(1) 1 个月后收到的贷出资金的收益为：$e^{4.25\% \times \frac{1}{12}}$；

(2) 3 个月后，借款成本为：$e^{4.75\% \times \frac{3}{12}}$，而远期利率协议的收益为：$e^{4.25\% \times \frac{1}{12}} \times e^{5.10\% \times \frac{2}{12}}$。

因此，通过套利得到净收益为：

$$e^{4.25\% \times \frac{1}{12}} \times e^{5.10\% \times \frac{2}{12}} - e^{4.75\% \times \frac{3}{12}} = 0.0168\%$$

可以看出，远期利率协议的交易可用来管理利率波动的风险或者进行套利投机等活动。与金融期货等场内交易相比，远期利率协议具有简便、灵活、不需支付保证金等优点。同时，由于远期利率协议是场外交易，故存在信用风险和流动性风险，但这种风险又是有限的，因为合约双方约定在到期日双方按当时的市场利率和协议利率的差额清算，即最后实际支付的只是利差而非本金。

由于远期利率协议交易的本金不用交付，利率是按差额结算的，所以资金流动量较小，这就给银行提供了一种管理利率风险而无须通过大规模的同业拆放来改变其资产负债结构的有效工具，这对于增加资金比例、改善银行业务的资产收益率十分有益。从管理层的角度来看，远期利率协议业务的推出也有利于促进市场稳定，提高市场效率。远期利率协议通过锁定未来的利率水平，实现了风险的转移和分散，因此能够深化市场功能，有利于促进市场稳定，同时可以在客观上降低投资者的交易成本，提高市场效率。另外，远期利率协议业务还有利于促进市场的价格发现功能，为中央银行的货币政策操作提供参考。

第二节 利率期货

一、期货交易的基本原理

1. 期货的定义

期货合约（futures contract）是一种标准化合约，指买方和卖方约定在未来一定日期（或期满日），以一定的价格买入或卖出标准数量的某种标的商品，或于期满日结算价差的合约。因此，期货可以说是一种标准化的远期合约，或者说期货合约是由远期合约演进而来的。

由于远期合约的交割日与当前交易日之间存在一定的时间差，交割日的现货价格与约定的远期合约价格可能相差很大，以致买卖双方的某一方为了避免损失而拒绝履行合约，存在信用风险。除此之外，如果买方和卖方在远期合约到期前的任何时间点想要将远期合约转卖出去，但由于该合约并不是一个标准化合约，因此很难找到恰好合适的买方，存在流动性风险。因此，为了克服远期合约的缺陷，期货合约应运而生。

1972 年，芝加哥商业交易所（Chicago Mercantile Exchange，CME）的国际货币市场部门（International Monetary Market Division，IMM）开始交易外汇期货，这是全世界最早的金融期货。外汇期货产生于布雷顿森林协议趋于瓦解时，各国纷纷实行浮动汇率，跨国企业需要外汇风险对冲措施以降低所面临的汇率风险。1975 年，芝加哥期货交易所（Chicago Mercantile Exchange，CME）推出联邦抵押贷款债券期货（Government National Mortgage Association futures，GNMA），这是最早的利率期货。1981 年，CME 开始交易欧洲美元期货，这是第一个现金结算价差的期货合约。1982 年，堪萨斯交易所（Kansas City Board of Trade，KCBT）开始交易价值线股价指数期货，这是最早的股价指数期货。

2. 期货交易的术语

期货交易中的头寸是指多头或空头。当合约的一方同意在将来的某个确定日期以某个确定的价格购买标的资产时，就称这一方为多头（long position）；另一方同意在同样的日期以同样的价格出售该标的资产，这一方称为空头（short position）。换句话说，购买期货合约的一方被称为持有期货多头头寸的投资者，出售期货合约的一方就被称为持有期货空头头寸的投资者。无论投资者的初始交易是购买还是出售期货合约，我们都称这一行为是开仓；无论投资者是持有多头头寸，还是空头头寸，我们都称这一行为是持仓。

投资者在持仓过程中，会根据市场价格发生的波动决定是否有必要将持仓合约在合约到期以前转让给其他交易者。若持仓者在到期日之前改变其已有的头寸，在市场上买卖与自己合约品种、数量相同但方向相反的期货，就称这一交易行为是期货合约的对冲交易。期货合约的对冲是期货交易平仓方式中的一种，平仓的另一种方式是期货合约到期时进行实物或现金的交割。

> 多头开仓对应空头对冲平仓，空头开仓对应多头对冲平仓。

例 6-7 假设当前是 6 月份，投资者预期在期货市场上国债期货价格将会有一定幅度的上涨，于是决定买入 20 手 9 月份到期的国债期货合约，随后价格果然上涨，10 天后投资者觉得时机成熟，遂将合约卖出。

在本例中，投资者买入 20 手合约的行为属于开仓行为，开仓后他的仓位有 20 手多头合约。10 天后投资者做了与前面开仓时买入交易相反的卖出交易，目的是将前面的仓位进行了结，这种行为称为对冲平仓。这里投资者的持仓时间是 10 天，开仓后到平仓这段时间，投资者一直拥有 20 手多头合约，这种状态即为持仓。

3. 期货合约的标准化条款

期货合约是一种标准化合约，期货交易所会详细标明每一品种合约的具体条款，包括交易品种、合约规模、交割时间等。

（1）交易品种。交易品种是指具有期货商品性能，并经过批准允许作为进入期货交易所进行买卖的品种，也叫作上市品种。根据品种的不同，期货一般可分为商品期货和金融期货两类。

（2）合约规模。合约规模定义了在每一份合约中交割资产的确切数量。如果合约规模太大，许多希望对冲较小头寸的投资者或希望持有较小头寸的投机者就不会进行交易；另外，由于每个合约都会有交易成本，因此，合约规模太小会使交易成本过高。

（3）交割月份。交割月份是期货的到期月份，是期货合约买卖双方到期交收实货或结算价差的月份。对于很多期货而言，交割月份是整个月份。在金融期货交易中，除少数合约有特殊规定外，绝大多数合约的交割月份为每年的3月、6月、9月、12月。

（4）最小变动价位。最小变动价位也叫作最小价格波动，是指期货合约在每一次报价时所允许的最小价格变动量。有了最小变动价位的规定，竞价双方就有了遵循，在相同的价位上就可以成交。

（5）每日价格最大波动限制。每日价格最大波动限制是指为了防止过度投机而带来的暴涨暴跌，交易所对大多数期货合约所规定的每天价格相对于上一日收盘价可以波动的最大限度。如果价格变化超过这一幅度，交易就会停止，这种制度一般也称为"每日涨跌停板限制"。在交易所规定了每日价格波动限制以后，若某种期货合约的价格已经涨到上限，但仍供不应求，则许多交易者要等到下一日，再以更高的价格买入相应的合约。这种因价格上涨至上限而不能再涨引起的交易停滞状态，就称为涨停板。反之，由于价格下跌至下限而不能再跌所引起的交易停滞状态，就称为跌停板。设置每日价格波动限制的主要目的是限制风险，保障期货交易者在期货价格出现猛涨或狂跌时免受重大损失，但这一设置阻碍了价格迅速移向新的均衡，限制了价格发现功能的实现。

4. 期货交易的保证金制度

期货交易实行每日结算，由结算公司按交易日的收盘价或结算价逐日计算损益，并直接从交易者的账户扣减或增加。每日结算可以减少买卖双方违约的风险，实际上是对持仓合约实施的一种保证金管理方式。按正常的交易程序，交易所在每个交易日结束后，由结算部门先计算出当日各品种期货合约的结算价格。当日结算价一般是指交易所某一期货合约当日成交价格按成交量计算的加权平均价；当日无成交的，以上一交易日结算价作为当日结算价。结算价确定后，以此为依据计算各会员的当日盈亏（包括平仓盈亏和持仓盈亏）、当日结算时的交易保证金、当日应交的手续费和税金等相关费用。最后，对各会员应收应付的款项实行净额一次划转，相应调整增加或减少会员的结算准备金。

期货合约买卖双方于买卖期货最初交易时必须存入的资金称为初始保证金。当初始保证金的价值因市场价格上升或下降而减少时，若减少到低于某个特定数额时，交易者会被要求补缴保证金，此特定金额称为维持保证金，维持保证金会低于初始保证金的数量。如果交易者保证金账户的余额超过交易所规定的某一水平，交易者可随时提取现金或用于开新仓，但交易者取出的资金额不得使保证金账户中的余额低于这一水平。当保证金账户的余额低于维持保证金水平时，交易者会收到保证金催付通知，如果客户在24小时内未补足保证金至初始保证金水平，经纪人会将合约进行强制平仓。

二、短期利率期货

利率期货合约是指交易双方在约定的时间按照约定的条件买卖一定数量的同利率相关

的金融工具的协议,这是一种将附有利率的有价证券作为期货合约标的物的交易方式。自1975年美国的芝加哥商品交易所首次推出利率期货合约后的8年时间里,利率期货的交易量就占到了期货交易总量的1/4,而且利率期货的品种也越来越多,几乎世界上所有主要的交易所都开展了利率期货交易。

利率期货合约根据标的证券的期限长短,可分为短期利率期货和中长期利率期货。所谓短期利率期货,是指期货合约的标的证券期限不超过1年的各种利率期货,也就是以货币市场的各种债务凭证作为标的物的利率期货,如短期国库券期货、欧洲美元定期存款期货和各种期限的商业票据期货等。

1. 短期国库券期货

短期国库券期货是交易最活跃的利率期货之一。国库券是政府为弥补财政赤字筹集资金而向社会公开发行的短期债务凭证。短期国库券是最受欢迎的投资工具,它期限短,流动性强,具有活跃的二级市场,安全可靠。短期国库券以拍卖的方式折价发行,每周进行一次拍卖,其到期时间通常是91天。同时,短期国库券还是一个纯折现工具,其折现率通常是以360天计算的。

一般来讲,短期国库券期货通常为91天,但期货合同也允许90天或者92天的短期国库券进行交易,但是期货合约的价格总是用90天期短期国库券来计算。短期国库券的利息按360天计算,发行价=面值-折扣利息金额,其中,折扣利息金额=面值×期限/360×年利率。

在美国,标准的短期国库券期货合约面值为100万美元,最低波幅为年利率一个百分点的1%,称为1个基点,相当于价值25美元。不同的交易所规定的每日限价不完全相同,如芝加哥期货交易所为60个基点(1500美元)、纽约期货交易所为100个基点(2500美元)。以芝加哥商品交易所90天短期利率期货为例,期货合约的相关条款见表6-2。

表6-2　　芝加哥商品交易所90天短期利率期货的标准化条款

交易单位	100万美元面值的短期国库券
交割月份	3月、6月、9月、12月
交割日	合同到期月份的第三个星期三
最后交易日	交割日的前一天
报价方式	100.00减去利率的百分点数
最小波动限制	0.01%(一个基点)
最小波动价值	25美元
交易时间	08:20~14:00(芝加哥时间)

短期国库券期货以指数的形式报价,具体报价方式为100减去不带百分号的短期国库券利率(贴现率),得出的指数便是短期国库券期货的价格。这一报价方式为IMM首创,亦称IMM指数。假设某一短期国库券期货合同贴现率为7.35%,这一合同的IMM指数就是100-7.35=92.65。指数与利率期货合约的价值成正比,指数越高,合约的价值相应

越大；反之，指数越低，合约价值越小。

然而，指数并不是期货合约交易的真正价格，实际上，每100美元的期货价格是用如下公式计算的：

$$f = 100 - (100 - IMM 指数) \times (90/360)$$

假设IMM指数为92.65，则$f = 100 - (100 - 92.65) \times (90/360) = 98.1625$，所以此时1份短期利率期货的合约价值为$98.1625 \times \dfrac{1000000}{100} = 981625$美元。若IMM指数下降到91.80，则期货价值是979500美元。利率期货的交易者在期货报价出现变动时，能迅速知道其持有的利率期货合约价值变动情况。

2. 欧洲美元定期存款期货

欧洲美元定期存款单期货是短期利率期货中发展最快的利率期货。欧洲美元是存入外国银行或美国银行国外支行的美元。这种储蓄的币种是美元，而不是银行所在国的货币。欧洲美元利率即伦敦同业拆放利率（LIBOR），被认为是最有效的短期借贷指示器。由于欧洲美元不受美国法律的限制，欧洲美元期货的交易十分活跃，交易量迅速超过了作为第一个短期利率期货的短期国库券期货的交易规模。

欧洲美元期货合约是建立在3个月欧洲美元LIBOR基础上的，合约的面值为100万美元，用IMM指数法报价。不过，欧洲美元期货合约是用现金结算的，最后交易日的结算价格是芝加哥商业交易所的清算所决定的LIBOR利率，合约到期时间为3月、6月、9月、12月，最后交易日是到期当月第三个星期三之前的第二个伦敦工作日。

3. 商业票据期货

商业票据期货是一种以商业票据为交易对象的短期利率期货。商业票据是一些大公司为筹措短期资金而发行的无担保本票，期限一般都少于270天，最常见的期限是30天。这种信用工具没有发行公司的任何资产作为担保，它的保险性不高，由于发行公司的信誉不同，其信用也有高低之分。

1977年，90天期的商业票据期货开始在芝加哥交易所挂牌上市；1979年，30天期的商业票据期货也开始在芝加哥交易所挂牌上市。商业票据期货合约的基本交易金额为100万美元，并且这两种期限的商业票据期货合约所代表的商业票据都必须由标准普尔公司和穆迪公司予以资信评级。

三、长期利率期货

长期利率期货是指期货合约标的证券的期限超过一年的各种利率期货，即以资本市场的各种债务凭证作为标的证券的利率期货，主要品种有长期国债期货、中期国库券期货、房屋抵押债券期货和市政债券期货等。

1. 长期国债期货

长期国债期货（T-Bond）是以长期国债作为交易对象的利率期货。长期国债是中央政府为筹集长期资金而向公众发行的，其本质与中期国库券一样，两者的区别仅在于期限的长短不同。长期国债的期限从10年到30年不等。在美国，从1981年起，20年期的国债每季度出售一次，30 年期的国债每年不定期出售三次。美国的长期国债由于具有富于竞争性的利率、保证及时还本付息的信誉、市场流动性强等特点，每一次拍卖都可从国内外筹集到数千亿美元的巨额资金。

1977 年，芝加哥商业交易所开始推出长期国债期货合约的交易，此后一直被认为是最成功的利率期货交易之一。这种期货的基本交易单位为面值 10 万美元、收益率为 8% 的长期国债，其期限是从期货合约交易日算起至少 15 年到期。美国长期国债期货合约的相关条款见表 6-3。

表 6-3 美国长期国债期货合约的标准化条款

交易单位	10 万美元面值的长期国债
交割月份	3 月、6 月、9 月、12 月
最后交易日	从交割月份最后营业日往回数第 7 个营业日
最小波动限制	1/32
最小波动价值	31.25 美元
交易时间	芝加哥时间周一至周五 7:00~14:00 晚场交易周一至周四 17:00~20:30
交割等级	剩余期限或不可赎回期至少为 15 年的长期国债
交割方式	联储电子过户簿记系统

长期国债期货的报价方式与短期利率期货的报价方式不同，它采取价格报价法，而不是指数报价法。长期国债期货以合约规定的债券为基础，报出其每 100 美元面值的价格是多少，且以 1/32 为最小报价单位。例如，标的物为标准化的期限为 10 年、票息率为 7% 的美国长期国债的期货合约，若市场给出的报价为 97-18，则表示每 100 美元面值的该种国债的期货价格为 97-18/32 美元，若以小数点来表示，则为 97.5625 美元。

在长期国债期货的交割日当天，现货市场上总是有着数十种可供期货合约卖方选择的可交割债券，交易所的结算单位将根据卖方所选择的交付债券确定买方应支付的金额。然而，由于各种可交割的债券在现货市场的相对价格与它们在期货市场的相对价格往往不太一致，所以在实际交割的时候，期货合约的卖方可以在这数十种可交割的债券中选出一种对其最为有利的债券用于交割，这就是最便宜可交割债券（cheapest-to-delivery bond）的概念。

6-2 中国"327"国债期货事件

2. 中期国库券期货

中期国库券期货（T-Note）是以中期国库券作为交易对象的利率期货。美国政府的中期国库券是财政部以面值或相近价值发行的，在偿还时以面值为准，其期限为 1~10 年不等。和短期国库券一样，中期国库券由联邦储备委员会以拍卖方式出售，以政府的信用作为担保。但不同的是，中期国库券不按折扣价发行，而是以面值或相近的价格发行，偿还时以面值为准。此外，其付息方式是在债券期满之前，每半年付息一次，最后一笔利息在期满之日与本金一起偿付，而短期国库券的利息是在还本时一次付清。

中期国库券期货合约交易始于1979年，由芝加哥期货交易所和国际货币市场同时推出，现已推出的中期国库券期货合约交易主要有3～4年期、4～6年期和10年期品种。

3. 房屋抵押债券期货

房屋抵押债券期货是以房屋抵押债券作为交易对象的利率期货。房屋抵押债券是以房屋抵押方式，经允许批准的金融机构发行的一种债券。它是一种标准化的、流通性很好的信用工具，平均期限在12年左右，最长可达30年。房屋抵押债券期货合约是最早作为利率期货进行交易的标准化合约，1975年10月由芝加哥商业交易所推出，在它之后，其他各种利率期货才相继进入期货交易所。

房屋抵押债券期货交易的基本单位是面值为10万美元、息票收益为8%的房屋抵押债券，这种期货合约的交易月份为3月、6月、9月和12月，合约价格的最小波动幅度为1个百分点的1/32，即31.25美元。

4. 市政债券期货

市政债券期货是以市政债券作为交易对象的利率期货。从类别上分，市政债券主要有两种：由发行方的税收、信贷作担保的一般公债和为资助某些特殊用途的建设项目而发行的收入公债。

由于市政债券种类繁多，面值不同，期限差别也非常大，对于要求标准化、规范化的期货交易而言，芝加哥交易所创造了一种"市政债券指数"，这种指数是通过每天选择有代表性的50种长期市政债券经计算而得的。芝加哥交易所于1985年正式运用市政债券指数进行市政债券期货合约交易。可见，市政债券期货实际上应该称为市政债券指数期货，因此，在交易时与股票指数期货一样，以现金交付，并无具体的债券实物交割。

第三节 利率互换

一、利率互换概述

按照国际清算银行（BIS）的定义，利率互换（interest rate swap）是指双方同意在未来的一定期限内根据同种货币的同样名义本金交换现金流，其中一方的现金流根据浮动利率计算出来，而另一方的现金流根据固定利率计算。互换的期限通常在2年以上，有时甚至在15年以上。其基本特征有：（1）互换双方使用相同的货币；（2）在互换整个期间没有本金的交换，只有利息的交换，但名义本金在互换中是计算利息的基础；（3）最基本的利率互换是固定利率对浮动利率互换，即互换一方支付固定利率，另一方支付浮动利率。固定利率在互换开始时就已确定，在整个互换期间内保持不变；浮动利率在整个互换期间参照一个特定的市场等量利率确定，在每期前预先确定，到期偿付。例6-8是我国首笔基于SHIBOR的一年期利率互换，可以帮助我们更好地理解利率互换的基本运作原理。

例 6-8 2007 年 1 月 22 日，花旗银行宣布与兴业银行于 1 月 18 日完成了中国国内银行间第一笔基于 SHIBOR 的标准利率互换，相关条款见表 6-4。

表 6-4 我国首笔基于 SHIBOR 的标准利率互换

期限	1 年
名义本金	未透露
固定利率支付方	兴业银行
固定利率	2.98%
浮动利率支付方	花旗银行
浮动利率	3 个月期 SHIBOR

资料来源：http://wenku.baidu.com。

利率互换是一种场外交易的金融产品，具体细节由双方商定。例 6-8 利率互换的基本设计是：从 2007 年 1 月 18 日起的每一年，花旗银行与兴业银行在每 3 个月计息期开始就按照最新 3 个月期的 SHIBOR 确定当期的浮动利率，计息期末双方根据名义本金交换利息净额，具体流程见图 6-3。

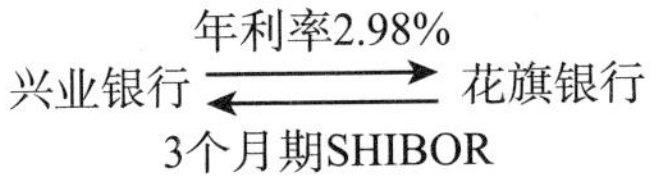

```
         年利率2.98%
兴业银行 ⇌ 花旗银行
         3个月期SHIBOR
```

图 6-3　花旗银行和兴业银行利率互换交易流程

互换市场的起源可以追溯到 20 世纪 70 年代末，当时的货币交易商为了逃避英国的外汇管制，英国与美国企业之间便采取了平行贷款的对策。平行贷款涉及两个国家的母公司，其各自在国内向对方在境内的子公司提供与本币等值的贷款。例如，美国母公司向在其境内的英国子公司贷款，而英国的母公司向在其境内的美国子公司贷款（见图 6-4）。

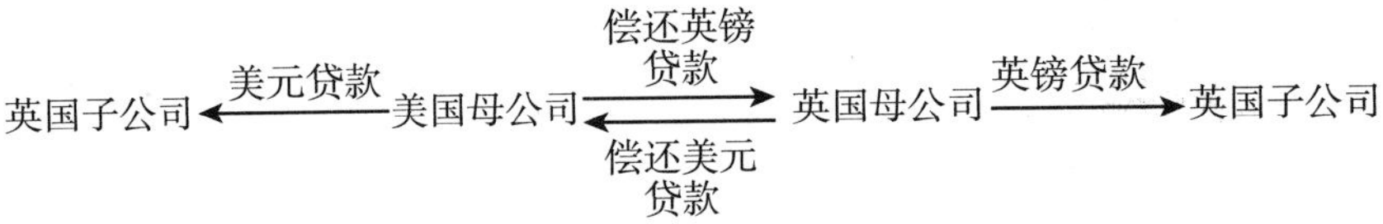

```
                   偿还英镑贷款
英国子公司 ←美元贷款— 美国母公司 ⇌ 英国母公司 —英镑贷款→ 英国子公司
                   偿还美元贷款
```

图 6-4　平行贷款

6-3　世界上第一笔互换概况

平行贷款中涉及两个单独的贷款合同，分别由两个不同的母公司各自贷款给对方设在本国境内的子公司，两个子公司的两笔贷款分别由其母公司提供担保。平行贷款的期限一般为 5~10 年，大多采用固定利率方式计息，按期每半年或一年相互向对方支付利息，到期各自将借款金额偿还给对方。两个子公司分别为当地注册的法人。由于平行贷款涉及两个单独的贷款合同，并分别具有法律效力，因此，若一方违约，另一方仍要执行合同，不得自行抵消。于是，为了降低违约风险，背对背贷款应运而生。

背对背贷款是指两个国家的公司相互直接提供贷款，贷款的币种不同但币值相等，到期各自向对方偿还借款金额并且贷款的到期日相同，双方按期支付利息如图6-5所示。

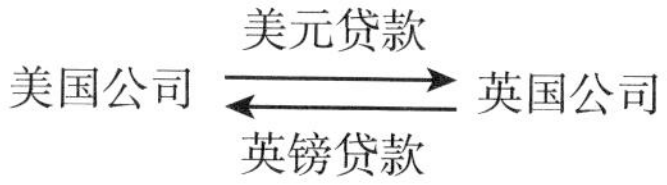

$$\text{美国公司} \xleftarrow[\text{英镑贷款}]{\text{美元贷款}} \text{英国公司}$$

图6-5 背对背贷款

背对背贷款与平行贷款在贷款结构上是不同的，效果却是相同的。结构的不同之处在于它是两个公司之间直接提供贷款，双方只签订一个贷款合同。合同中规定，若一方违约导致另一方遭受损失，那么另一方有权不偿还对它的贷款债务以抵销该损失，从而使双方的贷款风险降低。虽然两种贷款的结构和文件不同，但都涉及同样的现金流，因此效果是相同的。

互换的基本工具包括货币互换、利率互换及一系列特殊互换，其中利率互换是当今世界最主要的核心互换工具，是国际资本市场最基础也是最重要的衍生工具之一。世界上第一笔利率互换于1981年出现在伦敦，1982年被引入美国，此后利率互换市场发展极为迅速。根据国际清算银行的统计数据，在全球OTC衍生产品交易总额中，利率互换约占60%，利率互换以年平均增长率超过30%的速度增长，其重要性和市场地位可见一斑。人民币利率互换市场自2006年2月正式启动以来，逐渐成为我国衍生产品市场的主要交易品种，吸引了越来越多的市场成员的关注。

二、利率互换的原理

利率互换产生的理论基础是比较优势理论，该理论是由英国著名经济学家大卫·李嘉图（David Ricardo）提出的。他认为，在两国都能生产两种产品，且一国在这两种产品的生产上均处于有利地位，而另一国均处于不利地位的条件下，如果前者专门生产优势较大的产品，后者专门生产劣势较小（即具有比较优势）的产品，那么通过专业化分工和国际贸易，双方仍能从中获益。李嘉图的比较优势理论不仅适用于国际贸易，而且适用于所有的经济活动。只要存在比较优势，双方就可通过适当的分工和交换使双方共同获利。这种思想在金融领域就产生了互换交易，互换是比较优势理论在金融领域最生动的运用。利率互换就是利用交易双方在筹资成本上的比较优势而进行的。

假设有互换参与方A与B，如果A在固定利率贷款领域有相对优势，B在浮动利率贷款领域有相对优势，而A需要浮动利率的贷款，B需要固定利率的贷款，则他们可以按照比较优势理论，由A在固定利率贷款领域中为购买B需要的金融产品支付现金流，由B在浮动利率贷款领域为购买A需要的金融产品支付现金流，然后通过互换得到各自需要的金融产品，并按事先的约定互换现金流，从而达到双赢的结果。

例6-9 假定两家公司A和B各自需要期限为5年的1亿美元贷款，A公司偏好固定利率借款，B公司偏好浮动利率借款。由于A公司的信用等级比B公司差，因此，它所支付的固定利率及浮动利率都会比B公司更高。A公司和B公司在浮动利率市场和固定利率市场借入资金的成本如表6-5所示。

表6-5　　　　　　　　　　A公司和B公司借入资金的利率

借款者	信用等级	固定利率（%）	浮动利率	净差价
A	BBB	3.5	6个月期LIBOR+0.5%	
B	AAA	2.0	6个月期LIBOR	
差价		1.5	0.5%	1.0%

从表6-5可发现，A公司和B公司贷款利率报价中有一个关键的特点，即固定利率之间的差价大于浮动利率之间的差价。A公司在固定利率市场比B公司多付1.5%，而在浮动利率市场只多付0.5%。因此，A公司在浮动利率市场具有比较优势，B公司在固定利率市场具有比较优势，这一明显的差异触发了互换合约的形成。A公司以LIBOR+0.5%借入浮动利率，B公司以2.0%借入固定利率，然后它们进行利率互换交易，最终结果是A公司的融资利率为固定利率，而B公司的融资利率为浮动利率。它们达成的互换如图6-6所示。A同意向B支付本金1亿美元每年利率为2.5%的利息，作为回报，B向A支付本金为1亿美元的6个月期LIBOR的利息。

浮动利率贷款者 ←──LIBOR+0.5%── A公司 ←──固定利率2.5%── B公司 ──2%→ 固定利率贷款者
　　　　　　　　　　　　　　　　　　──浮动利率LIBOR──→

图6-6　A公司和B公司之间的利率互换交易

A公司会有以下三笔现金流：（1）支付浮动利率LIBOR+0.5%；（2）支付固定利率2.5%；（3）收入浮动利率LIBOR。以上三项现金流给A公司带来的净效果为：支出现金流的年利率为3%，这比在固定利率市场的贷款利率低了0.5%。

同理，B公司也有三笔现金流：（1）支付固定利率2%；（2）收入固定利率2.5%；（3）支付浮动利率LIBOR。以上三项现金流给B公司带来的净效果为：支出现金流的年利率为LIBOR-0.5%，这比在浮动利率市场的贷款利率低了0.5%。

可以看出，利率互换交易改善了A公司和B公司的贷款状况，两家公司均少付了0.5%，也就是各自降低了50万美元，1.0%的净利差由它们平均分配。在实际交易中，双方如何分享1.0%的净利差由协议规定，可以证明，互换的总收益总是$|a-b|$，其中a为两家公司在固定利率市场的利率差，b为两家公司在浮动利率市场的利率差。在例6-9中，$a=1.5\%$，$b=0.5\%$，所以互换总收益为1.0%。

需要指出的是，在实际的利率互换交易中，往往需要通过金融中介的参与才能达成互换。沿用例6-9，A公司和B公司通过中介银行进行利率互换，总收益1.0%在三者之间分配，假设中介银行向交易双方各收取0.1%的手续费。下面对利率互换的收益分配进行量化分析。现在假定A公司按LIBOR+0.5%筹措到资金并与中介银行互换，即A公司定

期向中介银行支付 X 的固定利率，同时中介银行向 A 支付 $Y-0.1\%$ 的浮动利率。与此同时，B 公司按 2% 借入固定成本资金并与中介银行互换，即 B 公司定期向中介银行支付 Y 的固定利率，同时中介银行向 B 支付 $X-0.1\%$ 的固定利率。互换流程见图 6-7。

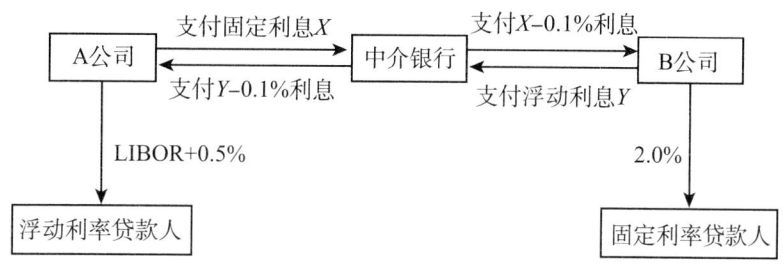

图 6-7　引入中介银行后的 A 公司和 B 公司利率互换

由于互换的总收益是净利差 1%，中介银行赚取手续费 0.2%，我们假设剩余总收益在 A 公司和 B 公司之间平均分配，即 A 公司和 B 公司的借款成本都降低 0.4%，那么根据图 6-7 可以表示出 A 公司的实际借款利率：

$$(LIBOR+0.5\%)+X-(Y-0.1\%)=3.5\%-0.4\%=3.1\%$$

从而得到：

$$X-Y=2.5\%-LIBOR$$

由于上式中含有两个未知量，因此求解结果是不唯一的。也就是说，A 公司和 B 公司利率互换协议的内容不是唯一的。我们取其中的一个解，令 $X=2.5\%$，$Y=2.5\%$，这时 B 公司借款成本是：$2\%+LIBOR-(2.5\%-0.1\%)=LIBOR-0.4\%$，比利率互换前的成本降低了 0.4%，与我们之前的假设是一致的。可以看出，利率互换不仅可以满足双方的融资偏好，还可以使双方的融资成本都降低。

三、利率互换的功能

自 20 世纪 80 年代初以来，在较短的时间内互换业务已经发展成为具有多种形式的市场，特别是利率互换发展迅猛。利率互换业务之所以能迅速发展，原因在于其具有独特的功能优势，主要体现在以下方面：

（1）降低筹资成本。在利率互换中，客户能够获得低于市场固定利率或浮动利率的贷款。互换交易是基于比较优势而成立的，交易双方最终分配由比较优势而产生的全部利益是互换交易的主要动机。当一家企业或机构在某一市场具有筹资优势，而该市场与该企业或机构的所需不符时，仍可以利用具有比较优势的市场进行筹资再进行互换，从而降低了双方的实际筹资成本。

（2）利率风险的有效规避。在负债方面，为避免利率上升带来的损失，有浮动利率负债的交易者可以与负债数额相同的名义本金的固定利率互换，所收的浮动利率与原负债相抵，而仅支出固定利率，从而避免了利率上升的风险；反之，当利率下降时，有固定利率负债的交易者可将其互换成浮动利率，从而规避利率风险。在资产方面，一般在预期利率下降时，浮动利率资产持有者将其互换成固定利率，从而避免利率下降损失的风险；或在预期利率上升时，固定利率资产持有者将其互换成浮动利率，可以增加资产的收益。

（3）弥补不同金融工具间的缺口。在整个金融市场中，存在着各种各样的缺口，金融机构依靠丰富的金融商品提供中介服务，其目的便是创造一个平滑连续的融资空间，补平缺口和消除金融交易中的不连续性，例如发行形式间存在差异、市场参与者信用级别的差异、市场准入资格的限制等。正是这些缺口的无处不在，奠定了互换交易发展的基础。从实质上来看，互换就是对不同融资工具的各种特征进行交换。利率互换可以将浮动利率负债换为固定利率负债，等于在浮动利率债券市场上筹措资金，而得到固定利率债券市场的收益，从而使固定债息债券与浮息债券之间的缺口被填平。

（4）资产负债管理的有效性增加。利率互换在对资产和负债利率暴露头寸进行有效操作中，比利用货币市场和资本市场进行操作具有优势，它可以不经过真实资金运动，而对资产负债额及其利率期限结构进行表外重组。在负债的利率互换中，支付固定利率相当于借入一笔名义固定利率债务，会延长负债利率期限；支付浮动利率相当于借入一笔名义浮动利率债权，会缩短负债的利率期限。而在资产利率互换中，收取固定利率等于占有一笔名义浮动利率债权，会延长资产的利率期限；收取浮动利率等于拥有一笔名义固定利率债权，会缩短资产的利率期限。此外，利率互换也有利于未来现金流量管理，使现金流入和现金流出相匹配。

四、利率互换的市场交易机制

1. 做市商制度

利率互换是 OTC 产品，在场外交易。早期的金融机构通常在利率互换交易中充当经纪人，即帮助希望进行互换的客户寻找交易对手并协助谈判，赚取佣金。但事实证明，在短时间内找到完全匹配的交易对手往往是相当困难的。因此，许多金融机构（主要是银行）开始作为做市商参与交易，同时报出其作为利率互换多头和空头所愿意支付和接受的价格，被称为互换交易商。现在利率互换市场的做市商制度非常发达，原因在于：第一，利率互换的同质性很强，比较容易形成标准化的交易和报价；第二，美元的固定收益证券现货和衍生品市场都很发达，利率互换的做市商可以很容易进行利率风险的套期保值。

2. 标准化合约

与做市商制度发展密切相关的是利率互换市场的标准化进程。OTC 产品的重要特征之一就是产品的非标准化，但利率互换中包含的多个现金流交换使得非标准化协议的制定相当复杂费时，这促使交易者尽可能地寻找标准化协议。1984 年，一些主要的互换银行开始推动互换协议的标准化工作。1985 年，这些银行成立了国际互换协会（International Swap Dealers Association，ISDA），并主持制定了互换交易的行业标准。时至今日，由于在互换市场上取得的成功和巨大影响，ISDA 所做的工作已经推广到包括互换在内的多种场外衍生品交易，其制定的衍生品交易主协议已经成为全球金融机构签订互换和其他多种 OTC 衍生产品协议的范本，ISDA 也更名为国际互换和衍生产品协会（International Swaps and Derivatives Association，ISDA），成为目前全球规模和影响力最大的场外衍生产品和行业组织。

具体来看，ISDA 主协议主要包括协议主文、附件、交易确认书三部分。在进行交易之前，交易双方就主文部分签署主协议，就释义条款、支付条款、净额结算条款、陈述与承诺条款、违约事件和终止事件条款、管辖法律和司法管辖权条款达成一致，明确交易可能涉及的所有定义和双方的权利义务。主协议签署以后，每次交易只需要对价格、数量等具体条款进行谈判并签订协议附件和交易确认书。附件的作用是让交易双方对主协议的主文条款下每项具体交易的交易条款进行确认，是每笔交易中最重要的法律文件。值得注意的是，主协议的此种制度安排使得每项交易并不构成当事人双方之间的独立合同关系，而仅是在主协议这一合同关系下的一笔交易。表 6-6 是一个利率互换交易确认书的示例，它给出了利率互换交易的主要条款。

表 6-6　　　　　　　　　　利率互换交易协议书示例

交易日	2004 年 2 月 27 日
起息日	2004 年 3 月 5 日
营业日准则	（支付日遇节假日时顺延至）下一营业日
节假日日历	美国
终止日	2007 年 3 月 5 日
固定利率方	
固定利率支付者	微软公司
固定利率名义本金	1 亿美元
固定利率	5.015%
固定利率天数计算惯例	实际天数/365
固定利率支付日期	自 2004 年 9 月 5 日至（含）2007 年 3 月 5 日每年 3 月 5 日和 9 月 5 日
浮动利率方	
浮动利率支付者	高盛公司
浮动利率名义本金	1 亿美元
浮动利率	美元 6 个月期 LIBOR
浮动利率天数计算惯例	实际天数/360
浮动利率支付日期	自 2004 年 9 月 5 日至（含）2007 年 3 月 5 日每年 3 月 5 日和 9 月 5 日

资料来源：[加] 约翰·赫尔，《期权、期货及其他衍生产品》（王勇、索吾林译），机械工业出版社 2014 年版，第 124 页。

2009 年 3 月，中国银行间市场交易商协会在 2007 年的《中国银行间市场金融衍生产品交易主协议（2007 年版）》和全国银行间外汇市场人民币外汇产品主协议的基础上发布了《银行间市场金融衍生产品交易主协议（2009 年版）》，建立了针对中国市场的标准化文件。

3. 浮动利率的选择

在国际利率互换交易中，最常用的浮动利率是伦敦银行间同业拆放利率（LIBOR）。

大部分利率互换协议中的浮动利率为 3 个月期和 6 个月期的 LIBOR。一般来说,浮动利率的确定日为每次支付日的前两个营业日或另行约定。目前,人民币利率互换中常见的浮动利率包括 7 天回购利率、SHIBOR 和一年期存款利率,其中以 7 天回购利率的交易量最大。

4. 净额结算

利率互换在实际结算时通常尽可能地使用利息净额结算,即在每个计息期初根据定期观察到的浮动利率计算其与固定利率的利息净差额,在计息期末支付。由于每次计算都只交换利息净额,本金主要用于计算所需交换的利息,并不发生本金的交换,因而利率互换中的本金通常也被称为名义本金。显然,净额结算很大程度上能够降低交易双方的风险敞口头寸,从而降低信用风险。

5. 互换报价

如前所述,尽管利率互换属于场外交易,但也发展成为一个标准化程度相当高的金融市场,这一点也表现在互换的报价中。互换合约本来需要同时报出浮动利率和固定利率,但是实际中同种货币的利率互换报价通常都基于特定的浮动利率。例如,标准的美元利率互换通常以 3 个月期美元 LIBOR 利率作为浮动利率。浮动利率达成一致后,报价和交易只需对特定期限与特定支付频率的固定利率一方进行,从而大大提高了市场效率。

与远期利率协议相同,市场通常将利率互换交易中固定利率的支付者称为互换买方,而将固定利率的收取者称为互换卖方。在做市商制度下,做市商每天都会进行双边互换报价,买价就是做市商在互换中支付浮动利率时要求收到的固定利率,显然互换卖价应该高于互换买价。在互换市场上,买卖价差非常小,表明市场有高度的流动性和竞争性。

买价和卖价的算术平均为中间价,就是通常所说的互换利率。以标准美元利率互换市场为例,假如买价、卖价和中间价分别为 4.3250%、4.3650% 和 4.3450%,这意味着做市商愿意每半年以 4.3250% 的年利率支付固定利息,换取每季度收到 3 个月期 LIBOR;或者每季度支付 3 个月期 LIBOR,换取每半年收到年利率 4.3650% 的固定利息,而 4.3450% 是支付频率为半年的互换利率。

利率互换的报价通常有两种形式:报出买卖价和报出互换利差。前文所述的为直接报价,互换利差报价是指报出特定期限的互换买卖利率与具有相同期限、无违约风险的国债平价收益率之间的差值。

按照互换市场交易惯例,互换卖出价格(买入价格)是指互换交易商在互换中愿意收入(支付)的固定利率,他们从买卖价差中赚取利润,如图 6-8 所示。

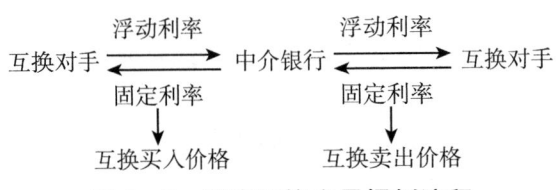

图 6-8 利率互换交易惯例流程

我国利率互换的期限最短为 6 个月,最长为 10 年。参照利率通常采用上海银行间同业拆放利率（SHIBOR），目前，对社会公布的 SHIBOR 品种包括隔夜、1 周、2 周、1 个月、3 个月、6 个月、9 个月及 1 年。金融机构可以采用不同期限的 SHIBOR 作为参考利率报价，例如采用隔夜拆借利率（SHIBORON）作为参考利率报价，也可以采用 3 个月期限 SHIBOR（SHIBOR3M）作为参考利率报价。

五、利率互换的应用

利率互换可用于套利、风险管理等，无论何种用途，其最终目标都是降低交易成本、提高收益和规避风险，正是互换的这些重要功能极大地促进了利率互换市场的发展。

1. 利用利率互换进行信用套利

例 6-9 是运用利率互换进行信用套利的一个很好例子。从例 6-9 可以看到，只要下述条件成立，根据比较优势理论，交易者就可以利用利率互换进行套利：（1）双方对交易对手方的资产或负债均有需求；（2）双方在两种资产或负债上存在比较优势。更确切地说，市场上存在着信用定价差异。

20 世纪 80 年代，基于上述比较优势与信用套利的互换交易非常流行。很多交易者认为，互换双方以各自在不同融资领域的相对比较优势为基础进行合作和互换，从而能够降低成本、提高收益。这些比较优势可能来源于浮动利率贷款更高的灵活性，可能来源于不同市场对借款人的熟悉程度和接受程度，可能来源于特定市场的供求关系。伴随着金融市场的完善，套利机会慢慢消失，这种套利行为受到了限制。

2. 利用利率互换管理利率风险

除了降低筹资成本、开辟新的融资渠道外，利率风险管理也是利率互换最基本的功能和运用领域。通过利率互换可以创造出固定利率或者浮动利率负债，从而锁定融资成本，也可以合成固定利率或者浮动利率资产，从而增加收益。

（1）运用利率互换转换资产的利率属性。投资者拥有浮动利率债券资产，除了信用风险外往往最担心利率风险。用利率互换可锁定收益，转换成固定利率的资产。如果投资者拥有的是固定利率债券，一旦市场利率上升，投资者就会遭受损失。因此，利用创造浮动利率负债相同的原理，我们也可以合成浮动利率资产。

如图 6-9（a）所示，如果交易者拥有一笔固定利率资产，投资者可以进入利率互换的多头，使所支付的固定利率与资产的固定利率收入抵销，同时收到浮动利率，从而转换为浮动利率资产。类似地，如图 6-9（b）所示，如果交易者原先拥有一笔浮动利率资产，投资者可以进入利率互换的空头，使所支付的浮动利率与资产中的浮动利率收入相抵销，同时收到固定利率，从而转换为固定利率资产。

例 6-10 甲投资者持有某 5 年期美元债券，收益率为 6 个月美元 LIBOR+1%。浮动利率处于高位时，投资者的收益当然可观；但若市场利率走跌，投资者的收益将随之下降。为此他安排了一笔利率互换，对资产收益进行保值锁定，即从互换交易对手收入固定利率 9%，同时向对手支付 6 个月美元 LIBOR+1%。这样，由于债券收益与互换交易中的支付利息相抵，无论市场利率下滑至何处，投资者仍能获得 9% 的实际收益率，起到了资产保值的作用。图 6-10 显示了这笔互换交易的现金流量。

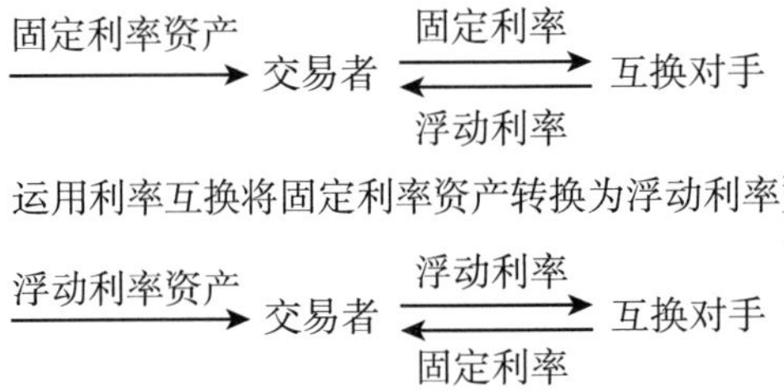

```
固定利率资产        固定利率
─────────→ 交易者 ⇌ 互换对手
                    浮动利率
```

（a）运用利率互换将固定利率资产转换为浮动利率资产

```
浮动利率资产        浮动利率
─────────→ 交易者 ⇌ 互换对手
                    固定利率
```

（b）运用利率互换将浮动利率资产转换为固定利率资产

图 6-9　运用利率互换转换资产的利率属性

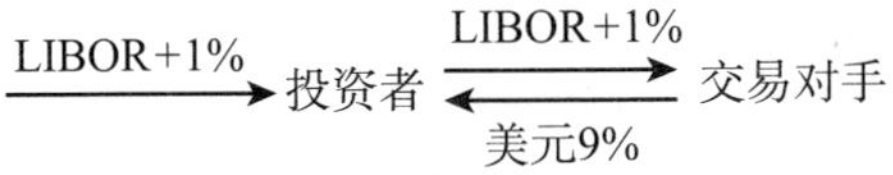

```
LIBOR+1%           LIBOR+1%
─────────→ 投资者 ⇌ 交易对手
                    美元9%
```

图 6-10　合成固定利率资产

（2）运用利率互换转换负债的利率属性。当预期市场利率即将上升时，便可以通过利率互换将浮动利率负债转换为固定利率负债，这样就能避免利率变动所带来的风险。如果预期市场利率不是上升而是下降，为了从利率下跌中得到好处，降低融资成本，便可以进行创造浮动利率的利率互换。如果交易者原先拥有浮动利率债券，投资者可以通过进入利率互换的多头，使所收到的浮动利率与负债中的浮动利率相抵销，同时支付固定利率，从而转换为固定利率负债。类似地，如果交易者原先拥有一笔固定利率负债，投资者可以通过进入利率互换的空头，使所收到的固定利率与负债中的固定利率支付相抵销，同时支付浮动利率，从而转换为浮动利率债券。

第四节　利率期权

一、利率期权概述

1. 利率期权的定义

利率期权是一种特殊的金融期权合约，给予持有人（买方）在特定日期或规定期限内，按照事先确定的交易价格买入或卖出指定固定收益证券或固定收益证券衍生品的一项权利。期权的买方为获得这项权利，需要支付一定数量资金去购买期权合约，所支付的资金称为期权费。期权合约上约定的交易价格称为执行价格（也称为协定价格、行权价格）。可以看出，利率期权的本质是买方以支付期权费为代价而拥有的一项权利，其在将来既可以行使权利，也可以放弃行使权利。

2. 利率期权的类型

利率期权可以按照多种标准进行分类。

（1）债券期权和期货期权。按照标的资产的不同，可以将利率期权划分为债券期权和期货期权。债券期权的标的资产是某种可交易的债券,例如,在美国的利率期权市场上,最常见的债券期权有短期国库券期权(美国证券交易所)、欧洲美元存款期权(芝加哥商品交易所)、中期国债期权(美国证券交易所)和长期国债期权(芝加哥期权交易所)。期货期权的标的资产是某种债券期货,例如短期国库券期货、长期国债期货等。

(2)看涨期权和看跌期权。按照期权买方拥有的权利不同,可以将利率期权划分为看涨期权和看跌期权。看涨期权(也称为买权)赋予期权持有人有权按照执行价格买入标的资产,而看跌期权(也称为卖权)赋予期权持有人有权按照执行价格卖出标的资产。看涨期权和看跌期权的划分,使利率期权交易存在双重的买卖关系(见表 6-7)。

表 6-7   利率期权存在的双重买卖关系

	看涨期权(买权)	看跌期权(卖权)
利率期权买方	按照执行价格买入标的资产的权利	按照执行价格卖出标的资产的权利
利率期权卖方	按照执行价格卖出标的资产的义务	按照执行价格买入标的资产的义务

> 学习期权可以只站在买方的角度考虑问题,卖方的情况与买方在任何时刻都完全相反。

(3)欧式期权和美式期权。按照期权买方行权的时间要求不同,可以将利率期权划分为欧式期权和美式期权。欧式期权要求买方只能在利率期权到期日时刻才能够行权,而美式期权给予买方在期权到期日及之前的任意时刻都可以行权。显然,若其他条件和要素都相同,美式期权的期权费要高于欧式期权。

(4)交易所期权和场外期权。根据期权是否在交易所内交易,可以将利率期权划分为交易所期权和场外期权。在交易所内交易的期权,证券交易所会对利率期权的标的资产、执行价格、到期期限、清算要求等方面做出明确和标准化的规定。场外交易的期权通常被称为零售商期权,主要是为满足机构投资者的特定对冲需求而设计的。此外,场外期权不是给予持有人以执行价格买入或卖出债券的权利,而是给予持有人在参考市场利率高于或低于期权合约中规定的利率水平时,执行利率差额结算的权利。

二、利率期权交易的损益

在利率期权交易中,主要有四种基本策略可供投资者选择:买入看涨期权、卖出看涨期权、买入看跌期权、卖出看跌期权。投资者可以根据自身需要建立利率期权的多头和空头头寸。为简化分析,假设期权在到期日方可执行,下面介绍不同利率期权头寸在到期日的损益状况。

1. 利率看涨期权的损益

假定一份标的资产为债券 X 的欧式看涨期权在 1 个月后到期,执行价格为 100 美元,期权费为3美元,投资者A现在买入该看涨期权。那么,1个月后期权到期,若债券X的市场价格高于100美元,投资者A会行使权利。也就是说,投资者A按照执行价格100美元买进债券X,然后再按照市价出售债券,每张债券可获利(市价-100)美元,扣除期权费后的实际收益为(市价-100-3)美元。若1个月后债券X的市场价格低于或等于100美元时,投资者A不会行权,其损失为期权费3美元。投资者A的损益情况如图6-11所示。

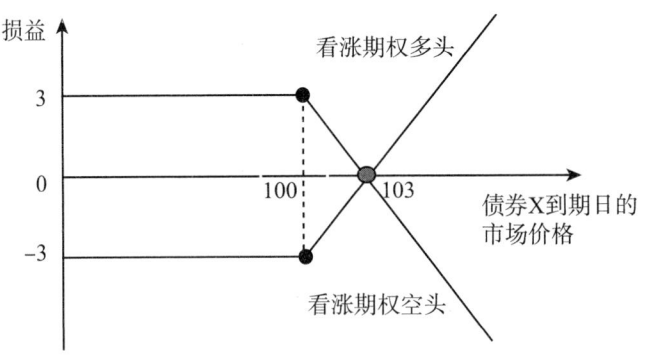

图6-11　利率看涨期权多头和空头的损益

从图6-11可以看出,作为利率看涨期权多头方的投资者A,其最大损失为3美元,而盈利从理论上说可以达到无限大。相反,作为看涨期权的空头方,其最大盈利为3美元,而损失的数额可以达到很大。也就是说,期权交易的盈利和损失具有不对称性。此外,当标的资产的市场价格为103美元时,利率看涨期权多空双方的损益都为0,我们称该市场价格为看涨期权的盈亏平衡价格,其数额为执行价格加上期权费。

2. 利率看跌期权的损益

假定一份标的资产为债券Y的欧式看跌期权在1个月后到期,执行价格为100美元,期权费为3美元,投资者B现在买入该看跌期权。那么,1个月后期权到期,若债券Y的市场价格低于100美元,投资者B会行使权利,扣除期权费后的实际收益为(100-市价-3)美元。若1个月后债券Y的市场价格高于或等于100美元时,投资者B不会行权,其损失为期权费3美元。投资者B的损益情况如图6-12所示。

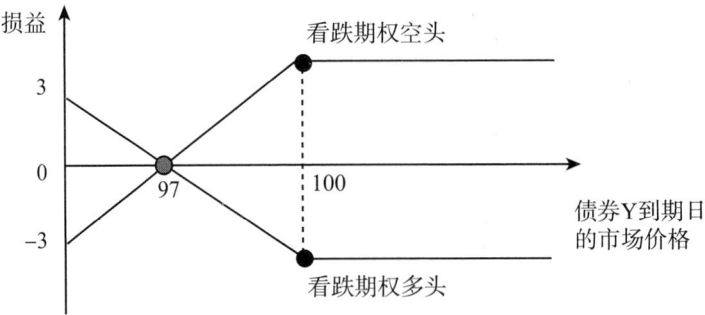

图6-12　利率看跌期权多头和空头的损益

从图 6-12 可以看出，作为利率看跌期权多头方的投资者 B，其最大损失为 3 美元。考虑一种极端情况，当债券 Y 的市价为 0 时，投资者 B 可以通过行权以 100 美元的价格出售债券，扣除期权费后的收益为 97 美元，该收益为投资者 B 可以实现的最大盈利。相反，作为看跌期权的空头方，其最大盈利为 3 美元。与此同时，当债券 Y 的市场价格为 97 美元时，看跌期权多空双方的损益都为 0，即看跌期权的盈亏平衡价格为执行价格减去期权费。

三、利率期权交易策略

期权是现代金融市场中运用最广泛、变化最丰富、结构最精妙的金融产品，交易者通过期权与标的资产的组合、期权与期权的组合可以构造出具有不同盈亏分布特征的交易策略，产生各式各样的现金流量，以满足不同风险收益偏好交易者的需要。

1. 利率期权与标的资产的组合

利率期权与标的资产的组合方式有多种，一种很常见的交易策略是购买标的资产的同时，再买入一份看跌期权。当标的资产的市场价格下跌时，交易者可以选择行使期权，按照执行价格出售标的资产，损失是有限的。而当标的资产的市场价格上涨时，交易者不行使期权，按照市价出售标的资产，可以获取较高的资本利得。我们把标的资产多头与利率看跌期权多头的组合称为购买有保护利率看跌期权策略。

例如，某投资者持有票面利率为 6%、到期期限剩余 15 年的国债，当前市场价值为 10 万美元。为规避利率风险，投资者买进以该国债为标的资产的看跌期权，假设执行价格为 10 万美元，期权费为 1000 美元。如果未来国债价格跌到 10 万美元以下，投资者可以行权，按照执行价格出售国债，其损失是 1000 美元。而当未来国债价格涨到 10 万美元以上，投资者不行权，其损益为（市价 - 10 万美元 - 1000 美元）。可以看出，标的资产多头与利率看跌期权多头组合的损失是有限的，而盈利在理论上可能是无限的，其现金流量与图 6-11 中利率看涨期权多头方的损益分布特征是一致的。

除了购买有保护利率看跌期权策略之外，利率期权与标的资产的组合还可以是持有债券的同时卖出利率看涨期权、卖空债券的同时出售利率看跌期权等。这些交易策略所产生的现金流量特征与利率期权交易的损益分布相似，读者可以自行分析，这里就不再赘述了。

2. 利率期权价差组合

价差组合策略是指买入一个利率期权的同时，卖出具有相同标的资产但其他要素不同的利率期权。买入和卖出的期权可以是执行价格不同（垂直价差组合）、到期日不同（水平价差组合）、执行价格和到期日都不同（对角价差组合），其中最常见的是垂直价差组合策略。需要指出的是，在利率期权价差组合中，买入和卖出的期权是同类期权，即要么都是看涨期权，要么都是看跌期权。

在最常见的垂直价差组合策略中，如果买入的是执行价格较低的期权，出售的是到期日相同、但执行价格较高的同类期权，我们称之为牛市价差组合策略。相反地，如果买入的是执行价格较高的期权，出售的是到期日相同、但执行价格较低的同类期权，称之为熊市价差组合策略。为此，垂直价差组合策略分为牛市看涨期权价差组合、熊市看涨期权价差组合、牛市看跌期权价差组合和熊市看跌期权价差组合四种类型。

（1）牛市看涨期权价差组合。假定执行价格 $X_1 < X_2$，利率期权标的资产的市场价格为 S，则一个执行价格为 X_1 的利率看涨期权多头（期权费为 c_1）和一个执行价格为 X_2 的利率看涨期权空头（期权费为 $c_2 < c_1$）的组合构成牛市看涨期权价差组合策略，该策略的损益分析见表 6-8。

表 6-8　　　　　　　　　　牛市看涨期权价差组合的损益

市场情形	执行价格为 X_1 的利率看涨期权多头的损益	执行价格为 X_2 的利率看涨期权空头的损益	组合的损益
$S > X_2$	$S - X_1 - c_1$	$-(S - X_2 - c_2)$	$(X_2 - X_1) - (c_1 - c_2)$
$X_1 \leq S \leq X_2$	$S - X_1 - c_1$	c_2	$S - X_1 - (c_1 - c_2)$
$S < X_1$	$-c_1$	c_2	$c_2 - c_1$

例 6-11　投资者买入一个长期国债看涨期权 A，执行价格为 1000 美元，期权费为 70 美元，又卖出一个到期日相同的长期国债看涨期权 B，执行价格为 1200 美元，期权费为 60 美元。计算该交易策略的最大收益和最大损失。

当未来国债的市场价格 $S > 1200$，看涨期权 A 的损益为 $S - 1000 - 70$，看涨期权 B 的损益为 $-(S - 1200 - 60)$，总损益为 190 美元；

当未来国债的市场价格 $1000 \leq S \leq 1200$，看涨期权 A 的损益为 $S - 1000 - 70$，看涨期权 B 的损益为 60，总损益为 $S - 1010$；

当未来国债的市场价格 $S < 1000$，看涨期权 A 的损益为 -70，看涨期权 B 的损益为 60，总损益为 -10 美元。

可以看出，该交易策略的最大收益为 190 美元，最大损失为 10 美元，盈亏平衡市场价格为 1010 美元。图 6-13 显示了该交易策略的损益分布特征。

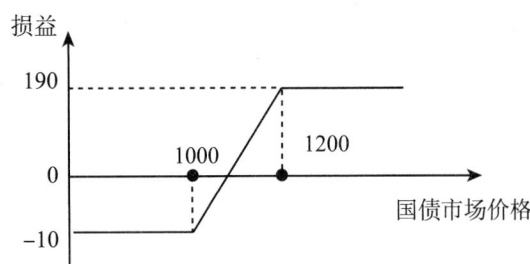

图 6-13　牛市看涨期权价差组合的损益

从图 6-13 可以看出，当国债市场价格上涨较多时，投资者可以获得较大盈利，但最大利润是 190 美元；当国债市场价格下跌较多时，投资者至多损失有限的 10 美元。也就是说，牛市看涨期权价差组合策略的损益由下限回报率、上限回报率和浮动收益率构成，这也是构造期权组合的重要目的和意义所在。

(2) 熊市看涨期权价差组合。假定执行价格 $X_1 < X_2$，熊市看涨期权价差组合由一个执行价格为 X_1 的利率看涨期权空头（期权费为 c_1）和一个执行价格为 X_2 的利率看涨期权多头（期权费为 $c_2 < c_1$）构成，该策略的损益分析见表 6-9。

表 6-9 熊市看涨期权价差组合的损益

市场情形	执行价格为 X_1 的利率看涨期权空头的损益	执行价格为 X_2 的利率看涨期权多头的损益	组合的损益
$S > X_2$	$-(S - X_1 - c_1)$	$S - X_2 - c_2$	$(X_1 - X_2) + (c_1 - c_2)$
$X_1 \leq S \leq X_2$	$-(S - X_1 - c_1)$	$-c_2$	$X_1 - S + (c_1 - c_2)$
$S < X_1$	c_1	$-c_2$	$c_1 - c_2$

(3) 牛市看跌期权价差组合。假定执行价格 $X_1 < X_2$，则一个执行价格为 X_1 的利率看跌期权多头（期权费为 c_1）和一个执行价格为 X_2 的利率看跌期权空头（期权费为 $c_2 > c_1$）的组合构成牛市看跌期权价差组合策略，该策略的损益分析见表 6-10。

表 6-10 牛市看跌期权价差组合的损益

市场情形	执行价格为 X_1 的利率看跌期权多头的损益	执行价格为 X_2 的利率看跌期权空头的损益	组合的损益
$S > X_2$	$-c_1$	c_2	$c_2 - c_1$
$X_1 \leq S \leq X_2$	$-c_1$	$-(X_2 - S - c_2)$	$S - X_2 + (c_2 - c_1)$
$S < X_1$	$X_1 - S - c_1$	$-(X_2 - S - c_2)$	$c_2 - c_1 - (X_2 - X_1)$

例 6-12 投资者买入一个国库券看跌期权 C，执行价格为 1000 美元，期权费为 40 美元；又卖出一个到期日相同的国库券看跌期权 D，执行价格为 1200 美元，期权费为 50 美元。计算该交易策略的最大收益和最大损失。

当国库券的市场价格 $S > 1200$，看跌期权 C 的损益为 -40，看跌期权 D 的损益为 50，总损益为 10 美元；

当国库券的市场价格 $1000 \leq S \leq 1200$，看跌期权 C 的损益为 -40，看跌期权 D 的损益为 $-(1200 - S - 50)$，总损益为 $S - 1190$；

当国库券的市场价格 $S < 1000$，看跌期权 C 的损益为 $1000 - S - 40$，看跌期权 D 的损益为 $-(1200 - S - 50)$，总损益为 -190 美元。

可以看出，该交易策略的最大收益为 10 美元，最大损失为 190 美元，盈亏平衡市场价格为 1190 美元。图 6-14 显示了该交易策略的损益分布特征。

(4) 熊市看跌期权价差组合。假定执行价格 $X_1 < X_2$，熊市看跌期权价差组合由一个执行价格为 X_1 的利率看跌期权空头（期权费为 c_1）和一个执行价格为 X_2 的利率看跌期权多头（期权费为 $c_2 > c_1$）构成，该策略的损益分析见表 6-11。

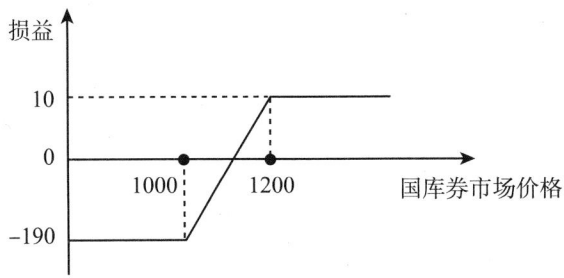

图 6-14　牛市看跌期权价差组合的损益

表 6-11　　　　　　　　　　　熊市看跌期权价差组合的损益

市场情形	执行价格为 X_1 的利率看跌期权空头的损益	执行价格为 X_2 的利率看跌期权多头的损益	组合的损益
$S > X_2$	c_1	$-c_2$	$c_1 - c_2$
$X_1 \leqslant S \leqslant X_2$	c_1	$X_2 - S - c_2$	$X_2 - S + (c_1 - c_2)$
$S < X_1$	$-(X_1 - S - c_1)$	$X_2 - S - c_2$	$(X_2 - X_1) + (c_1 - c_2)$

3. 利率期权蝶式价差组合

蝶式价差组合是由投资者买进两个期权和卖出两个期权所组成，这些期权的到期日相同而执行价格不同。因此，蝶式价差交易实际上是垂直价差组合策略的一种特殊形式。根据具体的操作方式不同，蝶式价差交易分为多头蝶式价差和空头蝶式价差两种。多头蝶式价差组合是指买进一个执行价格较低和一个执行价格较高的期权，同时卖出两个执行价格介于上述两种执行价格之间的同类期权。空头蝶式价差交易是多头蝶式价差交易的反向操作。

例 6-13　某投资者对 6 个月期国债看涨期权进行如下操作：

买进一个执行价格为 1000 的期权 A，期权费为 70；

卖出两个执行价格为 1100 的期权 B，期权费为 58；

买进一个执行价格为 1200 的期权 C，期权费为 50。

计算该交易策略的最大盈利和最大损失。

当未来国债的市场价格 $S > 1200$，期权 A 的损益为 $S - 1000 - 70$，期权 B 的损益为 $-2 \times (S - 1100 - 58)$，期权 C 的损益为 $S - 1200 - 50$，总损益为 -4；

当未来国债的市场价格 $1100 \leqslant S \leqslant 1200$，期权 A 的损益为 $S - 1000 - 70$，期权 B 的损益为 $-2 \times (S - 1100 - 58)$，期权 C 的损益为 -50，总损益为 $1196 - S$；

当未来国债的市场价格 $1000 \leqslant S \leqslant 1100$，期权 A 的损益为 $S - 1000 - 70$，期权 B 的损益为 2×58，期权 C 的损益为 -50，总损益为 $S - 1004$；

当未来国债的市场价格 $S < 1000$，期权 A 的损益为 -70，期权 B 的损益为 2×58，期权 C 的损益为 -50，总损益为 -4。

可以看出，当国债市场价格等于中间执行价格 1100 时，投资者可获最大利润 96；当国债市场价格低于最低执行价格 1000 以及国债市场价格高于最高执行价格 1200 时，投资者将遭受最大损失4。显然，在多头蝶式价差交易中，投资者的最大利润和最大损失都是有限的，且是已知的。图6-15显示了多头蝶式价差交易策略的损益情况。

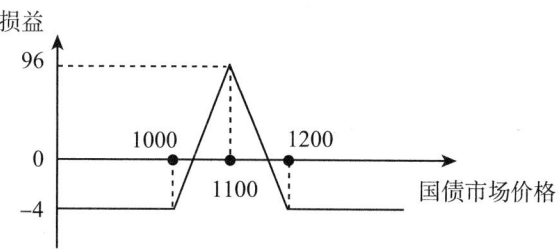

图6-15 多头蝶式价差交易的损益

4. 混合期权策略

混合期权策略是由看涨期权和看跌期权构成的组合，主要适用于期权投机交易，这是因为购买期权的成本较低，而且当市场行情不利于自己时可以放弃行权，最大损失也仅限于期权费。混合期权的构造形式多样，这里仅介绍常见的跨式组合。

跨式组合策略由具有相同标的资产和执行价格、到期日也相同的一个看涨期权和一个看跌期权组成。当交易者同时买进看涨期权和看跌期权时，称为底部跨式组合；当交易者同时出售看涨期权和看跌期权时，称为顶部跨式组合。

例6-14 假设标的资产同为某国债的看涨期权和看跌期权在同一天到期，执行价格都为1000，每单位看涨期权的价格为60，每单位看跌期权的价格为40。投资者构造一个底部跨式组合，即同时买进一个看涨期权和一个看跌期权。分析该策略的盈亏情况。

当国债的市场价格 $S \to 0$ 时，看涨期权的损益为 -60，看跌期权的损益为 $1000 - S - 40$，总损益为 $900 - S$；

当国债的市场价格等于执行价格1000时，看涨期权的损益为 -60，看跌期权的损益为 -40，总损益为 -100；

当国债的市场价格 $S \to +\infty$ 时，看涨期权的损益为 $S - 1000 - 60$，看跌期权的损益为 -40，总损益为 $S - 1100$。

图6-16显示了底部跨式组合的损益情况。

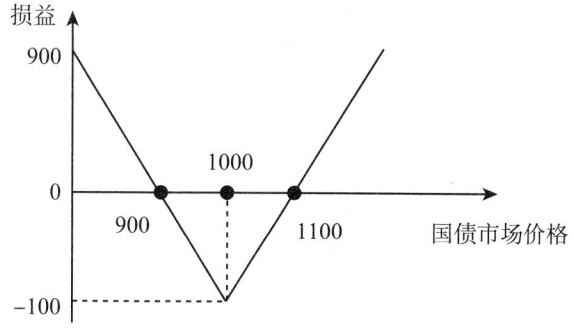

图6-16 底部跨式组合的损益

由图 6-16 可以看出，底部跨式组合的最高收益趋向于无限大，最大损失为期权费之和。当国债市场价格在 1000 - (60 + 40) = 900 和 1000 + (60 + 40) = 1100 之间波动时，交易处于亏损状态；当国债市场价格在 1000 - (60 + 40) = 900 或 1000 + (60 + 40) = 1100 的范围之外时，交易处于盈利状态，而且市价离这一范围越远盈利越多。因此，底部跨式组合策略主要运用于标的资产的价格剧烈波动且难以预料的情况。

从理论上说，只要利率期权的执行价格足够多，利率期权的组合类型是无限的。交易者可以根据对未来价格的预期、保值或套利的不同需要以及自身的风险收益偏好，构造出不同的利率期权组合，甚至创造出新型现金流量特征的金融工具。

四、封顶保底式利率期权交易

金融市场参与者的交易行为经常会面临利率风险，尤其是与浮动利率相关联的投融资活动。为有效管理利率风险，同时还能享受利率上涨或下跌带来的收益，交易者可以选择采取封顶保底式利率期权策略。

1. 封顶式利率期权交易

封顶式利率期权交易，简称为封顶交易，是在期权约定期限的各利率调整日，当参照的市场利率（基准利率）超过期权约定的上限利率时，由期权卖方向期权买方支付利息差额的交易方式。从形式上看，封顶交易与利率互换类似，都是浮动利率与固定利率相交换，即基准利率与上限利率相交换的交易。但这两种交易存在明显的区别：利率互换是交易双方在每一个利息支付日都需将浮动利率与固定利率相交换，而封顶交易只有当基准利率超过上限利率时才以利息差额的方式进行支付。

封顶式利率期权合约中的有关条款由交易双方当事人协商确定，主要业务条款包括以下方面：

（1）合约期限。通常为 2~5 年。

（2）利率调整日。确定参照市场利率的日期，也就是将基准利率与上限利率相比较的日期，一般是每 3 个月、6 个月或 1 年调整一次。

（3）基准利率。通常选取 LIBOR 利率作为参照的市场利率。

（4）上限利率。由交易双方根据利率行情、利率发展趋势的预期和合约期限等因素综合商定，它是一个固定利率。在约定期限的各利率调整日，当参照市场利率超过该利率水平时，交易双方会发生利息差额的收付。

（5）交易费用。由封顶式利率期权的买方向卖方支付的期权费，一般在利率调整日分期支付。通常情况下，合约期限越长，上限利率越低，则期权费越高。

（6）利息差额。在每一个利率调整日，当基准利率>上限利率时，由期权卖方向买方支付利息差额。利息差额的计算方法是：利息差额 = 合同金额 ×（基准利率 - 上限利率）× 到下次利率调整日为止的天数/360（或 365，依交易币种和交易市场而定），利息差额的实际收付在下一个利率调整日进行。

在实际的金融市场上，资金需求方拟在未来采用浮动利率方式融资，为规避利率上涨风险，同时又希望在利率下降时能够获得低借款成本的好处，这时封顶式利率期权是一种较理想的金融产品。但是，在贷款交易中附加封顶交易，要注意封顶交易的业务条款必须与贷款条件相符合，以免在执行协议时发生冲突。

例 6-15 S 公司拟以浮动利率方式借入一笔资金，为避免未来利率上升造成借款成本增加，决定同时购买一个封顶式利率期权。

S 公司的主要借款条件如下：

金额：1000000 美元　　期限：3 年　　利率：6 个月期 LIBOR +0.5%

购入的封顶式利率期权主要条款：

合同金额：1000000 美元　　期限：3 年　　基准利率：6 个月期 LIBOR

上限利率：10%　　　　　　交易费用：每 6 个月支付 0.5%

假设 3 年内的 6 个月期 LIBOR 利率分别为：8%、9%、10%、11%、12%、13%，则 S 公司的实际借款成本见表 6-12。

表 6-12　　　　　　　　S 公司的实际借款成本　　　　　　　　单位：%

6 个月期 LIBOR	浮动利率筹资成本 （6 个月期 LIBOR +0.5%）	封顶式利率期权交易		实际借款成本
		期权费	收取利息差额	
8	8.5	0.5	0	9
9	9.5	0.5	0	10
10	10.5	0.5	0	11
11	11.5	0.5	1	11
12	12.5	0.5	2	11
13	13.5	0.5	3	11

S 公司购入封顶式利率期权后的筹资成本曲线如图 6-17 所示。

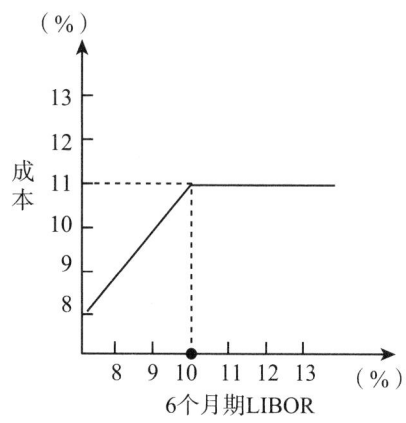

图 6-17　购入封顶式利率期权的实际筹资成本

2. 保底式利率期权交易

保底式利率期权交易，简称为保底交易，是在期权约定的各利率调整日，当参照的市场利率（基准利率）低于期权约定的下限利率时，由期权卖方向期权买方支付利息差额的交易方式。显然，保底交易和封顶交易的区别在于：封顶交易设定的是利率上限，而保底交易设定的是利率下限。在每一个利率调整日，当基准利率<下限利率时，由期权卖方向买方支付利息差额。利息差额的计算方法是：利息差额＝合同金额×（下限利率－基准利率）×到下次利率调整日为止的天数/360（或365）。

当资金盈余方拟采用浮动利率方式进行投资时，为规避利率下降风险，同时又希望在利率上升时能够获得高投资收益的好处，这时保底式利率期权是一种较理想的应用工具。与封顶交易的应用类似，投资者要注意保底交易的业务条款与资金运用条件是否一致。

例6-16 T公司拟采用浮动利率方式存入资金，为避免利率下降造成投资收益减少，决定同时购买一个保底式利率期权。

T公司的主要存款条件如下：

金额：1000000美元　　期限：3年　　利率：6个月期LIBOR－0.5%

购入的保底式利率期权主要条款：

合同金额：1000000美元　　期限：3年　　基准利率：6个月期LIBOR

下限利率：8%　　　　交易费用：每6个月支付0.5%

假设3年内的6个月期LIBOR利率分别为：6%、7%、8%、9%、10%、11%，则T公司的存款实际收益如表6-13所示。

表6-13　　　　　　　　T公司的存款实际收益　　　　　　　　单位：%

6个月期LIBOR	浮动利率存款收益 （6个月期LIBOR－0.5%）	保底式利率期权交易		实际收益
		期权费	收取利息差额	
6	5.5	0.5	2	7
7	6.5	0.5	1	7
8	7.5	0.5	0	7
9	8.5	0.5	0	8
10	9.5	0.5	0	9
11	10.5	0.5	0	10

在实际业务中，有些交易者会把封顶式利率期权和保底式利率期权组合起来使用，例如，在购买封顶交易的同时出售保底交易。当基准利率>上限利率时，交易者可以收到封顶交易卖方支付的利息差额；当基准利率<下限利率时，交易者需要向保底交易买方支付利息差额；当基准利率介于上限利率和下限利率之间时，不发生利息差额的收付。通过具有上述特征利息差额的收付，交易者最终的实际收益和成本在一个区间内浮动。可以看出，封顶保底式利率期权是一种较灵活的交易策略，对于有效管理利率风险能够起到较大帮助。

本章小结

1. 远期利率协议（forward rate agreement，FRA）是交易双方签订的一种远期贷款合同，指买卖双方同意从未来某一约定的时刻开始，在某一特定时期内按协议利率借贷一笔数额确定、以特定货币表示的名义本金，并约定在结算日根据协议利率与确定日的市场利率之间的差额，由一方支付给另一方结算金的协议。结算金的计算公式为：

$$结算金 = \frac{A \times (r_r - r_k) \times \frac{D}{B}}{1 + \left(r_r \times \frac{D}{B}\right)}$$

2. 远期利率协议的定价问题就是 FRA 中协议利率如何确定的问题，其关键在于判断将来一段时间内的短期利率水平，即远期利率水平。远期利率协议的定价是确定一个合理的、体现无套利均衡利率的过程。远期利率的计算公式为：

$$\hat{r} = \frac{r^*(T^* - t) - r(T - t)}{(T^* - T)}$$

3. 利率期货是在场内交易的标准化合约，交易所对利率期货合约的交易品种、合约规模、交割月份、每日价格最大波动限制等条款进行了明确规定。利率期货交易实行保证金制度和每日结算制度。

4. 短期利率期货的主要品种是短期国库券期货，采用 IMM 指数报价法，合约价值与报价的关系是：

$$f = 100 - (100 - IMM\text{ 指数}) \times (90/360)$$

5. 长期利率期货的主要品种是长期国债期货，合约价格以 1/32 为最小报价单位，空头方会选择最便宜的可交割债券进行交割。

6. 利率互换是交易双方同意在未来的一定期限内，根据同种货币的相同名义本金交换现金流，其中一方的现金流根据浮动利率计算，而另一方的现金流根据固定利率计算。利率互换的基本原理是交易双方在固定利率和浮动利率借贷市场上具有比较优势。

7. 利率期权是给予持有人（买方）在特定日期或规定期限内，按照事先确定的交易价格买入或卖出指定固定收益证券或固定收益证券衍生品的一项权利，期权买方为此付出的代价是支付期权费或期权价格。利率期权的常见类型有利率看涨期权和利率看跌期权、欧式利率期权和美式利率期权。

8. 利率期权的损益分布具有不对称性，期权买方的收益从理论上说可以是无穷大，而损失是有限的，至多损失期权费；期权卖方的损益则相反。

9. 利率期权与标的资产的组合、利率期权与利率期权的组合可以构造出具有不同盈亏分布特征的交易策略，包括购买有保护利率看跌期权策略、利率期权价差组合、利率期权蝶式价差组合、利率期权跨式组合等。

10. 在封顶式利率期权交易中，当基准利率超过上限利率时会发生利息差额收付，为浮动利率借款方规避利率上涨风险提供了保障；在保底式利率期权交易中，当基准利率低于下限利率时会发生利息差额收付，为保证浮动利率投资方的收益提供了规避利率下跌风险的手段。

本章重要术语

远期利率协议　　　结算金　　　远期利率　　　利率期货　　　短期国库券期货

长期国债期货　　利率互换　　比较优势　　利率期权　　垂直价差组合
蝶式价差组合　　跨式组合　　封顶式利率期权　保底式利率期权

延伸阅读

1. 郑振龙、陈蓉：《金融工程》，高等教育出版社2016年版。

该书详细介绍了各种类型的期权交易策略，并构造出奇异期权，有助于读者加深对利率期权交易机制的理解。

2. 陈松男：《固定收益证券与衍生品》，机械工业出版社2014年版。

该书通过列举大量翔实案例和数据运算，通俗易懂地介绍了利率衍生工具的各种产品，有助于读者更加明晰利率衍生工具的应用。

复习与思考

一、简答题

1. 什么是远期利率协议？其主要作用是什么？
2. 解释保证金制度如何保护投资者规避其面临的违约风险？
3. 短期国库券期货和长期国债期货在交易机制方面有何不同？
4. 什么是利率互换？在利率互换中，中介商会面临风险吗？
5. 作图分析买入与卖出利率看涨期权的盈亏有何特征？

二、计算题

1. 假定今天是2016年9月5日，交易双方同意签订一份1×4名义金额为100万美元、协议利率为5.25%的远期利率协议。假定确定日的LIBOR为6.5%，计算远期利率协议的结算金。

2. 假设公司A预计在3个月后的6月5日需要筹集资金500万美元，为了避免未来利率上升，公司A买入一份3×9、名义本金为500万美元、协议利率为7.75%、协议期为182天的FRA。假定在6月5日，6个月期的美元LIBOR利率为8.10%，公司A按当时的市场利率借入500万美元。计算该公司的实际借款成本。

3. 假设投资者A在2012年9月20日以95.2850美元（合约规定0.01代表25美元）的价位买了一份将于2012年12月到期的欧洲美元期货合约EDZ7。假设A的经纪人的保证金要求按CME的规定执行，此时一份欧洲美元期货的初始保证金为743美元，维持保证金为550美元。当天收盘时，EDZ7结算价为95.2650美元，该投资者的盈亏和保证金账户余额各为多少？在什么情况下该投资者将收到追缴保证金通知？

4. 甲公司借入固定利率资金的成本是10%，浮动利率资金的成本是LIBOR+0.25%；乙公司借入固定利率资金的成本是12%，浮动利率资金的成本是LIBOR+0.75%。假定甲公司希望借入浮动利率资金，乙公司希望借入固定利率资金。问：

（1）甲乙两公司间有没有达成利率互换交易的可能性？

（2）如果它们能够达成利率互换，应该如何操作？

（3）通过利率互换各自承担的利率水平是多少？

（4）如果二者之间的利率互换交易是通过中介（如商业银行）达成的，则各自承担

的利率水平是多少？（假定三者均分利差）

5. 某投资者以 8 美元的价格购买一份执行价格为 30 美元的利率看涨期权，同时他又以 4 美元的价格出售一个执行价格为 35 美元的利率看涨期权。请指出该价差交易的类型，并计算该价差交易的最大利润、最大损失和盈亏平衡点价格。

拓展练习

通过互联网搜集利率互换的实际案例，并结合本章所学知识具体分析互换案例的交易过程和应用效果。

第七章

利率衍生工具的定价

【学习目标】

通过本章的学习，要求掌握远期利率的计算和远期利率协议的无套利定价原理，熟悉短期国库券期货的报价方式和长期国债期货价格的计算，理解构造债券组合和 FRA 组合为利率互换定价的思想，熟练运用布莱克—斯科尔斯模型和二叉树模型为利率期权以及附加期权的债券定价。

【引导案例】

信孚银行与宝洁公司的利率互换[①]

1985~1993 年，信孚银行一直担当宝洁公司债券的发行银行，并为宝洁公司提供商业银行和投资银行咨询服务。1993~1994 年，宝洁公司与信孚银行签订了一系列互换协议，这些协议既有普通型互换又有复杂的杠杆互换。1993 年 10 月，宝洁公司与信孚银行商议，希望用一个新的互换协议来代替目前将要到期的固定利率对浮动利率的利率互换协议。1993 年 11 月 2 日，宝洁公司与信孚银行签署了一份 5 年期的利率互换，此互换为半年结算，名义本金为 2 亿美元。信孚银行同意向宝洁公司支付 5.3% 的年利率，同时宝洁公司同意向信孚银行支付的利率为 30 天商业票据利率的日平均利率减去 75 个基点再加上一个利差，利差在前 6 个月的支付期设置为零。以后 9 期按同一利差在 6 个月后，也就是 1994 年 5 月 4 日设定，它等于当日 5 年期 CMT 利率和 30 年期国债价格的一个函数：

$$利差 = \max\left[0, (98.5 \times \frac{5\text{年期 CMT 利率}}{5.78\%} - 30\text{年期国债价格})/100\right]$$

1994 年，美国的紧缩政策造成了利率急剧上升。到 1994 年 5 月 4 日，也就是设定利率的日期，5 年期 CMT 利率已经由 5.02% 上升到 6.71%，并且 30 年期国债价格跌至 86.843 美元（每 100 美元面值）。若继续此交易，宝洁公司的损失将超过 1 亿美元。

可以看出，利率互换的定价结果，也就是固定利率和浮动利率的确定会对互换双方的收益情况造成很大影响。因此，如何更好地结合金融市场实际情况和交易主体的风险收益偏好为利率衍生工具合理定价，成为金融衍生产品市场关注的重要问题。

[①] 资料来源：https://wenku.baidu.com。

第一节 远期利率协议的定价

一、即期利率与远期利率

远期利率协议的定价问题就是 FRA 中协议利率如何确定的问题,即银行如何报出各种期限的远期利率协议价格,其关键在于判断将来一段时间内的短期利率水平,即远期利率水平。

1. 连续复利

连续复利表示的是货币的时间价值与计息次数有关,其在衍生资产定价中具有相当广泛的应用。

假设本金 A 以年利率 R 投资了 n 年,如果利息按每一年计一次复利,则上述投资的终值为:

$$A(1+R)^n \tag{7-1}$$

如果每年计 m 次复利,则终值为:

$$A\left(1+\frac{R}{m}\right)^{mn} \tag{7-2}$$

当 m 趋于无穷大时,称为连续复利。在连续复利的情况下,本金 A 以利率 R 投资了 n 年后,终值为:

$$\lim_{m \to \infty} A\left(1+\frac{R}{m}\right)^{mn} = Ae^{Rn} \tag{7-3}$$

通常认为,连续复利与每天计复利一次是等价的。例如,从表 7-1 中可以看出,若 $A=100$,$R=10\%$,$n=1$,$m=365$,则终值为 $100 \times \left(1+\frac{10\%}{365}\right)^{365} = 110.52$;若以连续复利计算,终值为 $100 \times e^{0.1} = 110.52$,二者数值相等。

表 7-1　　　　　　　　　　复利频率与终值

复利频率	100 单位本金在一年末的终值（$R=10\%$）
每一年（$m=1$）	110.00
每半年（$m=2$）	110.25
每季度（$m=4$）	110.38
每月（$m=12$）	110.47
每周（$m=52$）	110.51
每天（$m=365$）	110.52
连续复利	110.52

假设 R_1 是连续复利的利率，R_2 是与之等价的每年计 m 次复利的利率，从式（7-2）和式（7-3）可以得到：

$$\left(1+\frac{R_2}{m}\right)^{mn}=e^{R_1 n} \quad \text{或} \quad \left(1+\frac{R_2}{m}\right)^{m}=e^{R_1}$$

即：

$$R_1 = m\ln\left(1+\frac{R_2}{m}\right) \tag{7-4}$$

$$R_2 = m(e^{R_1/m}-1) \tag{7-5}$$

2. 即期利率与远期利率的关系

n 年的即期利率是指从当前开始计算并持续 n 年期限的投资利率。也就是说，3 年的即期利率就是连续投资 3 年的利率，5 年的即期利率就是连续投资 5 年的利率。n 年的即期利率也就是 n 年零息票收益率。由定义可知，该收益率正好是不付息票债券的收益率。

在金融市场有效的情况下，FRA 的协议利率与远期利率相等。所谓远期利率，是指现在时刻的未来一定时期的利率。远期利率是由一系列即期利率所决定的。假设今天为 2007 年 9 月 1 日，图 7-1 给出了 9 月 1 日这一天远期利率与即期利率的图示。

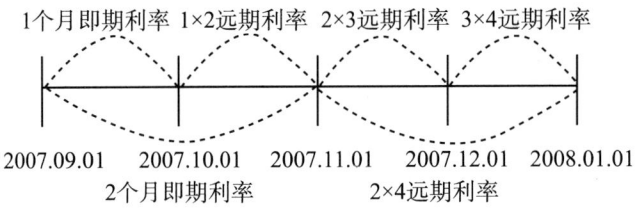

图 7-1　即期利率与远期利率

假设现在时刻为 t，T 时刻到期的即期利率为 r，T^* 时刻（$T^*>T$）到期的即期利率为 r^*，则 t 时刻（$T-T^*$）期间的远期利率 $\hat{r}$ 满足以下等式：

$$(1+r)^{T-t}\times(1+\hat{r})^{T^*-T}=(1+r^*)^{T^*-t} \tag{7-6}$$

注意，式（7-6）仅适用于每年计一次复利的情形。

当即期利率和远期利率均为连续复利时，式（7-6）变为：

$$e^{r(T-t)}\times e^{\hat{r}(T^*-T)}=e^{r^*(T^*-t)} \tag{7-7}$$

于是：

$$r(T-t)+\hat{r}(T^*-T)=r^*(T^*-t)$$

得到：

$$\hat{r}=\frac{r^*(T^*-t)-r(T-t)}{(T^*-T)} \tag{7-8}$$

式（7-8）即为远期利率的计算公式。

二、远期利率协议的无套利定价思想

远期利率协议的定价本质上是确定一个不存在套利机会的远期利率水平。我们已经知道远期利率是由一系列即期利率决定的,例如1年期的即期利率为10%,2年期的即期利率为10.05%,那么其隐含的1年到2年的远期利率就等于11%。这是因为:

$$e^{0.10} \times e^{0.11} = e^{0.105 \times 2}$$

也就是说,按1年期利率投资1年,同时签订一份FRA在1年后以远期利率再投资1年,应等同于一次性投资两年。因此,在连续复利情况下,远期利率协议中不存在套利机会的协议利率也由式(7-8)确定。

例7-1 假定某人立即可得到一笔资金A用来投资一年。假设6个月的利率为9%,而一年的利率为10%。此时,投资者有两种选择:

(1) 投资一年获取10%的利息;
(2) 投资半年获取9%的利息,同时卖出一份6×12的FRA。

分析:按第一种选择将资金投资1年的投资者,一年后可获得的总收益为:$Ae^{10\% \times 1}$;

按第二种选择将资金投资半年,同时卖出一份为期半年的FRA的投资者,一年后可获得的总收益为:$Ae^{9\% \times 0.5} \times e^{r \times 0.5}$。

由于两种选择的最终结果是相同的,因此,由$Ae^{10\% \times 1} = Ae^{9\% \times 0.5} \times e^{r \times 0.5}$可得,这份$6 \times 12$远期利率协议应该定价为利率11%。实质上,远期利率协议的定价运用了无套利均衡分析的基本思想。

如果式(7-8)不成立,则存在套利空间,套利的结果使式(7-8)成立。表7-2列示了套利操作过程。

表7-2 远期利率套利操作

	$\hat{r}(T^* - T) > r^*(T^* - t) - r(T - t)$	$\hat{r}(T^* - T) < r^*(T^* - t) - r(T - t)$
t时刻	(1) 一次性以r^*借入到期日为T^*的贷款A; (2) 将A以利率r贷出至T时刻; (3) 签订一份期限为$T^* - T$、远期利率为$\hat{r}$的FRA,贷出金额为$Ae^{r(T-t)}$	(1) 以利率r借入到期日为T的贷款A; (2) 签订一份期限为$T^* - T$的FRA,约定在T时刻以$\hat{r}$借入$Ae^{r(T-t)}$至T^*时刻; (3) 将借入的A以利率r^*贷出至T^*时刻
T时刻	(1) 收到贷款本息$Ae^{r(T-t)}$; (2) 执行FRA将$Ae^{r(T-t)}$按$\hat{r}$贷出	(1) 从FRA中按$\hat{r}$借入$Ae^{r(T-t)}$; (2) 正好还掉第一笔借款
T^*时刻	(1) 从FRA贷款中收回:$Ae^{r(T-t)}e^{\hat{r}(T^*-T)}$; (2) 还掉长期贷款$Ae^{r^*(T^*-t)}$,获得无风险收益	(1) 收回长期贷款$Ae^{r^*(T^*-t)}$; (2) 偿还FRA的借款本息:$Ae^{r(T-t)}e^{\hat{r}(T^*-T)}$,获得无风险收益
结果	r与$\hat{r}$趋于下降,r^*趋于上升	r与$\hat{r}$趋于上升,r^*趋于下降
	$\hat{r}(T^* - T) = r^*(T^* - t) - r(T - t)$	

由此得出结论：

当 $\hat{r}(T^* - T) > r^*(T^* - t) - r(T - t)$ 时，"借长贷短"的套利组合使得 r 与 $\hat{r}$ 趋于下降，r^* 趋于上升；当 $\hat{r}(T^* - T) < r^*(T^* - t) - r(T - t)$ 时，"借短贷长"的套利组合使得 r 与 $\hat{r}$ 趋于上升，r^* 趋于下降。最终的结果皆为式（7-8）成立。

例 7-2 已知 3 个月期的即期年利率为 5.75%，本金为 1 元钱。假设 12 个月期的即期年利率为 6.5%，试问 3 个月后执行的 9 个月期的 3×12 远期利率是多少？

假设 3 个月后执行的 9 个月期的远期利率为 $\hat{r}$。无风险套利原理将用来对远期利率进行定价，即先以 5.75% 的利率存款 3 个月，再把得到的利息加上本金一起以 $\hat{r}$ 存款 9 个月，这时的总收益应等于直接以利率 6.5% 存款 12 个月的总收益，用公式表示为：

$$e^{5.75\% \times 0.25} \times e^{\hat{r} \times 0.75} = e^{6.5\% \times 1}$$

根据上式求得，3 个月后执行的 9 个月期的 3×12 远期利率为：

$$\hat{r} = \frac{6.5\% - 5.75\% \times 0.25}{0.75} = 6.75\%$$

如果市场上的远期利率不等于 6.75%，便会产生套利空间。假设市场上的远期利率为 7%，则可以构造一个无风险套利组合：

（1）以 6.5% 的利率借入 12 个月后到期的贷款 1 元；
（2）把借入的 1 元投资于无风险资产 3 个月，利率为 5.75%；
（3）再卖出一个 3×12 的远期利率协议，远期利率为 7%，贷出金额为 $e^{5.75\% \times 0.25}$。

这个组合的现金流如下：

（1）3 个月后，收到投资收益 $e^{5.75\% \times 0.25}$，执行 FRA，以 7% 的协议利率贷出资金 $e^{5.75\% \times 0.25}$，所以净现金流为 0；

（2）12 个月后，期初的 1 元借款到期，支付本息和 $e^{6.5\% \times 1}$，同时从 FRA 贷款中收回本息和 $e^{5.75\% \times 0.25} \times e^{7\% \times 0.75}$，因此净现金流为：

$$e^{5.75\% \times 0.25} \times e^{7\% \times 0.75} - e^{6.5\% \times 1} = 0.20\%$$

所以，构造的组合能够获得无风险收益 0.20%，这种无风险套利组合将改变即期贷款和远期贷款的供求关系。12 个月期即期贷款的需求增加，远期贷款的供给增加，使得即期利率提高，远期利率下降，最终导致远期利率等于我们前面计算出的理论值 6.75%，这时市场不存在套利机会。这就是无套利定价原则的基本思想。

第二节 利率期货的定价

一、短期国库券期货的定价

在短期国库券期货合约中，标的资产是 90 天期的国库券。在实际交割时，所交割的国库券既可以是新发行的短期国库券，也可以是尚有 90 天剩余期限（交割日至国库券到期的天数）的原来发行的 6 个月或 1 年期的国库券。短期国库券也被称为贴现债券，以折价方式发行，在期限内不付息，在到期日支付债券的面值。

与其他期货合约相比，短期国库券期货合约有一个明显的特点，就是在合约到期前的时间里，用于在到期日交割的国库券可能不存在。将期货合约的标的资产看作一种在期货合约的有效期内都有价值的贴现债券，并且这种债券在合约的到期日具有与 90 天期国库券相同的价值。例如，若一个国库券期货合约在 120 天后到期，则可以认为标的资产就是 210 天期的贴现债券。经过 120 天以后，其价值和当天发行的 90 天期国库券的价值相等，其面值也与 90 天期国库券的面值相同。

假定 t 是现在的时间（年）；T 是期货合约的到期时间（年）；T^* 是期货合约标的债券的到期时间，其中 $T^* - T$ 约为 90 天；r 表示从 t 到 T 期限内的无风险利率（连续复利）；r^* 是从 t 到 T^* 期限内的无风险利率；$\hat{r}$ 是在 t 时刻的 T 和 T^* 期间的远期利率；合约标的债券的面值为 100 美元；S 是其在 t 时刻的价格，则 S 为：

$$S = 100e^{-r^*(T^*-t)} \qquad (7-9)$$

F 是 t 时刻的期货价格，则 F 为：

$$F = Se^{r(T-t)} = 100e^{-r^*(T^*-t)}e^{r(T-t)} = 100e^{-[r^*(T^*-t)-r(T-t)]}$$

简化可得：

$$F = 100 \times e^{-\hat{r}(T^*-T)} \qquad (7-10)$$

需要指出的是，由式（7-10）得到的期货价格是期货合约的现金价格，是合约的多头方在合约到期时购买 100 美元面值的国库券所必须支付的价格，它与短期国库券期货合约的报价是有区别的，二者之间的关系为：

$$F = 100 - (100 - \text{IMM 指数报价}) \times \frac{T^* - T}{360} \qquad (7-11)$$

例 7-3 假设 120 天期即期利率是 7%，210 天期即期利率是 7.25%，连续复利计息。根据式（7-8）可知，自第 120 天起至第 210 天止的这段时间里的远期利率为：

$$\frac{0.0725 \times 210 - 0.07 \times 120}{210 - 120} = 0.0758$$

由于 90 天 = 0.2466 年，则过 120 天后到期的 100 美元面值的短期国库券期货的结算价格为：

$$F = 100e^{-0.0758 \times 0.2466} = 98.15 \text{（美元）}$$

二、长期国债期货的定价

1. 转换因子

长期国债期货合约的标的资产是标准化的长期附息债券，通常情况下，长期国债以半年一次的方式支付利息，在到期时再将最后一笔利息和本金一起支付给投资者。以芝加哥期货交易所（CBOT）的长期国债期货合约为例，规定空头方可以选择期限长于 15 年且在 15 年内不可赎回的任何国债用于交割。由于各种债券息票率不同，期限也不同，因此，芝加哥交易所规定交割的标准债券为期限 15 年、息票率为 8% 的国债，其他国债均可按一定的比例折算成标准债券。这个比例称为转换因子（conversion factor）。转换因子等于面值为 100 美元的各债券的现金流按 8% 的年利率（每半年计复利一次）贴现到交割月第一天的价值，再扣掉该债券累计利息后的余额。在计算转换因子时，债券的剩余期限只取 3 个月的整数倍，多余的月份舍掉。如果取整数后，债券的剩余期限为半年的倍数，就假定下一次付息是在 6 个月之后，否则就假定在 3 个月后付息，并从贴现值中扣掉累计利息，以免重复计算。转换因子由交易所计算并公布。

在进行交割时，债券空头方出售债券所获得的金额等于债券对应的转换因子乘以期货价格，再将应计利息考虑在内，即

$$\text{空头方收到的金额} = FP \times CF + ACC \quad (7-12)$$

在式（7-12）中，FP 为期货价格（交割结算价格）；CF 为转换因子；ACC 为应计利息。

每种可交割债券都有相应的转换因子，其作用是弥补可交割债券在息票利率与交割时间上的差异，因为现货市场上的长期国债并非都是标准的长期国债。假定报出的期货价格是 88-08，所交割债券的转换因子为 1.37，交割时面值为 100 美元的债券的应计利息为 4.2 美元，那么空头方在交割时，每 100 美元债券收到的现金为（多头方支付）：$1.37 \times 88.25 + 4.2 = 125.1025$（美元）。因此，对于每一份期货合约，空头方应交割面值为 10 万美元的债券，收到 125102.5 美元的现金。

例 7-4 假设 2008 年 12 月到期的美国长期国债期货合约的期货价格是 119-12，该合约到期时由于没有标准的长期国债，于是就交割一种息票利率为 5%，到期日为 2030 年 2 月 15 日的债券。交易所公布的债券转换因子是 1.0296。

由于期货价格为 119-12（即 119.375），故：

$$FP \times CF = 119.375 \times 1.0296 \times \frac{100000}{100} = 122908.5（\text{美元}）$$

由于债券的到期日是 2030 年 2 月 15 日，由此可以推出计息期间是 8 月 15 日到次年的 2 月 15 日。期货的交割日是 2008 年 12 月 31 日，而 2008 年 8 月 15 日至 2008 年 12 月 31 日的天数是 138 天，由此计算出应计利息 ACC 为：

$$ACC = 100000 \times \frac{5\%}{2} \times \frac{138}{184} = 1875（\text{美元}）$$

由此可计算出 2008 年 12 月 31 日的交割金额是：

$$FP \times CF + ACC = 124783.5（\text{美元}）$$

因此，期货的多方应向空方支付 124783.5 美元。

2. 最便宜可交割债券

要使所有可交割的债券能够互相代替，利用转换因子计算可以说是一种较好的方式，但是这种方式并非完美无缺。考虑到息票利息和到期日的不同，即使采用转换因子进行交割的债券也并非完全等价，其中有些债券会比较昂贵，另一些会比较便宜。空头方可以从中选择最便宜的债券进行交割，即交割最便宜的债券。由于空头方收到的价款为 $FP \times CF + ACC$，而空头方为购买债券所支付的金额是 $P + ACC$（其中 P 是债券的市场价格），最便宜可交割债券就是使下式达到最小的债券：

$$(P+ACC)-(FP\times CF+ACC)=P-FP\times CF \tag{7-13}$$

例 7-5 假设空头方决定交割，并打算在表 7-3 列出的 3 个债券中进行选择，假定国债期货报价为 89-08，确定最便宜可交割债券。

表 7-3　　　　　　　　　　可交割债券的信息

债券	国债现价（美元）	转换因子
1	94.2	1.05
2	106.375	1.17
3	115.5	1.29

计算表 7-3 中的各种债券成本。

对于债券 1：$94.2-89.25\times1.05=0.4875$（美元）

对于债券 2：$106.375-89.25\times1.17=1.9525$（美元）

对于债券 3：$115.5-89.25\times1.29=0.3675$（美元）

可见，最便宜可交割债券是债券 3。

在实际交易中，一般来说，当收益率高于 6% 时，就转换因子而言，倾向于交割息票利率较低、期限较长的债券；当收益率低于 6% 时，倾向于交割息票利率较高、期限较短的债券。当收益率曲线向上倾斜时，倾向于交割期限（从交割日起至债券到期的期限）较长的债券；当收益率曲线向下倾斜时，倾向于交割期限较短的债券。

3. 长期国债期货价格的确定

前文讨论了如何确定最便宜可交割债券，但在实际中我们可以想象，如果上述方法可以使套利者获得利润，那么投资者必然会立即采取行动，大量的套利活动必然会使期货价格产生变化直至无法获利。

考虑以下套利策略：

（1）买入一种可交割债券；

（2）通过回购协议为债券融资；

（3）卖出一份期货合约；

（4）持有债券直至交割月份的最后一日；

（5）交割债券。

我们知道空头方获得的结算金额为 $FP\times CF+ACC_F$，套利者购入债券时的支出为 $(P+ACC_D)(1+R\cdot T)$。其中，P 是债券的现价，ACC_F 是交割债券时的应付利息，ACC_D 是购买债券时的应计利息，R 是回购利率，T 是债券的回购期限占一年的比重。考虑到持有债券期间所获得的利息应该支付给持有者（即套利者），所以，持有债券的总支出应该是：

$$(P+ACC_D)(1+R\cdot T)-\sum_{s=1}^{S}I_s(1+R\cdot T_s)$$

上式中，I_s 为每次支付的利息额，S 是债券持有期间的利息支付次数，T_s 是每次付息至交割日的天数占一年天数的比重。

由此，套利者的利润为：

$$(P + ACC_D)(1 + R \cdot T) - \sum_{s=1}^{S} I_s(1 + R \cdot T_s) - (FP \times CF + ACC_F)$$

令上式等于零，我们就得到了一个计算期货价格的公式：

$$FP = \frac{(P + ACC_D)(1 + R \cdot T) - \sum_{s=1}^{S} I_s(1 + R \cdot T_s) - ACC_F}{CF} \quad (7-14)$$

由于这一套利策略要求用现金购入债券并持有一段时间，所以被称为现金-持有定价法。一般来说，上述策略购买的债券是最便宜可交割债券，因为只有让最便宜可交割债券可获得的利润为零，才会中止上述套利交易，真正达到无套利。假设用于交割的最便宜可交割债券和交割日期是已知的，则长期国债就相当于一个提供已知现金收入的证券的期货，为此，长期国债期货的价格 F 可以表示为：

$$F = (S - I)e^{r(T-t)} \quad (7-15)$$

其中，I 表示期货合约有效期内债券息票的现值，T 表示期货合约的到期时刻（年），t 表示现在的时刻（年），r 表示无风险利率，S 表示 t 时刻期货合约标的债券的价格。这里的 F 和 S 都为债券的现金价格。

综合上述思路，我们可以通过以下四个步骤来确定国债期货的价格：

（1）根据最便宜可交割债券的报价，算出交割债券的现金价格；

（2）运用公式（7-15），根据交割债券的现金价格算出交割债券期货理论上的现金价格；

（3）根据交割债券期货的现金价格算出交割债券期货的理论报价；

（4）考虑到最便宜可交割债券和标准的15年期、年息票利率为8%债券的区别，将以上求出的期货报价除以转换因子，从而得出标准债券的理论报价，也就是标准债券期货理论的现金价格。

例7-6 市场上有一个长期国债期货合约，交割日为270天后。已知最便宜可交割债券是息票利率为12%、转换因子为1.2760的国债，其现货报价为115美元。该交割债券上一次付息是在60天前，下一次付息是在122天后，再下一次付息是在305天后，市场任何期限的无风险利率均为年利率8%（连续复利表示）。根据上述条件，计算该国债期货的理论价格。

（1）计算交割债券的现金价格。

$$115 + \frac{60}{60 + 122} \times 6 = 116.978 \text{（美元）}$$

（2）计算期货有效期内交割债券支付利息的现值。由于期货有效期内只有一次付息，是在122天（0.3342年）后支付6美元的利息，因此利息的现值为：

$$6 \times e^{-0.3342 \times 0.08} = 5.842 \text{（美元）}$$

（3）计算交割债券期货理论上的现金价格。由于该期货合约的有效期还有270天（即0.7397年），我们可以运用公式（7-15）算出交割债券期货理论上的现金价格为：

$$(116.978 - 5.842) \times e^{0.7397 \times 0.08} = 118.267 \text{（美元）}$$

(4) 计算交割债券期货的理论报价。由于交割时，交割债券还有 148 天（即 270 天 − 122 天）的累计利息，而该次付息期总天数为 183 天（即 305 天 − 122 天），因此，交割债券期货的理论报价为：

$$118.267 - 6 \times \frac{148}{183} = 113.415 （美元）$$

因此，该国债期货的理论价格为：

$$\frac{113.415}{1.2760} = 88.88 （美元）$$

第三节 利率互换的定价

在进行利率互换的定价时，我们通常将利率互换分解成一系列我们熟悉的金融工具。一种方法是运用债券组合进行定价，另一种方法是运用 FRA 组合进行定价。

一、运用债券组合为利率互换定价

如果我们假设没有违约风险，利率互换可以通过分解成一个债券的多头与另一个债券的空头来定价。

假定有甲、乙两家公司，双方商定进行 1000 万美元的利率互换，并且在利率互换到期后互相支付对方本金金额。按照协议规定，甲公司以 6 个月 LIBOR 的浮动利率借给乙公司 1000 万美元，乙公司以年利率 10% 的固定利率借给甲公司 1000 万美元，这相当于甲公司卖给乙公司 1000 万美元的固定利率债券，并购买乙公司发行的 1000 万美元的浮动利率债券。于是，利率互换的价值就等于这两种债券价值之差，用公式表示为：

$$V_{互换} = P_1 - P_2 \tag{7-16}$$

其中，$V_{互换}$ 表示利率互换的价值；P_1 表示固定利率债券的价值；P_2 表示浮动利率债券的价值。

首先，我们来看固定利率债券的定价。我们规定各符号含义如下：

t_i——距第 i 次现金流交换的时间；

L——利率互换合约中的名义本金额；

r_i——到期日为 t_i 的零息票利率；

K——支付日支付的固定利息额。

那么，固定利率债券的价值为：

$$P_1 = \sum_{i=1}^{n} K e^{-r_i t_i} + L e^{-r_n t_n} \tag{7-17}$$

其次，考虑浮动利率债券的价值。在债券估值中，贴现率的选取要反映现金流量的风险水平。对浮动利率债券而言，互换协议中的浮动利率实际上反映了未来现金流量的风险，因此，可以把互换中的浮动利率作为浮息债券估价的贴现率。这样，折现率等于互换浮动利率，浮动利率债券也就成为了按面值发售，在下一个浮动利率债券支付利息的时刻，浮动利率债券的价值等于其本金 L。假设利息上一个支付日支付的浮动利息额为 K^*（这是已知的），距下一结算日还有 t_1 的时间，那么，此时浮动利率债券的价值为：

$$P_2 = (L + K^*)e^{-r_1 t_1} \qquad (7-18)$$

式（7-16）给出了利率互换对一个收入固定利率、支付浮动利率的公司的价值，当一个公司支付固定利率、收入浮动利率的时候，利率互换对公司的价值为：

$$V_{互换} = P_2 - P_1 \qquad (7-19)$$

在互换刚刚生效和结束时，互换价值均为零，即 $V_{互换} = 0$，而在互换期限内，互换价值可正可负。

例 7-7 假设在一笔利率互换合约中，某一金融机构支付 6 个月期的 LIBOR，同时收取 8% 的年利率（半年计一次复利），名义本金为 1 亿美元。互换还有 1.25 年的期限。已知 3 个月、9 个月和 15 个月的零息票利率（连续复利率）分别为 10%、10.5% 和 11%，上一次利息支付日的 6 个月 LIBOR 为 10.2%（半年计一次复利）。计算利率互换的价值。

在本例中，$K = 100000000 \times \dfrac{8\%}{2} = 0.04$ 亿美元，$K^* = 100000000 \times \dfrac{10.2\%}{2} = 0.051$ 亿美元，因此：

$$P_1 = 0.04 \times e^{-0.1 \times 0.25} + 0.04 \times e^{-0.105 \times 0.75} + 1.04 \times e^{-0.11 \times 1.25} = 0.9824 \text{（亿美元）}$$

$$P_2 = (1 + 0.051) \times e^{-0.1 \times 0.25} = 1.0251 \text{（亿美元）}$$

因此，利率互换的价值为：$V_{互换} = 0.9824 - 1.0251 = -0.0427$（亿美元）。

若该公司处于相反的市场头寸，即支付固定利率利息、收取浮动利率利息，则互换的价值为 $1.0251 - 0.9824 = 0.0427$（亿美元）。

二、运用远期利率协议为利率互换定价

远期利率协议（FRA）是事先确定将来某一时间一笔借款的利率，只不过在 FRA 执行的时候，支付的是市场利率与合约协定利率的利差。因此，FRA 可以看成一个将用事先确定的利率（固定利率）交换市场利率（浮动利率）的合约，利率互换则可以看成一系列用固定利率交换浮动利率的 FRA 的组合。因此，只要知道组成利率互换的每笔 FRA 的价值，就能计算出利率互换合约的价值。

例 7-8 考虑一个 2013 年 9 月 1 日生效的 3 年期利率互换，名义本金是 1 亿美元。B 公司同意支付给 A 公司年利率为 5% 的利息，同时 A 公司同意支付给 B 公司 6 个月期 LIBOR 的利息，利息每半年支付一次，如图 7-2 所示。

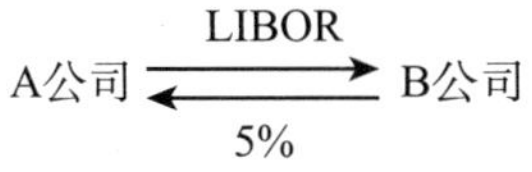

```
              LIBOR
   A公司  ⇌  B公司
              5%
```

图 7-2 A 公司和 B 公司的利率互换

在利率互换中，B 公司的现金流量如表 7-4 所示。

表 7-4　　　　　　　　　互换中 B 公司的现金流表　　　　　　　单位：百万美元

日期	LIBOR（5%）	收到的浮动利率	支付的固定利息	净现金流
2013 年 9 月 1 日	4.20			
2014 年 3 月 1 日	4.80	+2.10	-2.50	-0.40
2014 年 9 月 1 日	5.30	+2.40	-2.50	-0.10
2015 年 3 月 1 日	5.50	+2.65	-2.50	+0.15
2015 年 9 月 1 日	5.60	+2.75	-2.50	+0.25
2016 年 3 月 1 日	5.90	+2.80	-2.50	+0.30
2016 年 9 月 1 日	6.40	+2.95	-2.50	+0.45

在这个利率互换中，B 公司和 A 公司交换了 6 次现金流。第一次现金流交换在互换签订的时候就知道了，其他 5 次利息的交换可以看作一系列的 FRA。例如，2014 年 9 月 1 日的利息交换可以看作用 5% 的利率交换在 2014 年 3 月 1 日的 6 个月期市场利率的 FRA，2015 年 3 月 1 日的利息交换可以看作用 5% 的利率交换在 2004 年 9 月 1 日的 6 个月期市场利率的 FRA，以此类推。

因此，运用 FRA 为利率互换定价的步骤如下：（1）计算远期利率；（2）确定现金流；（3）将现金流贴现。

我们再看例 7-7 的情形。3 个月后要交换的现金流是已知的，金融机构是用 10.2% 的年利率换入 8% 的年利率，所以这笔交换对金融机构的价值是：

$$0.5 \times 100 \times (0.08 - 0.102) e^{-0.1 \times 0.25} = -107 \text{（万美元）}$$

为了计算 9 个月后那笔现金流交换的价值，我们必须先计算从现在开始的 3 个月到 9 个月的远期利率。根据远期利率的计算公式（7.8），3 个月到 9 个月的远期利率为：

$$\frac{0.105 \times 0.75 - 0.10 \times 0.25}{0.5} = 0.1075$$

由于 10.75% 的连续复利对应的每半年计一次复利的利率为：

$$2 \times (e^{0.1075/2} - 1) = 0.11044$$

所以，9 个月后现金流交换的价值为：

$$0.5 \times 100 \times (0.08 - 0.11044) e^{-0.105 \times 0.75} = -141 \text{（万美元）}$$

同样，为了计算 15 个月后那笔现金流交换的价值，我们必须先计算从现在开始的 9 个月到 15 个月的远期利率：

$$\frac{0.11 \times 1.25 - 0.105 \times 0.75}{0.5} = 0.1175$$

由于 11.75% 的连续复利对应的每半年计一次复利的利率为：

$$2 \times (e^{0.1175/2} - 1) = 0.12102$$

所以，15 个月后现金流交换的价值为：

$$0.5 \times 100 \times (0.08 - 0.12102) e^{-0.11 \times 1.25} = -179 \text{（万美元）}$$

因此,作为远期利率协议的组合,这笔利率互换的总价值为:
$$-107 - 141 - 179 = -427（万美元）$$
计算结果与运用债券组合定出的利率互换价值是一致的。

第四节 利率期权的定价

利率期权交易是一种权利交易,期权买方为获得期权合约所赋予的权利,就必须向期权卖方支付一定的费用,这笔费用就是期权费或者叫期权价格、权利金。利率期权价格的决定与变动是一个十分重要和复杂的问题,自从利率期权交易产生以来,人们就一直致力于对利率期权定价问题的探讨。

一、利率期权价格的相关机理

1. 利率期权价格的构成

利率期权价格由两部分组成:内在价值和时间价值。

(1) 内在价值。内在价值,又称为内涵价值,是指立即执行利率期权可获得的收益,当收益小于零时,内在价值为零。内在价值反映了利率期权合约的执行价格与标的资产当前市场价格之间的关系,其计算公式为:

$$IV = \begin{cases} \max\{S-X, 0\} & (在利率看涨期权中) \\ \max\{X-S, 0\} & (在利率看跌期权中) \end{cases}$$

其中,IV 表示内在价值,S 表示标的资产当前市价,X 表示利率期权的执行价格。

按照有无内在价值,期权可分为三种类型:实值期权、虚值期权和平价期权。如果立即执行利率期权可获得正收益,我们称该期权当前是实值期权,或者说当前期权处于实值状态;如果立即执行利率期权的收益为负,我们称该期权当前是虚值期权,或者说当前期权处于虚值状态。例如,假定一份长期国债看涨期权的执行价格为1000,当前国债的市场价格为980,那么此时该看涨期权是虚值期权。如果当前标的资产市价与期权的执行价格相等,我们称此时该期权是平价期权。

根据内在价值的定义,实值期权的内在价值大于零,而虚值期权和平价期权的内在价值均为零。需要指出的是,实值期权和虚值期权是一个时点状态,只要利率期权标的资产市价发生变动,期权的实值状态和虚值状态可以随时改变。

(2) 时间价值。时间价值(TV)是指期权买方随着期权有效期的延续和标的资产市价的变动有可能使期权增值时,愿意为购买这一期权所付出的权利金额。从动态上看,利率期权的时间价值伴随期权合约剩余有效期的缩短而衰减,在利率期权到期时刻,期权的时间价值为零。这是因为对于期权买方而言,有效期越长,标的资产市场状况发生有利于买方的变化的可能性也就越大,获利的机会也就越多,买方愿意付出的时间价值也就越高。

时间价值的存在可以很好地解释为什么虚值期权有人愿意购买,原因在于虚值期权是一个暂时状态，只要期权尚未到期，在期权剩余有效期内标的资产市价的变动依旧有可能使期权转变为有价值的实值期权。因此，尽管期权当前处于虚值状态，仍然会有交易者愿意为它付出权利金额。

可以看出，利率期权价格由内在价值和时间价值共同决定。以利率看涨期权为例，它们之间的关系如图7-3所示。从静态的角度看，利率期权价格在任一时点都是由内在价值和时间价值两部分组成；对于虚值期权，期权价格完全由时间价值组成，内在价值为零；对于平价期权，期权价格完全由时间价值组成，且时间价值达到最大；对于实值期权，期权价格由内在价值和时间价值组成，且内在价值与标的资产市价等额增减。从动态的角度看，利率期权的时间价值在衰减，伴随期权合约剩余有效期的缩短而减少，期权到期时点的时间价值为零，此时期权价格全部由内在价值决定。

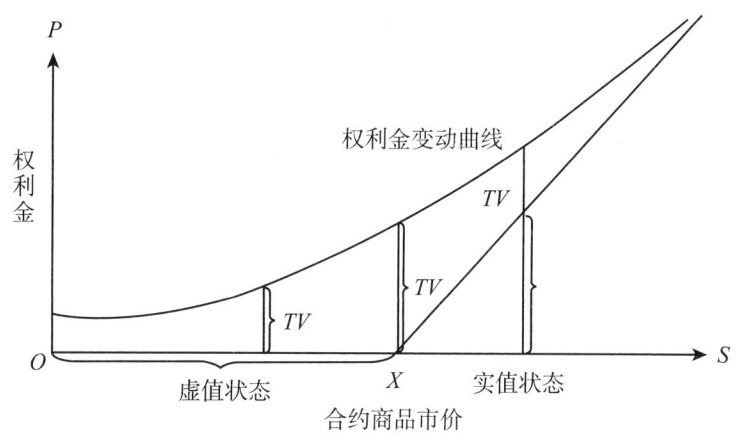

图7-3 利率看涨期权价格与内在价值、时间价值的关系示意

2. 利率期权价格的影响因素

影响利率期权价格的因素主要有以下六个方面。

（1）标的资产的市场价格。标的资产的市场价格影响利率期权的内在价值。在其他因素一定时，标的资产市价越高，利率看涨期权的价格越高，利率看跌期权的价格则越低。

（2）期权的执行价格。执行价格影响利率期权的内在价值。利率看涨期权在执行时，其收益等于标的资产的市价与执行价格之差。因此，其他因素一定时，执行价格越低，利率看涨期权的价格就越高。相反地，对于利率看跌期权而言，执行价格越低，期权的价格越低。

（3）期权的有效期。对于美式期权而言，由于期权买方可以在有效期内的任何时间行权，因此有效期越长，多头获利机会就越大，利率期权价格就越高。

对于欧式期权而言，由于买方只能在期权到期时刻行权，有效期长的期权不一定包含有效期短的期权的所有执行机会，这就使得欧式期权有效期与期权价格之间的关系显得较为复杂。例如，同一标的国债的两个欧式看涨期权，一个有效期为2个月，另一个有效期是3个月。假定在8周后标的国债将有大量利息支付，那么有效期2个月的期权可能会优于有效期3个月的期权，因为前者的持有人可以通过行权获得高额利息，因此，有效期的长短对于欧式期权的影响是不确定的。

（4）标的资产价格的波动率。标的资产价格的波动率是用来衡量标的资产未来价格变动不确定性的指标。由于利率期权买方的最大损失仅限于期权价格（支付的期权费），而最大盈利则取决于执行期权时标的资产市场价格与执行价格的差额，因此波动率越大，对期权买方越有利，期权价格也应越高。

（5）无风险利率。为了考察无风险利率如何影响利率期权价格，可以考虑如下情况：如果投资者想持有债券，直接购买债券会占用投资者的资金，这时投资者可以通过购买看涨期权从而选择在到期日行权同样达到拥有债券的目的。此时，投资者可以将延迟支付的债券价格和现在支付的期权价格之间的差额投资于无风险利率。因此，短期无风险利率越高，相比较于现在立即购买债券而言，持有看涨期权的吸引力越大，投资者愿意为看涨期权支付的价格也越高。也可以从另一个角度考虑无风险利率对利率期权价格的影响：看涨期权购买者到期行权需要支付执行价格，该期权买方可以现在将金额等于执行价格现值的一笔钱存入银行确保其到期可以行权。无风险利率越高，执行价格的现值就越低，经调整的期权内在价值就越大。因此，无风险利率越高，利率看涨期权的价格就越高。与此相反，无风险利率越高，执行价格的现值就越低，经调整的利率看跌期权内在价值就越小，期权的价格就越低。

（6）标的资产的利息支付。期权有效期内标的债券支付利息会降低利率看涨期权的价格，因为利息支付使持有标的债券比持有期权更具吸引力。因此，在其他条件相同的情况下，标的证券为附息债券的看涨期权价格要低于标的证券为零息债券的期权价格。相反地，对于利率看跌期权而言，标的债券支付利息会提高期权价格。

可以看出，决定和影响利率期权价格的因素有很多，而且各因素对期权价格的影响也很复杂。利率期权价格的影响因素分析结果一方面取决于期权是看涨期权还是看跌期权；另一方面要看期权是美式期权还是欧式期权。表7-5梳理出上述因素对利率期权价格的影响。

表7-5　　　　　　　　影响利率期权价格的因素

影响因素	欧式看涨	欧式看跌	美式看涨	美式看跌
标的资产的市场价格	+	-	+	-
期权的执行价格	-	+	-	+
期权的有效期	不确定	不确定	+	+
标的资产价格的波动率	+	+	+	+
无风险利率	+	-	+	-
标的资产的利息支付	-	+	-	+

注："+"表示正向关系，"-"表示反向关系。

3. 欧式利率看涨期权与看跌期权的平价关系

具有相同标的资产、执行价格和到期日的欧式利率看涨期权和欧式利率看跌期权的价格之间存在重要关系。假设 c 表示欧式利率看涨期权的价格，p 表示欧式利率看跌期权的价格，X 表示期权的执行价格，r 表示以连续复利形式表示的无风险年利率，当前时刻为 t，期权到期时刻为 T。

假设期权有效期内标的资产不发生利息支付，考虑如下两个组合：

组合 A：一个欧式利率看涨期权加上金额为 $Xe^{-r(T-t)}$ 的现金；

组合 B：一个欧式利率看跌期权加上一单位标的资产。

在 T 时刻，组合 A 中的现金数额为 $Xe^{-r(T-t)} \times e^{r(T-t)} = X$，如果标的资产市价 $S_T < X$，看涨期权不被执行，而看跌期权将被执行，这时组合 A 的价值为 X，组合 B 的价值为 $(X - S_T) + S_T = X$；如果 $S_T > X$，看涨期权将被执行，而看跌期权不被执行，这时组合 A 的价值为 $(S_T - X) + X = S_T$，组合 B 的价值为 S_T。由此可见，在 T 时刻标的资产市场价格和期权执行价格孰高孰低，组合 A 的价值等于组合 B 的价值。根据无套利原理，在当前时刻 t，组合 A 的价值也应等于组合 B 的价值，于是我们得到无利息支付资产欧式利率看涨期权与看跌期权之间的平价关系：

$$c + Xe^{-r(T-t)} = p + S \tag{7-20}$$

它表明欧式利率看涨期权的价格可根据具有相同执行价格和到期日的欧式看跌期权的价格推导出来。

如果期权有效期内标的资产会发生利息支付，假设 I 为期权有效期内标的资产支付利息的现值，我们只要将上述组合 A 的现金改为 $I + Xe^{-r(T-t)}$，经过类似的推导，就可得出有利息支付资产欧式期权的平价关系：

$$c + I + Xe^{-r(T-t)} = p + S \tag{7-21}$$

二、布莱克—斯科尔斯利率期权定价模型

1973 年，美国芝加哥大学教授费希尔·布莱克和迈伦·斯科尔斯发表了《期权定价与公司负债》一文，提出了有史以来的第一个期权定价模型。他们通过设定一些假设条件并运用无套利定价技术，推导出以不产生收益为标的资产的欧式看涨期权的理论价格，这为利率期权价格的确定提供了重要参考方法。

1. 证券价格的布朗运动

布莱克—斯科尔斯期权定价模型需要对标的证券价格的变动分布做出假设。

（1）标准布朗运动。设 Δt 代表一个小的时间间隔长度，Δz 代表变量 z 在 Δt 时间内的变化，遵循标准布朗运动的 Δz 满足：

$$\Delta z = \varepsilon \sqrt{\Delta t} \tag{7-22}$$

其中，ε 代表从标准正态分布（即均值为 0、标准差为 1.0 的正态分布）中取的一个随机值。

对于任何两个不同时间间隔 Δt，Δz 的值相互独立。可以看出，Δz 本身也具有正态分布特征，其均值为 0，标准差为 $\sqrt{\Delta t}$。现在我们来考察遵循标准布朗运动的变量 z 在一段较长时间 T 中的变化情形。用 $z(T) - z(0)$ 表示变量 z 在期限 T 中的变化量，它可被看作

在 N 个长度为 Δt 的小时间间隔中 z 的变化总量,因此有:

$$z(T) - z(0) = \sum_{i=1}^{N} \varepsilon_i \sqrt{\Delta t} \qquad (7-23)$$

其中 $\varepsilon_i (i = 1, 2, \cdots, N)$ 是标准正态分布的随机抽样值。因此,$z(T) - z(0)$ 也具有正态分布特征,其均值为 0,方差为 $N\Delta t = T$,标准差为 $\sqrt{T}$。

当 $\Delta t \to 0$ 时,可以得到用极限形式表示的标准布朗运动:

$$dz = \varepsilon \sqrt{dt} \qquad (7-24)$$

(2)普通布朗运动。为了得到普通的布朗运动,我们引入两个概念:漂移率和方差率。漂移率是指单位时间内变量 z 均值的变化值,方差率是指单位时间的方差。

标准布朗运动的漂移率为 0,方差率为 1.0。漂移率为 0 意味着在未来任意时刻 z 的均值都等于它的当前值,而方差率为 1.0 意味着在一段长度为 T 的时间段后,z 的方差为 $1.0 \times T$。我们令漂移率的期望值为 a,方差率的期望值为 b,就可得到变量 x 的普通布朗运动:

$$dx = adt + bdz \qquad (7-25)$$

其中,a 和 b 均为常数,dz 遵循标准布朗运动。

从式(7-22)和式(7-24)可知,在短时间 Δt 后,x 的变化值 Δx 为:

$$\Delta x = a\Delta t + b\varepsilon \sqrt{\Delta t}$$

因此,Δx 也具有正态分布特征,其均值为 $a\Delta t$,标准差为 $b\sqrt{\Delta t}$。同样,在任意时间长度 T 后,x 的变化值也具有正态分布特征,其均值为 aT,标准差为 $b\sqrt{T}$。

由于投资者关心的是证券价格的变动幅度而不是变动的绝对值,因此,我们可以用证券价格比例的方式来定义证券价格的布朗运动:

$$\frac{\Delta S}{S} = \mu \Delta t + \sigma \Delta z = \mu \Delta t + \sigma \varepsilon \sqrt{\Delta t} \qquad (7-26)$$

其中,S 表示证券价格,μ 表示证券在单位时间内以连续复利表示的预期收益率,σ^2 表示证券收益率单位时间的方差(简称证券价格的波动率)。

可见,$\frac{\Delta S}{S}$ 也具有正态分布特征,其均值为 $\mu \Delta t$,标准差为 $\sigma \sqrt{\Delta t}$。式(7-26)所描述的随机过程也称为几何布朗运动。在式(7-26)中,我们涉及两个符号:μ 和 σ,其大小取决于时间计量单位。若无特别说明,我们通常以年为时间的计量单位。

例 7-9 设一种不支付利息的债券遵循几何布朗运动,经过历史数据测算,债券价格波动率为每年 18%,预期收益率以连续复利表示为每年 20%。债券目前的市价为 100,求一周后该债券价格变化值的概率分布。

根据几何布朗运动的描述,有

$$\frac{\Delta S}{S} = 0.20\Delta t + 0.18\varepsilon \sqrt{\Delta t}$$

由于 1 周等于 0.0192 年，因此得到：
$$\Delta S = 100 \times (0.00384 + 0.0249\varepsilon)$$
$$= 0.384 + 2.49\varepsilon$$

计算结果表示一周后债券价格变化值是均值为 0.384、标准差为 2.49 的正态分布的随机抽样值。

2. 伊托过程和伊托引理

普通布朗运动假定漂移率和方差率为常数，若把变量 x 的漂移率和方差率视为变量 x 和时间 t 的函数，我们可以从式（7-25）得到伊托过程：

$$dx = a(x,t)dt + b(x,t)dz \tag{7-27}$$

其中，dz 是一个标准布朗运动，a、b 是变量 x 和 t 的函数，变量 x 的漂移率为 a，方差率为 b^2。在伊托过程的基础上，我们可以推导出著名的伊托引理。

若变量 x 遵循伊托过程，则变量 x 和 t 的函数 G 将遵循如下过程：

$$dG = \left(\frac{\partial G}{\partial x}a + \frac{\partial G}{\partial t} + \frac{1}{2}\frac{\partial^2 G}{\partial x^2}b^2\right)dt + \frac{\partial G}{\partial x}bdz \tag{7-28}$$

由于衍生证券的价格 f 是标的证券价格 S 和时间 t 的函数，根据伊托引理和式（7-26），衍生证券的价格 f 遵循如下过程：

$$df = \left(\frac{\partial f}{\partial S}\mu S + \frac{\partial f}{\partial t} + \frac{1}{2}\frac{\partial^2 f}{\partial S^2}\sigma^2 S^2\right)dt + \frac{\partial f}{\partial S}\sigma S dz \tag{7-29}$$

例 7-10 假定衍生证券的价格 $f = \ln S$，求衍生证券价格 f 遵循的随机过程。

由 $f = \ln S$ 可得：

$$\frac{\partial f}{\partial S} = \frac{1}{S}, \frac{\partial^2 f}{\partial S^2} = -\frac{1}{S^2}, \frac{\partial f}{\partial t} = 0$$

代入式（7-29），可得出衍生证券价格 f 所遵循的随机过程为：

$$df = \left(\mu - \frac{\sigma^2}{2}\right)dt + \sigma dz$$

由于 μ 和 σ 是常数，所以上式说明证券价格的对数 f 也遵循普通布朗运动，它具有恒定的漂移率 $\mu - \frac{\sigma^2}{2}$ 和恒定的方差率 σ^2。由前面的分析可知，在当前时刻 t 和将来某一时刻 T 之间 f 的变化都是正态分布的，其均值为 $\left(\mu - \frac{\sigma^2}{2}\right)(T-t)$，方差为 $\sigma^2(T-t)$。令 t 时刻 f 的值为 $\ln S$，T 时刻 f 的值为 $\ln S_T$，则在 $T-t$ 期间 f 的变化量为 $\ln S_T - \ln S$。这意味着：

$$\ln S_T - \ln S \sim \phi\left[\left(\mu - \frac{\sigma^2}{2}\right)(T-t), \sigma^2(T-t)\right] \tag{7-30}$$

其中，$\phi(m,s)$ 表示均值为 m、方差为 s 的正态分布。

也就是说，证券价格对数的变化值呈正态分布。根据正态分布的性质，从式（7-30）可以得到：

$$\ln S_T \sim \phi\left[\ln S + \left(\mu - \frac{\sigma^2}{2}\right)(T-t), \sigma^2(T-t)\right] \tag{7-31}$$

式（7-31）表明 S_T 服从对数正态分布。$\ln S_T$ 的标准差与 $\sqrt{T-t}$ 成比例，这说明证券价格对数的不确定性与未来时间长度的平方根成正比。

3. 布莱克—斯科尔斯微分方程

由于衍生证券价格和标的证券价格都受到相同不确定性（dz 或 Δz）的影响，若匹配适当的话，这种不确定性就可以相互抵消。基于该思想，布莱克和斯科尔斯建立了一个包括一单位衍生证券空头和若干单位标的证券多头的投资组合来给衍生证券定价。

（1）布莱克—斯科尔斯微分方程的假设。

推导布莱克—斯科尔斯微分方程需要用到以下假设：

① 允许卖空标的证券，且证券价格遵循几何布朗过程，即 μ 和 σ 为常数；

② 没有交易费用和税收，证券市场是完全的；

③ 在衍生证券有效期内标的证券没有收益支付；

④ 在衍生证券有效期内，无风险利率 r 为常数，且市场不存在套利机会。

实际上，有些假设条件可以放松，如 μ、σ 和 r 可以是时间 t 的函数。

（2）布莱克—斯科尔斯微分方程的推导。

由于证券价格 S 遵循几何布朗运动，因此有：

$$\Delta S = \mu S \Delta t + \sigma S \Delta z \quad (7-32)$$

由式（7-29）可知，在一个小的时间间隔 Δt 中，衍生证券价格 f 的变化值为：

$$\Delta f = \left(\frac{\partial f}{\partial S} \mu S + \frac{\partial f}{\partial t} + \frac{1}{2} \frac{\partial^2 f}{\partial S^2} \sigma^2 S^2 \right) \Delta t + \frac{\partial f}{\partial S} \sigma S \Delta z \quad (7-33)$$

因为式（7-32）和式（7-33）中的 Δz 相同，都等于 $\varepsilon \sqrt{\Delta t}$，因此，只要选择适当数量的衍生证券和标的证券的组合就可以消除不确定性。为了消除 Δz，我们可以构建一个包括一单位衍生证券空头和 $\frac{\partial f}{\partial S}$ 单位标的证券多头的组合。令 Π 代表该投资组合的价值，则：

$$\Pi = -f + \frac{\partial f}{\partial S} S \quad (7-34)$$

在 Δt 时间后，该投资组合的价值变化 $\Delta \Pi$ 为：

$$\Delta \Pi = -\Delta f + \frac{\partial f}{\partial S} \Delta S \quad (7-35)$$

将式（7-32）、式（7-33）代入式（7-35），可得：

$$\Delta \Pi = \left(-\frac{\partial f}{\partial t} - \frac{1}{2} \frac{\partial^2 f}{\partial S^2} \sigma^2 S^2 \right) \Delta t \quad (7-36)$$

由于式（7-36）中不含有 Δz，该组合的价值在一个小的时间间隔 Δt 后必定没有风险，因此，该组合在 Δt 中的瞬时收益率一定等于 Δt 中的无风险收益率。在没有套利机会的条件下，有：

$$\Delta \Pi = r \Pi \Delta t$$

把式（7-34）和式（7-36）代入上式可得：

$$\left(\frac{\partial f}{\partial t}+\frac{1}{2}\frac{\partial^2 f}{\partial S^2}\sigma^2 S^2\right)\Delta t = r\left(f-\frac{\partial f}{\partial S}S\right)\Delta t$$

化简为：

$$\frac{\partial f}{\partial t}+rS\frac{\partial f}{\partial S}+\frac{1}{2}\sigma^2 S^2 \frac{\partial^2 f}{\partial S^2}=rf \qquad (7-37)$$

这就是著名的布莱克—斯科尔斯微分方程，它适用于价格取决于标的证券价格 S 的所有衍生证券的定价。需要指出的是，上述投资组合的价值并不是永远无风险的，它只是在一个很短的时间间隔 Δt 中才是无风险的。在一个较长时间中，要保持该投资组合无风险，必须根据 $\frac{\partial f}{\partial S}$ 的变化动态调整标的证券的数量。

4. 无收益资产的布莱克—斯科尔斯期权定价公式

1973 年，布莱克和斯科尔斯成功地求解了上述微分方程，从而获得了在标的资产没有收益支付情况下的欧式看涨期权的精确定价公式：

$$c = SN(d_1) - Xe^{-r(T-t)}N(d_2) \qquad (7-38)$$

其中，

$$d_1 = \frac{\ln(S/X)+\left(r+\frac{\sigma^2}{2}\right)(T-t)}{\sigma\sqrt{T-t}}$$

$$d_2 = \frac{\ln(S/X)+\left(r-\frac{\sigma^2}{2}\right)(T-t)}{\sigma\sqrt{T-t}} = d_1 - \sigma\sqrt{T-t}$$

令 $N(x)$ 为标准正态分布变量的累计概率分布函数（即变量小于 x 的概率），根据标准正态分布函数的性质，有 $N(-x)=1-N(x)$。由于欧式看涨期权和看跌期权之间存在平价关系，因此把式（7-38）代入式（7-20），就可以得到无收益资产欧式看跌期权的定价公式：

$$p = Xe^{-r(T-t)}N(-d_2) - SN(-d_1) \qquad (7-39)$$

对于美式期权特别是美式看跌期权，布莱克—斯科尔斯期权定价公式不容易精确求出，但可以用下文介绍的二叉树模型的数值方法计算出来。

7-1 基于指数 Ornstein-Uhlenbeck 过程模型的随机利率欧式期权定价

如果标的资产在期权有效期内会产生现金收益，当标的证券已知收益的现值为 I 时，我们只要用 $S-I$ 代替式（7-38）和式（7-39）中的 S，即可求出固定收益证券欧式看涨期权和看跌期权的价格。

例 7-11 现有以某国债为标的资产的欧式看涨期权,其执行价格为 90 美元,距到期时间还有 6 个月。国债在 2 个月和 5 个月后会支付利息 5 美元。当前国债价格为 100 美元,无风险利率为 9%,经测算国债价格年波动率为 20%,计算该国债看涨期权的当前价格。

首先,我们计算国债在期权有效期内支付利息的现值:

$$I = 5 \times e^{-0.09 \times \frac{2}{12}} + 5 \times e^{-0.09 \times \frac{5}{12}} = 9.74 \text{(美元)}$$

于是有:$S - I = 100 - 9.74 = 90.26$(美元)。

参照定价公式 (7-38),有:

$$d_1 = \frac{\ln(90.26/90) + (0.09 + 0.2^2/2) \times 0.5}{0.2 \times \sqrt{0.5}} = 0.4093$$

$$d_2 = 0.4093 - 0.2 \times \sqrt{0.5} = 0.2679$$

查阅标准正态分布函数数值表,可知:

$$N(d_1) = 0.6588, N(d_2) = 0.6056$$

因此,该国债看涨期权的当前价格为:

$$c = 90.26 \times 0.6588 - 90 \times e^{-0.09 \times 0.5} \times 0.6056 = 7.36 \text{(美元)}$$

三、二叉树利率期权定价模型

由于美式看跌期权无法用布莱克—斯科尔斯期权定价公式进行精确定价,因此要用其他替代方法,如二叉树期权定价模型。该模型是由考克斯(J. Cox)、罗斯(S. Ross)和鲁宾斯坦(M. Rubinstein)于 1979 年首先提出的。

1. 风险中性定价原理

为了更好地理解风险中性定价原理,我们可以举一个简单的例子来说明。

例 7-12 一种不支付利息债券目前的市价为 100 元,假定在 3 个月后,该债券价格要么是 110 元,要么是 90 元。计算 3 个月期、执行价格为 105 元的该债券欧式看涨期权的价格。

由于欧式期权不会提前执行,其价值取决于 3 个月后债券的市价。若 3 个月后该债券价格等于 110 元,则该期权价值为 5 元;若 3 个月后该债券价格等于 90 元,则该期权价值为 0。

为了求出该期权的价格,我们可构建一个由一单位看涨期权空头和 Δ 单位标的债券多头构成的组合。若 3 个月后债券价格等于 110 元时,该组合价值等于(110Δ - 5)元;若 3 个月后债券价格等于 90 元时,该组合价值等于 90Δ 元。为了使该组合价值处于无风险状态,我们应选择适当的 Δ 值,使 3 个月后该组合的价值不变,这意味着:

$$110\Delta - 5 = 90\Delta$$

$$\Delta = 0.25$$

因此,一个无风险组合应包括一份看涨期权空头和 0.25 单位标的债券。无论 3 个月后债券价格等于 110 元还是 90 元,该组合价值都将等于 22.5 元。

在没有套利机会的情况下,无风险组合只能获得无风险利率。假设现在的无风险年利率等于10%，则该组合的现值为：

$$22.5e^{-0.1 \times 0.25} = 21.9（元）$$

由于该组合中有一单位看涨期权空头和0.25单位债券多头，而目前债券市价为100元，因此有：

$$100 \times 0.25 - f = 21.9$$
$$f = 3.1$$

这就是说，该看涨期权当前的价格应为3.1元，否则就会存在无风险套利机会。从该例子可以看出，在确定期权价格时，我们并不需要知道债券价格上涨到110元的概率和下降到90元的概率。由于不同的概率决定了债券具有不同的风险度，从而也决定了厌恶风险的投资者对该债券要求有不同的预期收益率。然而，无论该债券价格上升或下降的概率如何，也无论投资者厌恶风险程度如何，该期权的价格都等于3.1元。也就是说，期权价格与投资者的风险态度无关，投资者对所有资产要求的回报率都等于无风险收益率，这就是风险中性定价原理。从式（7-38）也可以看出，期权的价格决定公式中出现的变量为标的证券当前市价（S）、时间（t）、证券价格的波动率（σ）和无风险利率，它们全都是客观变量，独立于主观变量——风险收益偏好。而受制于主观风险收益偏好的证券预期收益率μ并未包括在期权的价格决定公式中，这意味着无论风险收益偏好状态如何，都不会对期权的定价结果产生影响。

2. 无收益资产的二叉树利率期权定价模型

（1）欧式期权定价的二叉树模型。

二叉树模型把例7-12讨论的情况进行一般化处理：以欧式期权为例，经过期权有效期时间长度Δt后，证券价格从开始的S变化到两个新值Su和Sd中的一个，如图7-4所示。其中，$u > 1$，$d < 1$，且$u = 1/d$。因此，S到Su是价格的"上升"运动，S到Sd是价格的"下降"运动。当标的证券价格为Su时，期权对应的价值为c_μ；当标的证券价格为Sd时，期权对应的价值为c_d。

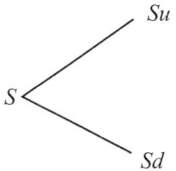

图7-4 Δt时间内标的证券价格的变动

为计算期权的当前价格，我们依旧构建一个由一单位期权空头和Δ单位标的证券多头构成的组合。在时间间隔Δt后，该组合的价值要么是$Su \cdot \Delta - c_\mu$，要么是$Sd \cdot \Delta - c_d$。为了使该组合价值处于无风险状态，需要满足：

$$Su \cdot \Delta - c_\mu = Sd \cdot \Delta - c_d$$

从而得到标的证券所需的数量为：

$$\Delta = \frac{c_\mu - c_d}{(\mu - d)S}$$

这时组合价值恒等于 $\dfrac{dc_\mu - \mu c_d}{\mu - d}$，在无风险年利率为 r 的情况下，组合价值的现值等于 $e^{-r\Delta t} \cdot \dfrac{dc_\mu - \mu c_d}{\mu - d}$。由于组合的当前价值为 $S \cdot \Delta - c = \dfrac{c_\mu - c_d}{\mu - d} - c$，因此有：

$$\frac{c_\mu - c_d}{\mu - d} - c = e^{-r\Delta t} \cdot \frac{dc_\mu - \mu c_d}{\mu - d}$$

从而求解出期权的当前价格为：

$$c = e^{-r\Delta t} \cdot \left(\frac{e^{r\Delta t} - d}{\mu - d} \cdot c_\mu + \frac{\mu - e^{r\Delta t}}{\mu - d} \cdot c_d \right) \tag{7-40}$$

令 $p = \dfrac{e^{r\Delta t} - d}{u - d}$，从而式（7-40）转化为：

$$c = e^{-r\Delta t} \cdot [pc_\mu + (1-p)c_d] \tag{7-41}$$

式（7-41）即为二叉树模型下无收益资产的欧式期权定价公式。定价公式中的 p 称为风险中性概率。可以看出，在无须知道标的证券价格上涨或下跌概率的风险中性条件下，欧式期权二叉树定价结果等于期权在期末的不同价值按照风险中性概率计算的期望值的折现值。

在实际的固定收益证券市场上，如果已知标的证券价格的年波动率为 σ，则把定价公式（7-40）中的参数 u 设定为 $u = e^{\sigma\sqrt{\Delta t}}$、参数 d 设定为 $d = e^{-\sigma\sqrt{\Delta t}}$ 即可。

例 7-13 现有一个以某国债为标的资产的 1 个月期欧式看跌期权，其执行价格为 100 美元。国债当前市价为 98 美元，波动率为每年 40%，无风险连续复利年利率为 10%。假定国债在期权有效期内不支付利息，计算该国债看跌期权的价格。

首先计算相关参数：

$$u = e^{\sigma\sqrt{\Delta t}} = e^{0.4 \times \sqrt{\frac{1}{12}}} = 1.122$$
$$d = e^{-\sigma\sqrt{\Delta t}} = e^{-0.4 \times \sqrt{\frac{1}{12}}} = 0.891$$

因此，1 个月后的国债价格要么是 $98 \times 1.122 = 109.96$（美元），要么是 $98 \times 0.891 = 87.32$（美元）。此时，看跌期权对应的价值要么是 0，要么是 12.68 美元。

风险中性概率 $p = \dfrac{e^{0.1 \times \frac{1}{12}} - 0.891}{1.122 - 0.891} = 0.51$。

代入式（7-41），可得出该国债看跌期权的价格为：

$$e^{-0.1 \times \frac{1}{12}} \cdot (0.51 \times 0 + 0.49 \times 12.68) = 6.16 \text{（美元）}$$

如果把期权的有效期分为很多很小的时间间隔 Δt，那么期权定价的二叉树结构会出现很多分支，证券价格变化的完整树形结构如图 7-5 所示。

可以看到，在当前时刻，证券价格为 S。时间为 Δt 时，证券价格要么上涨到 Su，要么下降到 Sd；时间为 $2\Delta t$ 时，证券价格就有三种可能：Su^2、Sud（等于 S）和 Sd^2，以此类推。一般而言，在 $i\Delta t$ 时刻，证券价格有 $i+1$ 种可能，它们可用符号表示为：

$$Su^j d^{i-j} \quad \text{其中 } j = 0, 1, 2, \cdots, i$$

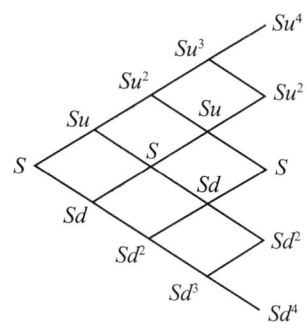

图7-5 多期情况下的证券价格树形结构

在多期情况下应用二叉树模型,欧式期权定价从树形结构图的末端 T 时刻开始,采用倒推法定价。由于在 T 时刻的期权价值是已知的,例如,看涨期权价值为 $\max(S_T-X,0)$,看跌期权价值为 $\max(X-S_T,0)$,因此,风险中性条件下,在求解 $T-\Delta t$ 时刻的每一节点上的期权价值时,都可通过将 T 时刻的期权价值的预期值在 Δt 时间长度内以无风险利率 r 贴现求出。同理,要求解 $T-2\Delta t$ 时的每一节点的期权价值时,也可以将 $T-\Delta t$ 时的期权价值预期值在时间 Δt 内以无风险利率 r 贴现求出,依此类推。

例7-14 某国债当前价格为100美元,波动率为每年20%,有连续两个时间步长,步长为1个月,连续复利的无风险年利率为8%。假定国债在期权有效期内不支付利息,计算以该国债为标的物、执行价格为100美元的2个月期欧式看涨期权的价格。

根据已知条件,有:

$$u = e^{0.2 \times \sqrt{\frac{1}{12}}} = 1.059, d = e^{-0.2 \times \sqrt{\frac{1}{12}}} = 0.944$$

因此,国债在2个月后的价格有三种情况,分别是:$100 \times 1.059^2 = 112.15$、$100 \times 1.059 \times 0.944 = 100$ 和 $100 \times 0.944^2 = 89.11$,此时欧式看涨期权对应的价值分别为12.15、0和0。

由于风险中性概率 $p = \dfrac{e^{0.08 \times \frac{1}{12}} - 0.944}{1.059 - 0.944} = 0.55$,根据二叉树定价公式,有:

$$c_u = e^{-0.08 \times \frac{1}{12}} \cdot (0.55 \times 12.15 + 0.45 \times 0) = 6.64 \text{(美元)}$$

$$c_d = e^{-0.08 \times \frac{1}{12}} \cdot (0.55 \times 0 + 0.45 \times 0) = 0 \text{(美元)}$$

因此,该期权的当前价格为:

$$c = e^{-0.08 \times \frac{1}{12}} \cdot (0.55 \times 6.64 + 0.45 \times 0) = 3.63 \text{(美元)}$$

(2) 美式期权定价的二叉树模型。

由于美式期权的持有者在每一个节点都有可能行权,因此,运用二叉树模型给美式期权定价时,需要看在树形结构的每一个节点上,提前执行期权是否比将期权再持有 Δt 长度的时间更有利。也就是说,在每一个节点上,首先按照式(7-41)计算出期权价值,然后再与按照市价立即执行期权获得的收益进行比较,取这两者中的较大值作为该节点的期权价值。从树形结构图的末端 T 时刻开始,采用上述倒推法最终可以求出当前时刻的期权价格。

例 7-15 假设标的债券在期权有效期内不支付利息,其当前市场价格为 50 美元,波动率为每年 40%,无风险连续复利年利率为 10%,该债券 5 个月期的美式看跌期权的执行价格为 50 美元,计算该期权的当前价格。

为了构造二叉树,我们把期权有效期分为五段,每段为一个月(约等于 0.0833 年)。根据已知条件,可以算出:

$$u = e^{\sigma\sqrt{\Delta t}} = 1.1224$$
$$d = e^{-\sigma\sqrt{\Delta t}} = 0.8909$$
$$p = \frac{e^{r\Delta t} - d}{u - d} = 0.5076$$
$$1 - p = 0.4924$$

据此,我们可以画出该债券在期权有效期内的树形图,如图 7-6 所示。在每个节点处有两个值,上面一个表示债券价格,下面一个表示期权价值。在 $i\Delta t$ 时刻,债券在第 j 个节点($j=0,1,2,\cdots,i$)的价格等于 $Su^j d^{i-j}$,例如,F 节点($i=4$,$j=1$)的债券价格等于 $50 \times 1.1224 \times 0.8909^3 = 39.69$(美元)。在最后那些节点处,期权价值等于 $\max(X - S_T, 0)$,例如,G 节点的期权价值等于 $50 - 35.36 = 14.64$(美元)。

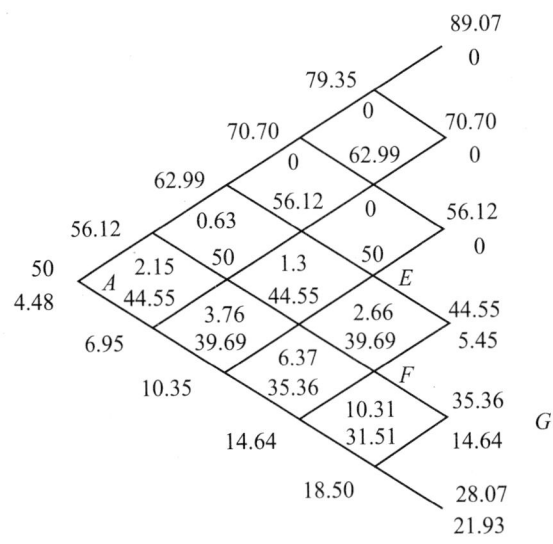

图 7-6 不支付利息债券的美式看跌期权二叉树

从最后一列节点处的期权价值可以计算出倒数第二列节点的期权价值。首先,我们假定在这些节点处期权都没被提前执行,按照式(7-41)计算出每个节点的期权价值。例如,E 节点处的期权价值等于:

$$e^{-0.1 \times 0.0833} \cdot (0.5076 \times 0 + 0.4924 \times 5.45) = 2.66 \text{(美元)}$$

而 F 节点处的期权价值等于:

$$e^{-0.1 \times 0.0833} \cdot (0.5076 \times 5.45 + 0.4924 \times 14.64) = 9.90 \text{(美元)}$$

其次,我们要检查提前执行期权是否较有利。在 E 节点,提前执行将使期权价值为 0,因为债券市价和执行价格都等于 50 美元,显然不应提前执行。因此,E 节点的期权价值为 2.66 美元。而在 F 节点，如果提前执行，期权价值等于 $50 - 39.69 = 10.31$（美元），大于按照式（7-41）计算出的 9.90 美元。因此，若债券价格到达 F 节点，就应提前执行期权，从而 F 节点上的期权价值为 10.31 美元，而不是 9.90 美元。用相同的方法我们可以计算出各节点处的期权价值，并最终倒推算出初始节点处的期权价值为 4.48 美元。如果我们把期权有效期分成更多小时段，节点数会更多，计算会更复杂，但得出的期权价格会更精确。

3. 有收益资产的二叉树利率期权定价模型

（1）支付连续收益率资产的期权定价。当标的资产支付连续收益率为 q 的收益时，在风险中性条件下，证券价格的增长率应该为 $r-q$，这时风险中性概率变为：

$$p = \frac{e^{(r-q)\Delta t} - d}{u - d}$$

参数 $u = e^{\sigma\sqrt{\Delta t}}$，参数 $d = e^{-\sigma\sqrt{\Delta t}}$ 和式（7-41）仍然适用。

（2）支付已知收益资产的期权定价。若标的资产在未来某一确定日期将支付已知数额的收益，我们可以把证券价格分为两个部分：一部分是不确定的，而另一部分是期权有效期内所有未来收益支付的现值。假设在期权有效期内只有一个支付日 τ，而且 $k\Delta t \leqslant \tau \leqslant (k+1)\Delta t$。$x$ 时刻不确定部分的价值 S^* 为：

$$S^*(x) = S(x) \qquad 当 x > \tau 时$$
$$S^*(x) = S(x) - De^{-r(\tau-x)} \qquad 当 x \leqslant \tau 时$$

其中，D 表示支付的收益金额。设 σ^* 为 S^* 的标准差，假设 σ^* 是常数，用 σ^* 代替参数 $u = e^{\sigma\sqrt{\Delta t}}$ 和 $d = e^{-\sigma\sqrt{\Delta t}}$ 中的 σ 就可计算出新的参数 p、u 和 d，这样就可用通常的方法构造出模拟 S^* 的二叉树了。通过把未来收益现值加在每个节点的证券价格上，就会使原来的二叉树转化为另一个模拟证券价格的二叉树。在 $i\Delta t$ 时刻，当 $i\Delta t < \tau$ 时，二叉树上每个节点对应的证券价格为：

$$S^*(t)u^j d^{i-j} + De^{-r(\tau - i\Delta t)}, j = 0, 1, 2, \cdots, i$$

当 $i\Delta t > \tau$ 时，二叉树上每个节点对应的证券价格为：

$$S^*(t)u^j d^{i-j}, j = 0, 1, 2, \cdots, i$$

把上述计算结果代入式（7-41），就可求出期权的价格。

四、附加期权的债券定价

在债券市场上，很多债券都会附加一些期权条款，赋予发行人或投资者某种权利。目前，在我国的债券市场上，附加期权的债券主要有可赎回债券和可转换债券两种。可赎回债券赋予发行人有权利在到期日之前的特定期限内按照约定价格收回债券，而可转换债券则赋予持有人在规定期限内按事先确定的转换比率将其转换成发债公司的普通股股票。

由于嵌入债券的期权给予债券发行方或投资者在未来改变债券现金流的权利，因此，计算附加期权的债券价值与计算普通债券价值的方法是不同的。不难看出，附加期权的债券价值由两部分组成：普通债券的价值和权利的价值。为此，我们可以用前面介绍的期权定价模型来给附加期权的债券定价。

1. 可赎回债券的价值分析

许多债券在发行时含有可赎回条款，这是有利于发行人的条款，通常情况下发行人会在市场利率较低时行使赎回权。为此，可赎回债券会设定一个赎回保护期，通常情况下为债券发行后的5~10年，在保护期内，发行人不得赎回债券。可赎回条款的存在，通常会降低投资者的实际收益率。

例如，一张10年期的可赎回债券的息票率为12%，按面值1000美元发行，赎回价格为1050美元，赎回保护期设定为5年。如果5年后，5年期债券的息票率降低为8%，债券发行人可能会行使赎回权。这时，投资者的现金流发生了变化，即从原来每年120美元利息（共10年）加上第10年末的本金1000美元，改变为每年120美元利息（共5年）加上第5年末的赎回价格1050美元。假定在没有零股交易限制的情况下，投资者可以在5年后用得到的赎回价格1050美元再投资于新发行的息票率为8%的5年期债券。这时，赎回情况下的债券投资收益率由下式给出：

$$1000 = \sum_{t=1}^{5} \frac{120}{(1+y)^t} + \sum_{t=6}^{10} \frac{1050 \times 8\%}{(1+y)^t} + \frac{1050}{(1+y)^{10}}$$

从而计算出 $y = 10.96\%$。而债券不被提前赎回情况下的投资收益率由下式给出：

$$1000 = \sum_{t=1}^{10} \frac{120}{(1+y')^t} + \frac{1000}{(1+y')^{10}}$$

从而求出 $y' = 12\%$。因此，行使赎回权的债券的投资收益率低于不可赎回债券的投资收益率。一般而言，债券息票率越高，发行人行使赎回权的可能性越大，即投资债券的实际收益率与债券承诺的收益率之间的差额越大。

从本质上看，投资者购买可赎回债券实际上是在进行两笔相互独立的交易。首先，投资者从发行人手中以一个价格购买不可提前赎回的债券。然后，投资者出售给发行人一个提前赎回的期权，为此投资者从发行人手中获得一笔金额（期权的价格）。因此，可赎回债券价格等于其他要素相同的不可提前赎回债券价格减去期权价格。之所以从不可提前赎回债券价格中减去期权价格，是因为投资者向发行人出售期权时会收到期权价格，这等同于减少了债券购买价格。

2. 可转换债券的价值分析

（1）可转换债券的相关术语。可转换债券通常会事先规定一个转换比率，即规定了债券持有人可以转换为公司普通股的数量。当债券持有人行使转换权时，其可以获得的价值总额为转换比率乘以转换时每股股票的价格，称为转换价值。投资者在考虑是否行使转换权时，会比较转换价值与可转换债券的当前市价孰高孰低。如果当前可转换债券的市场价格大于转换价值，投资者不会行使转换权，反之会把债券转换成公司股票。为此，我们称可转换债券的市场价格与转换价值之差为转换升水，把转换升水除以转换价值称为转换溢价，用式子表示如下：

$$转换溢价 = \frac{转换升水}{转换价值} = \frac{可转换债券的市场价格 - 转换价值}{转换价值}$$

显然，转换溢价越大，债券持有人越不会行使转换权。换句话说，按当前市价买进可转换债券并立即转股对投资者是不利的。

例7-16 某公司发行一种可转换债券，面值为1000美元，转换比率为40。当前债券市场价格为1200美元，公司股票市价为28美元。

$$转换价值 = 28 \times 40 = 1120（美元）$$

$$转换升水 = 1200 - 1120 = 80（美元）$$

$$转换溢价 = \frac{80}{1120} = 7.14\%$$

可见，可转换债券的投资者当前不会行使转换权，而选择继续持有债券。

（2）可转换债券的价值构成。可转换债券可看作由两部分构成：普通债券加上投资者将债券转换为普通股票的权利。因此，可转换债券的价值由普通债券价值、转换价值和期权价值三部分构成。

很显然，可转换债券的价值不能低于其转换价值，否则投资者就可以购买债券然后立即行使转换权，从而获得无风险利润。同理，可转换债券的价值不会低于其作为普通债券的价值。因此，可转换债券价值至少不会低于以下两者中的最高者：普通债券价值和转换价值。与此同时，可转换债券的价值通常会超过纯粹债券价值和转换价值，原因在于可转换债券的投资者不必立即行使转换权。投资者可以通过等待来选择对己有利的策略，即选择继续持有债券还是转换成公司股票，这种选择等待而获得的期权也是有价值的。综合上述分析，可转换债券价值等于其普通债券价值和转换价值两者中的较大者与期权价值之和，用式子表示为：

$$可转换债券价值 = \max(普通债券价值, 转换价值) + 期权价值$$

当公司的股票价格较低时，投资者通常不会转换，可转换债券价值主要取决于普通债券的价值；当公司的股价较高时，转换价值会高于普通债券价值，这时可转换债券价值主要取决于转换价值。从本质上看，也可以将可转换债券看作普通债券加上一份购买公司股票的看涨期权，这样可以分别计算普通债券和转换价值中的较大者以及期权价值，然后将两者加总就可以得到可转换债券的价值。

3. 附加期权债券的二叉树定价模型

在实际债券市场中，由于附加期权的债券通常还规定许多其他条款，如转股期、转股价修正条款、回售条款等，违背了传统的布莱克—斯科尔斯期权定价模型所需要的严格假设条件，因此，债券市场的专业人员更多地运用前提要求较少、灵活性较大的二叉树模型为附加期权的债券定价。

为更加全面地描述附加期权债券的二叉树定价方法，我们以含有赎回条款的可转换债券为例进行说明。如前所述，投资者是否会行使转换权主要取决于公司股票的市场价格，为此首先需要对股票价格未来的变化过程做出合理假设，然后构造出债券价值的二叉树。在确定二叉树上每一个节点的价值时要考虑各种附加条款对债券的影响，因为债券投资者和发行人都会追求自身利益最大化，在对己有利时行使权利。投资者有可能将债券转换成股票，发行人也有可能提前赎回债券，因此，应该综合考虑所有的附加条款，确定最有可能的价值作为每一节点处的价值。

二叉树上某节点的价值应该按照如下原则确定：首先，选择按照二叉树模型计算出的普通债券价值和赎回价格中的较小者，然后在上述较小者和转换价值中选择较大者作为该节点的价值。这是因为，如果赎回价格小于普通债券的价值，发行人将会赎回债券，而投资者在接到发行人提前赎回通知后，会对赎回价格和转换价值进行比较，选择对自己最有利的策略，即考虑是选择把债券转换成股票，还是接受赎回价格。把上述价值确定原则用式子表示为：

$$节点价值 = \max[\min(二叉树定价计算的债券价值, 赎回价格), 转换价值]$$

例 7-17 某可赎回的可转换债券的面值为 1000 美元，息票率为 4%，到期付息。该债券的剩余期限为 9 个月，转换比率为 20，连续复利表示的无风险年利率为 10%。债券发行公司可随时赎回债券，赎回价格为 1100 美元。当前债券发行公司的股票价格为 50 美元，经测算股票价格波动率为每年 30%。假定每个步长为 3 个月，采用三个时期的二叉树模型计算该债券的价格。

首先计算二叉树模型的相关参数：

$$u = e^{\sigma\sqrt{\Delta t}} = e^{0.3 \times \sqrt{\frac{3}{12}}} = 1.1618$$

$$d = e^{-\sigma\sqrt{\Delta t}} = e^{-0.3 \times \sqrt{\frac{3}{12}}} = 0.8607$$

风险中性概率 $p = \dfrac{e^{0.1 \times \frac{3}{12}} - 0.8607}{1.1618 - 0.8607} = 0.55$。

根据计算出的参数构建股票价格和债券价值的二叉树，如图 7-7 所示。

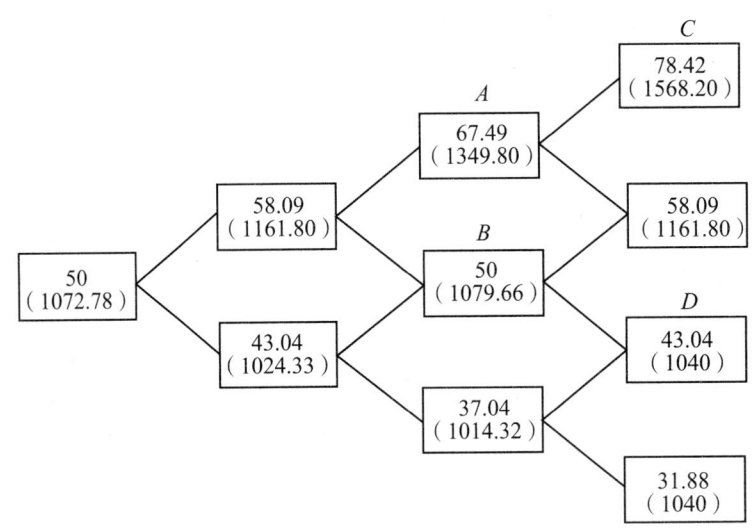

图 7-7 股票价格和债券价值的二叉树

在图 7-7 的每个节点处，上方数字表示股票价格，下方括号中的数字表示债券价值。我们仍然采用倒推定价的思路为债券定价。在债券到期时刻（二叉树的最后一列），节点 C 的股价为 78.41 美元，如果投资者不行使转换权，可以获得债券本息和 1040 美元；如果行使转换权，可以获得转换收益 78.41×20=1568.20（美元）。显然，投资者会把债券转换成股票，因此，节点 C 处的价值为 1568.20 美元。而在节点 D，当股票价格为 43.04 美元时，投资者不会转换，因此，节点 D 处的价值为债券本息和 1040 美元。最后一列其他节点的价值确定以此类推。

再看二叉树上倒数第二列的情况。在节点 A，根据二叉树模型计算出的债券价值为：$e^{-0.1 \times \frac{3}{12}} \cdot (0.55 \times 1568.20 + 0.45 \times 1161.80) = 1351.11$（美元），该结果超过了赎回价格 1100 美元，因此，债券发行方会提前赎回债券，这时投资者在接到赎回通知后会将债券转换成股票，可以获得转换收益 67.49×20=1349.80（美元）（大于赎回价格）。所以，节点 A 处的价值为 1349.80 美元。在节点 B，根据二叉树模型计算出的债券价值为：$e^{-0.1 \times \frac{3}{12}} \cdot (0.55 \times 1161.80 + 0.45 \times 1040) = 1079.66$（美元），发行方不会赎回债券，而此时的转换收益为 50×20=1000 美元，因此，投资者也不会行使转换权。所以，节点 B 处的价值为 1079.66 美元。其他节点处的价值同样可以按照上述思路来确定，经过一步步的倒推计算，最终得到该债券的当前价格为 1072.78 美元。

当然，要想使定价结果更精确，需要把每个步长的时间跨度缩短，例如，将步长跨度由 3 个月降低为 1 个月。在步长缩短的情况下，二叉树的分支会越来越多，相应的计算量也会越来越大。总体来看，二叉树模型不失为附加期权债券定价的一种较好而且是可行性较强的方法，在实践层面也得到了较广泛的应用。

本章小结

1. 在连续复利的情况下，本金 A 以利率 R 投资了 n 年后，终值为：Ae^{Rn}。

2. 假设现在时刻为 t，T 时刻到期的即期利率为 r，T^* 时刻（$T^* > T$）到期的即期利率为 r^*，则 t 时刻（$T - T^*$）期间的远期利率 $\hat{r}$ 满足：$\hat{r} = \dfrac{r^*(T^* - t) - r(T - t)}{(T^* - T)}$。

3. 假设现在时刻为 t，T 是短期国库券期货合约的到期时刻，r 表示从 t 到 T 期限内的无风险利率（连续复利），S 是国库券在 t 时刻的价格，则短期国库券期货合约的价格为：$F = Se^{r(T-t)}$。

4. 在长期国债期货合约到期时刻，合约空头方会选择最便宜可交割债券进行交割。最便宜可交割债券是空头方为购买交割债券所支付的金额与空头方收到的价款之差中达到最小的债券。

5. 利率互换的定价可以通过构造债券组合和 FRA 组合的思路进行，两种方法计算出的利率互换价值是一致的。

6. 利率期权的价值等于内在价值和时间价值之和。内在价值等于零和期权立即执行时所具有的价值这两者中的较大者。期权的时间价值在内在价值为零时最大，并随着标的资产的市场价格与执行价格之差的绝对值变大而递减。

7. 利率期权价格的影响因素有：标的资产市场价格、期权的执行价格、期权的有效期、标的资产价格的波动率、无风险利率和标的资产的利息支付。

8. 无利息支付资产欧式利率看涨期权与看跌期权之间的平价关系为：

$$c + Xe^{-r(T-t)} = p + S$$

9. 在布莱克—斯科尔斯模型下，无利息支付资产欧式利率看涨期权的定价公式为：

$$c = SN(d_1) - Xe^{-r(T-t)}N(d_2)$$

其中，

$$d_1 = \frac{\ln(S/X) + \left(r + \frac{\sigma^2}{2}\right)(T-t)}{\sigma\sqrt{T-t}}$$

$$d_2 = \frac{\ln(S/X) + \left(r - \frac{\sigma^2}{2}\right)(T-t)}{\sigma\sqrt{T-t}} = d_1 - \sigma\sqrt{T-t}$$

10. 在单阶段二叉树模型下，无收益资产的欧式利率期权定价公式为：

$$c = e^{-r\Delta t} \cdot [pc_u + (1-p)c_d]$$

其中，$p = \dfrac{e^{r\Delta t} - d}{u - d}$，被称为风险中性概率。

11. 利率期权的风险中性定价原理是指投资者对所有资产要求的回报率都等于无风险收益率，期权价格与投资者的风险态度无关。

12. 可转换债券和可赎回债券中含有权利条款，可以使用利率期权的二叉树模型为附加期权的债券定价。

本章重要术语

连续复利	无套利定价	转换因子	最便宜可交割债券	现金价格
内在价值	时间价值	布朗运动	伊托引理	布莱克—斯科尔斯模型
二叉树模型	风险中性	可转换债券	可赎回债券	

延伸阅读

张元萍：《数理金融基础》，北京大学出版社 2016 年版。

该书较系统地介绍了金融期权定价的数理模型，有助于读者加深对利率衍生工具特别是利率期权定价方法的理解。

复习与思考

一、简答题

1. 利率互换的定价有哪些方法？
2. 影响利率期权价格的因素有哪些？
3. 风险中性假设对利率期权定价有何意义？
4. 利用二叉树模型为附加期权债券定价的思路是什么？

二、计算题

1. 假设现在 6 个月即期利率为 10%,一年期即期利率为 12%。如果把今后 6 个月到 1 年期的远期利率定为 11%,那么分析这样的市场是否存在套利机会?

2. 2015 年 10 月 3 日,有一张 2027 年 11 月 15 日到期、息票率为 6.125% 的长期国债收盘价为 118.11 美元。付息时间分别为每年的 5 月 15 日和 11 月 15 日,计算该债券的现金价格。

3. 2016 年 10 月 3 日,针对 USZ7 期货而言交割最便宜的债券是息票率为 7.125%、将于 2023 年 2 月 15 日到期的长期国债。其转换因子为 1.1103,现货报价为 126.40。假设已知空方将在 2016 年 12 月 3 日交割,市场上 2 个月期的美元无风险连续复利年利率为 3.8%。计算 USZ7 期货的理论报价。

4. 已知某利率看涨期权的相关信息如下:$S=100$ 美元,$X=100$ 美元,$r=10\%$,$\sigma=25\%$,$T=1$ 年。根据布莱克—斯科尔斯期权定价模型,计算该利率看涨期权的价格。

5. 某标的证券当前价格为 50 美元,有连续两个时间步长,每个步长为 1 年,每年证券价格预期上涨 20% 或下跌 20%,无风险利率为 8%。计算:

(1) 以该证券为标的物、执行价格为 50 美元的 2 年期欧式利率看涨期权的价格;

(2) 已知以该证券为标的物、执行价格为 50 美元的 2 年期欧式利率看跌期权的价格为 2.109 美元,验证欧式看涨期权和欧式看跌期权的平价关系成立。

6. 假设无风险利率是常数 r,证券价格满足 $dS = uSdt + \sigma Sdz$,以该证券为标的物的期货理论价格为 F,假设该证券不支付利息,证明:$dF = (u-r)Fdt + \sigma Fdz$。

拓展练习

通过互联网搜集公司发行可转换债券或可赎回债券的实际案例,并结合本章所学知识,具体分析发行公司为可转换债券或可赎回债券定价的思路。

第八章

利率结构式产品

【学习目标】

通过本章的学习,要求掌握资产证券化的交易结构和基本流程;理解信用违约互换、信用联系票据、总收益互换和债务抵押债券的运行机理;熟悉利率挂钩型结构化产品的基本概念和分类。

【引导案例】

隧道股份BOT项目专项资产管理计划[①]

2013年5月14日,国泰君安资产管理有限公司设立的"隧道股份BOT项目专项资产管理计划"经中国证监会批准发行,成为2013年3月份证监会发布《证券公司资产证券化业务管理规定》新规后首只成功发行的资产证券化产品。

专项资产管理计划所募集的认购资金用于向隧道股份子公司大连路隧道公司购买基础资产,即相关合同中约定的2013年4月20日至2017年1月20日期间隧道专营权收入。通俗来说,就是隧道公司在专项资产管理计划募集结束后一次性收到募集资金,作为回报,隧道公司将把未来约定期间内从过路司机处收到的"买路钱"陆续交给"专项资产管理计划"这个"特殊目的载体"以偿还本金和利息。按照《证券公司资产证券化业务管理规定》,基础资产可以是财产权利或者财产,在此项计划中,基础资产指隧道未来部分时期专营权收入。

在隧道股份专项计划设立后,相关资产支持证券产品将申请在上海证券交易所挂牌转让,成为第一只在上海证券交易所固定收益平台挂牌转让的资产支持证券。固定收益平台为资产支持证券提供多种转让方式选择和实时逐笔结算模式,并允许证券公司为产品提供做市服务。上海证券交易所还将在固定收益平台推出协议回购功能,为资产支持证券的投资者提供回购融资。

为了防范风险,隧道股份专项计划为优先级证券投资者的利益做出了有效保障:专项计划采用优先/次级结构和外部担保机制进行信用增级,由原始权益人大连路隧道公司持有次级产品,并由隧道股份的控股股东上海城建集团为未来现金流的偿还提供担保。

从这个案例可以看出以下几个特点:

(1) 投资者以资产支持证券还本付息的形式获得基础资产产生的未来收益。基础资产的原始权益人为隧道股份,通过出售证券化资产的未来收益获得现金,这在本质上仍然属于债务融资,融资方和投资方通过资产证券化运作分别拓宽了融资和投资渠道。

(2) 只是将隧道未来部分期间的收益权作为基础资产,隧道这项资产仍然保留在隧道股份的资产负债表中,没有出表。

---

① 资料来源:http://www.docin.com。

(3) 发行后可以在交易所交易转让。这将大大提高证券的流动性。

(4) 上海证券交易所将允许证券公司提供做市商服务。做市商发挥着连接并集中原本分散进行的债券交易的作用,从而活跃市场,提高证券流动性。

(5) 证券信用增信。资产支持证券的主要风险是未来现金流的确定性。未来现金流难以控制,需要增信机制以提高持有人信心,降低融资成本,比如担保抵押等。本例中由隧道股份的控股股东为未来偿还提供担保。

通过上述分析可以看到,资产证券化业务将可能对证券公司的资产负债表和损益表产生如下影响:

(1) 资产支持证券承销收入。这项收入可以归属于投资银行部门。

(2) 资产支持证券存续期内的资产管理费收入。这项收入可以归属于资产管理部门。

(3) 做市收入。刚才提到上海证券交易所将允许证券公司为产品提供做市服务,只是目前还不知道具体怎么展开。这项收入归属于经纪及服务部门,需要消耗资本。

(4) 自营投资收益。监管层同意管理人可以有自有资金或其管理的集合资产管理计划、其他客户资产、证券投资基金认购资产支持证券。

上述第 (1)、(2) 项收入是服务收入,不需要资本投入,第 (3)、(4) 项收入需要消耗资本。

由此可见,资产证券化业务将可能对证券公司的主要业务部门及资产负债表和损益表都产生重要影响。凭借券商自身的产品设计、资产定价、风险收益分析等技术层面的优势,券商将是资产证券化市场的主角。同时,相关证券化产品的柜台交易和证券托管也将催生券商的其他服务,包括衍生品、量化对冲等产品均可以应用到资产管理中,从而增加收入和利润来源,提升 ROE 水平,推动证券公司盈利模式的转型。

第一节 资产证券化产品

一、资产证券化的基本概念

资产证券化是指将缺乏流动性但能够依据已有信用记录可预期其能产生稳定现金流的资产,通过对资产中风险与收益要素进行分离与重组并进行一定的结构安排,进而转换成为在金融市场上可以出售、流通的证券的过程。在这一过程中,资产证券化赖以进行的基础资产的原所有人(即原始权益人)作为卖方将其被资产证券化的目标资产转让出去,而后这批分离出的、在市场上不流通的存量资产或可预见的未来收入在经过中介机构(一般是证券公司)一定的构造和转变,再打包分销成为在资本市场上可销售和流通的金融产品,流通的资产支持证券通过投资者的认购来最终实现资产融资的过程。最初的资产证券化发行的证券有两种形式:抵押贷款证券(mortgage-backed securities,MBS)和资产支持证券(asset-backed securities,ABS),前者多见于消费贷款,是一种常见的资产证券化,也是最易操作的一种;而后者,资产证券化 ABS 是随着 MBS 领域的证券化金融技术发展起来之后,将其应用到其他更广阔的资产领域后并加以完善而形成的资产证券化类别。

8-1 资产证券化的发展历程

进行资产转化的企业或公司称为原始权益人（即要求将目标基础资产进行证券化的所有人），在资产证券化中被称为资产证券化发起人（originator），发起人把持有的各种流动性较差的金融资产，如住房抵押贷款、基础设施收费权等，通过分类、整理以及目的匹配式的结构化安排，整合为一批批的资产组合（基础资产池），出售给特殊目的实体（special purpose vehicle，SPV），再由 SPV 以这批金融资产向潜在投资者做担保或质押，以公募或私募的形式发行资产支持证券，以收回购买基础资产支付的资本金。受托人管理的基础资产所收益的现金流用于支付投资者回报，而发起人则可以得到进一步发展自身业务的资金。

最初的资产证券化仅限于信贷资产，比如美国的住房抵押贷款、购车贷款和信用卡贷款等，之后的证券化的资产品种开始从信贷资产扩展到实物资产，种类日益扩大，对于金融机构来说，基本上只要有稳定的现金流并且有足够的可控性，就可以将它证券化并推向市场，资产证券化的广度和深度都扩大了。因此，从证券化资产的范围来讲，狭义的资产证券化的定义也需要扩展。资产证券化更新的定义是：对于被证券化的缺乏流动性但能够产生可预见的稳定现金流的各种资产，通过将资产中风险要素与收益要素进行隔离并进行结构性重组，进而将其转换成为能在金融市场上出售和流通的证券的过程。可见，资产证券化不仅仅是金融机构进行信贷资产流动性与风险管理的工具，也为广大非金融性工商企业进行融资提供了一条更贴合其现实状况的有效途径。

目前国内常见的资产证券化形式包括"专项资产管理计划"（ABS）和"信贷资产证券化"（CAS），此外，还有一种资产证券化的融资途径"资产支持票据"（ABN），而"专项资产管理计划"是我国资产证券化的最主要形式。

在全球债务融资市场上，证券化早已成为司空见惯的常规业务。证券化的概念是：机构将其拥有的可形成未来现金流的资产出售给另一个专门成立的公司，然后由后者发行证券。这些证券是由原始资产产生的现金流来抵押的。最初启用证券化技术的目的是为美国抵押贷款银行提供融资，而坊间公认的第一笔证券化业务则是 1979 年出自所罗门兄弟（Salomon Brothers）之手。随后，人们开始将这项技术用于信用卡还款和租赁应收款等其他资产，并逐渐被全球金融机构所采纳。此外，作为管理资产负债表风险的手段之一，证券化还被广泛用于资产—负债管理。

二、资产证券化的动因

对银行来说，资产证券化业务背后的基本动因就是让躺在资产负债表上睡觉的资产创造价值。这些资产通常包括住宅抵押贷款、企业贷款以及信用卡债务等零售型贷款。以下因素可能会促使金融机构对其资产负债表中的部分资产进行证券化：

（1）如果资产创造的收入基本维持稳定，而资产规模能够降低，那么，净资产回报率就会相应提高。

（2）如果维持资产负债表所需要的资本水平减少，那么同样会节约成本，或允许金融机构将现有资本用于其他业务，而且可能是回报率更高的业务。

（3）金融机构可以得到成本更低的融资渠道：ABS 证券的应付利息水平通常远远低于基础贷款的应付利息。这就可以为发起机构带来盈余现金。

换句话说，银行通常因为以下某种或几种原因而对其资产负债表的部分资产进行证券化。

1. 为自有资产获得融资

银行可以利用资产证券化达到以下目的：（1）支撑其快速的资产增长；（2）实现融资组合的多样化，同时降低融资成本；（3）降低资产负债表期限错配问题。所有银行都不愿意过分依赖单一或是有限的融资渠道，因为这样会导致银行在市场流动性遇到问题时面对较大风险。银行需要在零售、银行间或是批发之间寻找融资渠道的最优化组合。在这个由多种模式形成的组合中，证券化发挥着关键作用。此外，它还可以帮助银行降低融资成本，因为证券化过程可以把针对发起机构的信用评级及其所发行证券的信用评级隔离开来。由特殊目的实体（SPV）发行的大部分证券，其信用等级通常要远远高于由发起银行自己直接发行的债券信用等级。尽管 ABS 二级市场的流动性往往低于公司债券市场，流动性的差价提高了 ABS 的应付利息，但由于债券信用等级较高，使债券发起机构在 ABS 市场承担的成本仍然较低。最后，还存在到期期限不匹配的问题。由于银行通常是以短期负债（如银行账户存款或银行间贷款）为长期资产（如住房抵押贷款）提供融资，因此，银行的资产负债管理（ALM）在本质上就存在着期限不匹配的问题。但证券化则有助于缓解这个资金"缺口"，因为发起银行的资金来自资产的出售，而已发行证券的经济期限通常与资产的经济期限相互匹配。

2. 资产负债表的资本管理

银行可以采用资产证券化改善其资产负债表的资本管理。这可以达到以下目的：（1）在某些情况下（取决于交易的形式），可以降低法定资本金要求；（2）降低"经济"资本金要求；（3）融资渠道的多样化。国际清算银行在其资本条款即《巴塞尔协议》中规定，银行必须根据其资产风险水平维持最低水平的资本量。《巴塞尔协议Ⅰ》规定，针对每 100 美元的风险加权资产，银行必须持有不低于 8 美元的资本金，并同时严格规定了每一种资产的风险权重。比如说，不管借款人的基础信用等级或所持证券的质量如何，除抵押贷款之外的所有消费者贷款均采取 100% 的风险权重。《巴塞尔协议Ⅰ》在特殊情况下产生的问题在 2007 年生效的《巴塞尔协议Ⅱ》中得到了部分解决，但 1988 年制定并于 1992 年生效的《巴塞尔协议》却是推动资产证券化的关键动因。由于特殊目的实体（SPV）本身不是银行，因此，它不必遵守《巴塞尔协议》，而只需根据所持资产性质确定经济可行的资本规模即可：这不是一个硬性规定额度，而且远低于银行在各种情况下均须遵守的 8% 的资本充足率。发起银行在将资产剥离资产负债表并出售给 SPV 时，已发行证券的第一层损失将由银行保留，因此不会获得 100% 资本金要求的减少，但其法定资本要求在证券化后可能会大幅减少。

与普通股、优先股以及具有利息递增限制永久性债券等传统融资渠道相比，我们可以把资产证券化带来的法定资本要求的减免看作另一种筹资模式。此外，由于维持资产所需要的资本量有所减少，银行还可以借此改善净资产收益率（ROE）。这显然是股东所愿意看到的。

3. 风险管理及信贷风险转移

对发起银行来说，一旦资产被证券化，这些资产面对的信用风险敞口就会大幅减少；如果银行不再保留第一层损失的资本（所发行的最低级证券），这种风险将彻底消除——因为资产已被出售给SPV。此外，资产证券化还可用于剔除资产负债表上的不良资产。这就带来了双重优势：一方面，可以消除信用风险以及存在于资产负债表上的潜在的负面因素；另一方面，又摆脱了以前的法定资本金中的部分资产质量提升或是已经违约的资产再度增值，那么原始权益人就可以通过SPV获得剩余利润。

三、资产证券化的交易结构

企业资产证券化运作中所涉及的主要参与者包括发起人、特殊目的实体（SPV）、服务人、受托人、承销商（金融中介机构，比如投资银行）、信用增级机构和投资者等。不同参与主体在资产证券化中的地位和作用不同。

1. 发起人

发起人（originator）通常为企业，又称原始权益人，指资产证券化交易中把证券化资产（如水电资产、收费权、应收账款等）转让出去并获得融资的主体，主要负责确定将来用于证券化的资产，组建资产池，并依照约定将其完全转让给SPV，并从SPV处获得对价。

2. 特殊目的实体

为了将资产信用和发起人整体信用分开，发起人一般不作为直接的发行主体，而是专门为资产证券化运作设立一个进行破产隔离的特殊目的机构（SPV）。作为单独设立的一个发行主体（在企业资产证券化中，通常是由证券公司充任"专项管理计划"管理人来经营SPV），SPV是一个为资产证券化而专门建立的独立法律主体，负责从发起人那里购买资产，并将这些资产组合打包后，以此为支持向投资者发行资产支持证券（ABS）。SPV是ABS的发行主体，其介于发起人与投资者之间，是实质上的证券发行人。SPV一般充当中介，但不能服务于证券化资产。

3. 服务人

服务人是证券化资产的管理者，它主要负责对证券化资产项目产生的到期现金流进行监理、保管，将收取的这些资产到期本息交给受托人，对过期欠账进行催收，确保资金及时、足额到位，向受托人和投资者提供有关出售或者抵押的特定资产组合的定期财务报告（包括收支资金来源、应支付费用、纳税情况等必要信息）。服务人通常由发起人或其附属公司担当，在证券化资产出售后继续负责管理资产。

4. 受托人

受托人是现金流的管理者，负责托管基础资产及与之相关的一切权益，它是服务人与投资者的中介，也是信用增级机构与投资者的中介。受托人的职责包括：作为 SPV 的代表从发起人处购买资产；将服务人存入 SPV 账户中的现金流转给投资者，或对没有立即转付的款项予以运营来取得收益，即再投资；监督参与证券化的各方，定期审查有关资产组合的相关信息，确定服务人为投资者提供的各种报告的真实性与充分性，并向投资者披露这些报告；公布违约事宜，并采取相应法律保护措施以维护投资者利益；当服务人取消或不能履行其职责时，取代服务人担当其职责，在 SPV 缺位时购买证券化资产并向投资者发行受益凭证。受托人一般由金融机构承担，如证券公司。

5. 承销商（投资银行等金融中介机构）

在资产支持证券发行中，投资银行一般作为包销人或代理人来促销证券，保证证券发行成功。通常投资银行会充任财务顾问，以设计发行方案来确保发行结构符合法律、规章、财会、税务的要求，还要与信用增级机构以及受托管理人进行合作。

6. 信用增级机构

信用增级机构是资产证券化的一项重要技术，通过对 SPV 发行证券提供额外信用支持来提高证券化资产的信用质量，增强发行定价和上市的能力，减少证券发行的整体风险。信用增级一般由发行人或者独立第三方提供，保证资产支持证券的信用评级达到应达到的投资级以上。

7. 信用评级机构

信用评级机构负责对所发行的证券进行信用等级评定和信用质量提高，信用评级是对信用风险的一种评估，评级方法如同公司债券一样。除了发行之前的初始评级之外，还包括后续的追踪评级，以及评级时发现任何潜在的新风险因素。目前全球闻名的三大评级机构——惠誉、穆迪和标准普尔，权威性极高。我国比较有名的三大评级机构是中诚信国际、大公国际和联合资信。

8. 投资者

投资者是 SPV 发行资产支持证券的购买者与持有人，一般分为公众投资者和机构投资者。投资者不是对发起人的资产直接投资，而是对发行的证券所代表的基础资产所产生的权益（即预期现金流）进行投资。

四、资产证券化的基本流程

一个完整的资产证券化交易需要经历以下九个步骤：确定证券化资产并组建资产池、设立特殊目的实体、资产的完全转移、信用增级、信用评级、证券打包发售、向发起人支付对价、管理资产池、清偿债券。

概括地讲，一次完整的证券化融资的基本流程是：发起人将证券化资产出售给一家特殊目的实体，或者由 SPV 主动购买可证券化的资产，然后将这些资产汇集成资产池，再以该资产池所产生的现金流为支持，在金融市场上发行有价证券融资，最后用资产池产生的持续现金流来清偿所发行的有价证券。资产证券化的一般结构如图 8-1 所示。

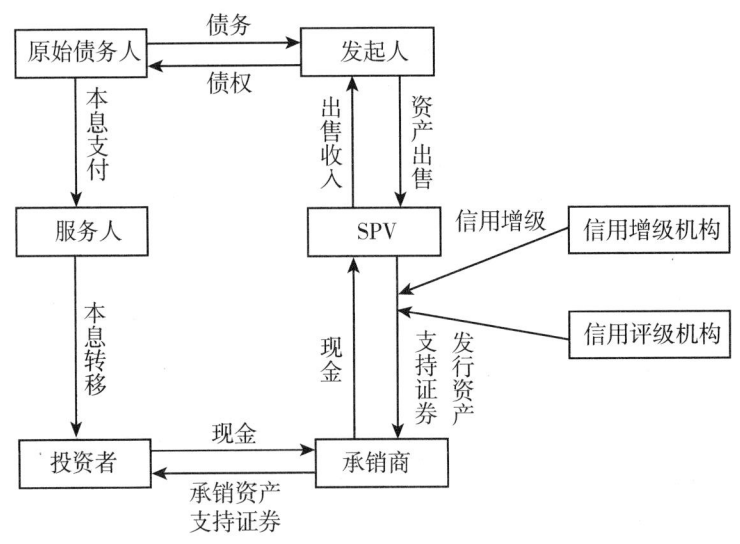

图 8-1 资产证券化的一般结构

资料来源：宋焕政，《资产证券化实务操作指引》，法律出版社 2015 年版，第 36 页。

1. 确定证券化资产并组建资产池

资产证券化的发起人（即资产的原始权益人）在分析自身融资需求的基础上，通过发起程序确定用来进行证券化的资产。尽管证券化是以资产所产生的现金流为基础，但并不是所有能产生现金流的资产都可以证券化。总结多年来资产证券化融资的经验可以发现，具有下列特征的资产比较容易实现证券化：

（1）预期稳定的现金流。基础资产具有明确界定的支付模式，能在未来产生可预见的稳定的现金流，否则资产支持证券的按期支付将受到影响。

（2）现金流量记录。具有相对稳定的现金流历史记录的数据，可以基于统计性规定预测未来资产现金流及风险，以便于合理评级和定价。

（3）持续时间。企业持有该资产一定时间，有良好的运营效果和信用记录（如低违约率、低损失率），以便于评级机构掌握企业的信息。

（4）同质性。基础资产具有高标准化、高质量的合同条款契约，易于把握还款条件与期限，使证券化资产集合可以有效地组合、打包、分级、定价并预测现金流。

（5）分散化。基础资产的风险要在结构、组合上有效分散，以保证未来现金流的稳定。

（6）相当的规模。基础资产要有一定的经济规模，以摊薄证券化时较高的初期成本。

（7）期限相似。本息偿还分摊于整个资产存续期间，所有基础资产的到期日结构相似，有利于实现合理的期限和收益分配。

在实践中，基础资产的筛选通常分为六类，质量由高到低：

第一类：水电气资产，包括电厂及电网、自来水厂、污水处理厂、燃气公司等。

第二类：路桥收费和公共基础设施，包括高速公路、铁路机场、港口、大型公交公司等。

第三类：市政工程特别是正在回款期的 BT（建设－移交）项目。主要指由开发商垫资建设市政项目，建成后移交至政府，政府分期回款给开发商，开发商对政府的应收回款做基础资产。

第四类：商业物业的租赁，但没有或很少有合同的酒店和高档公寓除外。

第五类：企业大型设备租赁、具有大额应收账款的企业、金融资产租赁等。

第六类：信贷资产和信托收益权。

对于那些现金流不稳定、同质性较低、信用质量较差且很难获得相关统计数据的资产则不宜被直接证券化。

2. 设立特殊目的实体

特殊目的实体是专门为资产证券化设立的一个特殊法律实体，它是资产证券化运作的核心主体。组建 SPV 的目的是最大限度地降低发行人的破产风险对证券化的影响，即实现被证券化资产与原始权益人（发起人）其他资产之间的"风险隔离"。SPV 被称为没有破产风险的实体，对这一点可以从两个方面解释：一是指 SPV 本身的不易破产性；二是指将证券化资产从原始权益人那里完全转让（理想的状态是"真实销售"）给 SPV，从而实现破产隔离。

SPV 可以是由证券发起人设立的一个附属性产品（或专项管理计划），也可以是一个长期存在的专门进行资产证券化的机构。设立的形式可以是信托、公司、有限合伙或者其他独立法人主体。具体如何组建 SPV 要考虑一个国家或地区的法律制度和现实需求。从已有的证券化实践来看，为了逃避法律制度的制约，有很多 SPV 是在有"避税天堂"之称的百慕大群岛、英属维尔京群岛等地注册。

3. 资产的完全转让

证券化资产从原始权益人向 SPV 的完全转让是证券化运作流程中非常重要的一环，这个环节会涉及很多法律、税收和会计处理问题，其中一个关键问题是：这种转让是"真实销售"，其目的是为了实现证券化资产与原始权益人之间的（破产隔离）——原始权益人的其他债权人在其破产时对已证券化资产将失去追索权。

以真实出售的方式转让证券化资产要求做到以下两个方面：一方面，证券化资产必须完全转移到 SPV 手中，这既保证了原始权益的债权人对已转移的证券化资产没有追索权，也保证了 SPV 的债权人（即投资者）对原始权益人的其他资产没有追索权；另一方面，由于资产控制权已经由原始权益人转移到了 SPV，因此应当将这些资产从原始权益人的资产负债表上剔除，使资产证券化成为一种完全的表外融资方式。

4. 信用增级

为吸引投资者并降低融资成本，必须对资产证券化产品进行信用增级，以提高发行证券的信用级别。信用增级可以使证券在信用质量、偿付的时间性与确定性方面更好地满足投资者的需要，同时满足发行人在会计、监管和融资目标等方面的需求，信用增级可以分为内部增级和外部增级两类，具体手段有很多种，如内部信用增级的方式有划分优先/次级结构、建立利差账户、开立信用证、进行超额抵押等。外部信用增级主要通过金融担保来实现。

5. 信用评级

在资产证券化交易中，信用评级机构通常要进行两次评级：初评与发行评级。初评的目的是确定为了达到所需要的信用级别必须进行的信用增级水平。

在按评级机构的要求进行完信用增级之后，评级机构将进行正式的发行评级，并向投资者公布最终评级结果。信用评级机构通过审查各种合同和文件的合法性及有效性，给出评级结果。信用等级越高，表明证券的风险越低，从而使发行证券筹集资金的成本越低。

6. 证券打包发售

信用评级完成并公布结果后，SPV将经过信用评级的证券交给证券承销商去包装承销，可以采取公开发售或私募的方式进行。由于这些证券一般都具有高收益、低风险的特征，所以主要由机构投资者（如保险公司、养老基金和其他银行机构等）来购买。

7. 向发起人支付对价

SPV从证券承销商那里获得发行现金收入，然后按事先约定的价格向发行人支付购买证券化资产的价款，此时要优先向其聘请的各专业机构支付相关费用。

8. 资产池

SPV要聘请专门的服务人来对基础资产池进行管理。但通常服务人会由发起人担任，这种安排有很重要的实践意义。因为发起人已经比较熟悉基础资产的情况，并与每个债务人建立了联系。而且，发起人一般都有管理基础资产的专门技术和充足人力。当然，服务人也可以是独立于发起人的第三方。这时，发起人必须把与资产相关的全部文件移交给新服务人，以便新服务人掌握资产池的全部资料。

9. 清偿证券

按照证券发行时说明书的约定，在证券偿付日，SPV将委托受托人按时、足额地向投资者偿付本息。利息通常是定期支付的，而本金的偿还日期及顺序就要视基础资产和所发行证券的偿还安排机制的不同而有所区别了。当证券全部被偿付完毕后，如果资产池产生的现金流还有剩余，那么这些剩余的现金流将被返还给交易发起人，资产证券化交易的全部过程也随即结束。

由此可见，整个资产证券化的运作流程都是围绕着SPV这个核心展开的。SPV进行证券化运作的目标是：在风险最小化、利润最大化的约束下，使基础资产所产生的现金流与投资者需求最恰当的匹配。

要特别说明的是，这里阐述了资产证券化运作的最一般或者说最规范的流程，实践中每次运作都会不同。尤其是在制度框架不同的国家或地区，这种不同会更明显。因此，在设计和运作一个具体的证券化过程时，应以既存的制度框架为基础。

五、资产证券化的作用

证券化从诞生到流行经历的时间不长，但已经成为全球金融界广泛接受的一项主流创新业务，之所以会这么快就被各融资参与方接受，其根本原因在于能给各参与者带来实实在在的益处。

1. 资产证券化对发起人的益处

（1）有助于增强资产的流动性，提高资本使用效率，盘活资产、发掘新的融资空间。流动性是指资产变现的能力，货币毫无疑问是最具有流动性的资产，而诸如固定资产、应收账款等未来收益权类别资产的流动性则较差，资产证券化的最基本功能便是提供了一条解决流动性不足的渠道，发起人利用资产证券化将这些流动性较低的资产通过获取对价的方式完全转让给 SPV，SPV 再将转移后的资产分割打包成资产支持证券，对于发起人来说流动性较低的资产可以立刻兑换成现金，盘活了处于"沉睡状态"的资产，增强了资产的流动性。另外，像银行贷款、发行股票、债券等传统融资方式下，融资者以其整体信用作为融资基础，因此，证券持有人的风险是与其购买的发行资产证券融资者的整体资产风险联系在一起的。而资产证券化把被证券化资产的信用从企业的整体资信能力中单独分解出来（完全转让给 SPV），以真实出售或信托部分的资产作为基础资产进行融资，这样一来，就使原始权益人对已转移的资产失去追索权，其整体风险不会传递到基础资产，也就不会传递给投资者（即证券持有人），投资者的风险就只与被证券化的资产有关了，这对于原本整体资信级别较低但有稳定现金流资产的发起人来说，就可以通过证券化实现高级别的融资，从而大大拓展了融资水平和空间。

（2）优化财务状况，提高资产负债能力。整体资信水平有限的发起人可以利用资产证券化实现高杠杆融资，而从财务技术的角度看，这一过程就是资产证券化解决了在融资过程中出现的资产与负债不匹配性问题。

资产证券化之所以可以解决资、债不平衡问题，关键就在于资产证券化是表外融资。在实现资产完全转化的过程中，发起人被证券化的资产被移到了资产负债表外，这就有效地改善了资产负债表结构，而资产转移取得的对价收入则列入资产负债表的资产项目中，从这个意义上讲，就是将未来收入提前兑现为真正意义上的现期收益。这既不同于向银行贷款、发行债券等债权性融资，相应增加发起人资产负债表的负债项目，也不同于通过发行股票等股权型融资，相应增加资产负债表的投资者权益项目，因而不会增加融资人资产负债表的规模，因此，这种不会增加企业的负债水平的表外融资方式，为企业扩大传统负债融资提供了条件。

（3）降低利用传统债务融资模式下发起人的融资风险。采用了真实出售或信托等破产隔离方式的资产证券化融资，因为证券化资产与发起人其余资产是相互独立的，因此，如果证券化资产的价值下降，发起人一般是没有责任对贬值部分进行补偿的（除非是某些发起人可能持有低级别证券并参与直接交易的情形），依照常见的交易结构惯例，是由第三方（如保险公司）承诺补偿应收款的损失，这样就隔离了发起人剩余资产的贬值风险。同时，如果资产证券化资产价值增加，SPV 既可向投资人支付债务，又可获得剩余资产的价值，发起人也可通过双层结构获得这些剩余。这样，资产证券化就为发起人设立了风险的上、下限区间。然而，传统的银行担保贷款及发债融资则不具备资产证券化这样的风险隔离。一般而言，资产证券化融资风险仅高于股权融资。

（4）实现较低成本的融资。资产证券化的融资成本优势在传统融资方式中十分明显，尤其是以总融资成本来计算时。因为资产证券化所运用的较为完备的交易结构和信用增级手段，改善了证券的发行条件，使证券独立于发起人的信用级别，而能使被证券化资产的信用等级更高，这样获得较高资信评级结果的资产支持证券在面向市场发行时，一般都能溢价或至少平价发行，而信用级别的增高一方面是让投资者觉得风险降低，从而提高认购率，同时在约定收益率时，也有更多的有利条件使投资者要求的回报率降低，让投资者更关注长期收益，而非短期套利，从而降低了融资成本，又能使证券化项目获得长期投资支持。

另外，增信措施使得本身整体信用级别不高的发起人可以发行信用级别高于自身水平的那部分资产所支持的证券，这也使这些融资人拥有了常规融资模式下（大量的担保要求与资信调查成本等）所难以企及的融资机会，并且信用增级附带产生的差额收益也是吸引发起人利用资产证券化方式融资的一大原因。同时，由于证券化的资产具有多样性，摊薄了风险成本，从而降低了融资成本。

（5）资产证券化在融资金额、资金用途和信息披露等方面的弹性较大。资产证券化融资模式在融资金额上也具有较大浮动空间，不受企业净资产额度的限制。根据我国《企业债券管理条例》和《银行间债券市场非金融企业中期票据业务指引》的有关规定：发行企业债券的总面额不得大于该企业的自有资产净值，发行债券的总面额不得超过企业净资产的40%，银行贷款要受银行授信额度的约束，发行可转换债券和股票也要受到有关额度和市场条件的限制。这些规定对企业债券的发行限制都比较高，因此，对很多希望通过发债融资的中小企业来说，成本与收益不成比例，但资产证券化则突破了这些限制，其融资额度完全根据资产池的未来现金流来确定。另外，相对于其他竞争性的融资途径而言，通过资产证券化产品融资的企业，其信息披露要求的资产范围也较窄，只需要披露与相应资产有关的情况，而不需要披露整个公司的情况，从而降低了合规成本。

（6）对进行资产证券化的商业银行来说，出售风险加权系数高的资产，可以满足资本充足率的要求。资本充足率是资本净额除以总的风险资产之后得出的，即：资本充足率=（资本-扣除项）/（风险加权资产+12.5倍的市场风险与操作风险所需资本）。其中，风险加权资产是由银行的各项资产乘以它们各自的风险权重而得。根据银监会对银行资产的风险权重的规定，住房贷款的风险权重为50%，而证券化之后回收的现金的风险权重为0，这样计算出来的分母变小，资本充足率自然会提高。银行可以将信贷资产进行证券化而非持有到期，主动灵活地调整风险资产规模，以最小的成本增强资产流动性，提高资本充足率。

2. 资产证券化对投资者的益处

（1）提供充足流动性的同时降低了风险。通常组成资产池的资产都是优质资产，而且有比较完善的信用增级，因此，所发行证券的风险通常较小（多数都能获得AA以上的评级），而收益相对比较高，所以资产支持证券越来越受到投资者的青睐，尤其是受那些在投资品种上受到诸多限制的机构投资者（如养老基金、货币基金、保险公司等）的欢迎，成为他们投资组合中极为重要的合规投资选择。反过来，随着参与投资的主体越来越广泛，也让资产支持证券在二级市场上具有很高的流动性，并横向摊平了投资风险。

（2）扩大投资规模，提高投资收益。一般的银行监管规则都要求银行针对不同风险业务来计提风险准备金，但这样在某种层面上加剧了银行流动性压力，因此，准备金要求所造成的压力已成为银行等金融机构对资产支持证券进行投资的主要动力。资产证券化能够有效缓解这一压力，因为在衡量融资业务风险时，一项核心指标就是风险权重，普通的证券化产品的风险权重比基础资产的风险权重要低得多。比如，住房抵押贷款的风险权重为50%，而以住房抵押贷款为支持的证券却只有20%的风险权重，金融机构持有这类投资工具可以大大节省为满足资本充足率要求所需的资本金，间接地降低了资本要求，增加了流动性，从而可以扩大投资规模，提高资本收益率，从节省成本的角度间接提高了投资收益。

（3）提供更为丰富多样的投资品种，实现资产负债的流动性和期限匹配。《国务院关于推进资本市场改革开放和稳定发展的若干意见》曾明确提出："加大风险较低的固定收益类证券产品的开发力度，为投资者提供储蓄替代型证券投资品种，积极探索并开发资产证券化品种"。而资产证券化正是可以有效扩大资产收益和增添流动性的融资方式，并且其可创新性强，可以依据不同需求层次的投资者的具体情况，对基础资产的现金流进行分割和组合，设计出具有不同档级的、具有不同偿付机制的证券。不同层次的证券具有不同的优次偿付次序，这样就可以"熨平"现金流的波动，维持其可持续性。这样既丰富了投资者风险—收益组合配置的证券产品的选择品种，又可以为不同类型的投资者定制产品，甚至将不同种类的证券组合在一起，形成合成证券，以实现风险分散和收益扩大的最佳选择，也为创造更多新组合留下了足够的空间。多样化的证券化品种吸引了越来越多的投资者参与，更好地满足了不同投资者对期限、风险和利率的不同偏好，促进了金融业务模式与产品的创新，并推动着证券化市场不断向前发展。

3. 资产证券化对金融市场的益处

资产证券化作为一项金融创新工具，通过促进非流动性资产的证券化从而获得流动性，可以有效盘活全社会缺乏流动性的"沉睡资产"，实现资本的更有效、更合理的配置，在实现快速融资、高效配置和提高收益三个方面，资产证券化都具有明显的优势。

（1）拓宽开放性金融的融资渠道。作为一种新的融资渠道，资产证券化有效地为资金供需双方提供了新的桥梁，这不单是对于融资方来说可以获得更多的融资需要，也不单是对于供应方来说可以获得更多的投资途径与投资收益，更在于这使全社会的资产可以得到更为主动的发掘，盘活存量资产使其发挥其效益，而且很多流动性低的资产在证券化后也能较快产生稳定的现金流，可谓真正是"物尽其用"。

（2）提高资本配置的效率。传统融资模式成本高昂，局限性太大；一级市场融资模式由于风险较高，风险防范要求使很多迫切需要融资但风险应对水平不足的企业望而却步。资产证券化的出现正好填补了二者的缺陷，其通过自身独特的流动性设计和标准化产品设计，使目标资产的流动性大大增强，资金来源大大扩充，发起人利用基础资产证券化后可将其债权出售换取现金，并运用获得的现金开展新业务，如此周而复始，可以有效缩短资金周转期，提高资金利用率。

（3）分散风险，提高融资安全性。我国目前的金融体系中银行贷款所占比重过高，通过资产证券化，原本大量积压在银行体系的不良资产等风险可以有效分散到不同层次的投资者群体中，从而避免将危险累积在较窄的范围内产生剧烈的波动。流动性设计的完善也可以很好地隔离风险，具备高流动性的证券化的资产可以较快变现，从而为金融机构和发起人维持相对较大的流动性，并将贷款转化为证券向市场直接再融资，从而分散银行体系的信贷风险，优化金融市场的融资结构。

第二节 信用衍生产品

一、信用违约互换

1. 信用违约互换的概念

信用违约互换（CDS）是信用违约产品家族中最重要的成员，也是信用衍生品市场的一个最基础的品种，是构成更复杂的信用衍生品的基石。CDS是一种两方合约，功能是将信用风险从参考实体（企业或者主权发行人）那里转移到另一方去。在标准CDS合约中，一方通过从另一方购买信用保护来应对信用事件发生之后的资产减损。

8-2 信用衍生品的发展历程

在信用衍生品市场上，CDS交易双方为"信用保护买方"和"信用保护卖方"。购买信用保护在经济学上等价于做空信用风险，因此，信用事件将会导致意外损失。同样，卖出信用保护在经济学上等价于做多信用风险，因为信用事件会导致损失。

2. 违约互换的交易机制

信用违约互换是一种建立在参考资产的基础上，信用保护买方和信用保护卖方事前约定的双边协议。信用保护买方定期支付一定的费用给信用保护卖方，当约定的违约事件发生时，由信用保护卖方支付给买方一定金额，以弥补参考资产的违约给买方造成的损失。参考资产可以是单一资产（如单一债券或贷款），也可以是资产组合（如一篮子的证券或贷款组合）。其交易机制如图8-2所示。

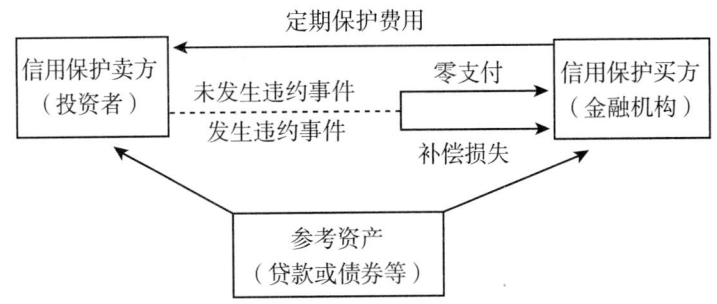

图8-2 信用违约互换的交易机制

资料来源：中国银行业从业人员资格认证办公室，《风险管理》，中国金融出版社2010年版，第132页。

3. 信用违约互换的交割

在从交易开始到违约或到期之间，信用保护买方定期按违约互换利差向信用保护卖方进行支付。发生信用风险之后，有两种支付保护收入的途径，分别为实物交割和现金交割。如何在二者中进行选择的问题在合约初始就已经约定，如图 8-3 所示。

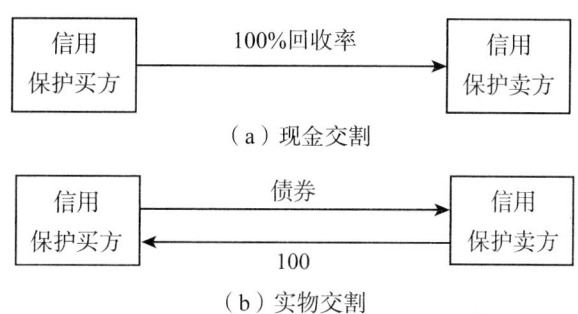

(a) 现金交割

(b) 实物交割

图 8-3　信用违约互换的交割

实物交割是使用最广泛的交割流程。在这种方式下，信用保护买方必须向卖方交割参考实体可转让债券的市值，并获得相应现金。总体来说，在满足一系列特征的情况下，可有多种可交割债券供信用保护买方来选择。一般来说，这些要求包括针对有效期的一系列限制，并且要求这些限制同时满足——大多数 CDS 连接的是发行很久的债务。如果按照不同价格交易的可交割债券遭遇信用事件（比如债务重组），那么信用保护买方就能通过买卖其中最便宜的资产来获利。因此，信用风险买方就成为最便宜可交割期权的多头。

现金交割是实物交割的替代方法。虽然它在 CDS 中并非标准的交割方式，但它是违约篮子及合成抵押债务契约中最值得推荐的方法。在现金交割中，信用保护卖方向买方支付现金，金额等于面值减去最便宜可交割参考资产的回收价值。回收率的计算根据交易商的报价进行，或者根据信用事件发生一段时间之后的可观测市价来进行。理论上，现金交割与实物交割的价值应当相同。

为表述更清晰，请思考以下案例。在 2004 年 4 月 22 日，一名投资者签订了一项 CDS 合约，卖出一份 5 年期信用保护，面值 1000 万美元，息差为 160 个基点。信用保护的开始日期，也即生效期，是第 $T+1$ 个日历日。在本例中，合约有效期为 2004 年 4 月 23 日至 2009 年 4 月 23 日。按照市场惯例，现金流支付按季度进行，计算基准是"实际天数/360"。本例中，假设在 2005 年 8 月 18 日发生了信用事件，再假设交割资产价格为每 100 美元面值 34 美元。表 8-1 给出了现金流结果。

表 8-1　支付中所讨论的 CDS 交易案例中的现金流　　　　　　单位：美元

日期	支付给信用保护卖方的现金流
2004 年 7 月 23 日	40444.44
2004 年 10 月 25 日	41777.78
2005 年 1 月 24 日	40444.44
2005 年 4 月 24 日	40444.44
2005 年 7 月 25 日	40444.44
2005 年 8 月 18 日	10222.22 − 6600000 = −6589777.8

资料来源：[美] 塔克曼、[美] 塞拉特，《固定收益证券》（范龙振、林祥亮、戴思聪等译），机械工业出版社 2014 年版，第 391 页。

从期限上来看，流动性最高的合约期限是 5 年。然而，新交易的 5 年期合约并不是精确地在交易日期开始的 5 年后到期。CDS 合约更多选择在每年的 4 个展期日（roll date）到期。这些日期分别是 3 月、6 月、9 月、12 月的 20 日。例如，考虑一份在 2004 年 4 月签订的 5 年期的 CDS，到期日将是 2009 年 4 月之后的第一个展期日，也就是 2009 年 6 月 20 日。然而，在 2004 年 6 月 19 日之后签订的合约就会展期到 2009 年 9 月 20 日才到期。拥有其他到期日的合约也能交易，只是流动性较差。

4. 信用违约互换的优点

（1）信用违约互换自身流动性强。首先，其交易效率高、交易成本低。标准化的特点使交易商可迅速实现大规模的交易量，而其交易成本更只有一个基点的 1/2，远远小于单一标的资产信用违约互换的交易成本，因此，更受信用市场参与者的青睐。其次，市场接受程度高。信用违约互换是公认的整体市场信用风险的一个关键性指标，能够比单一标的资产信用违约互换更迅速地反映市场的基本情况，并有化解系统风险的作用，获得经销商和业界的广泛支持。

（2）可以增强信用衍生品市场的流动性。信用违约互换不仅自身的流动性高，还对整个信用衍生品市场流动性的增加有显著的推动作用，主要体现在两方面。第一，交易者可以通过复制信用违约互换在信用衍生品市场上作多头或者空头的交易。在市场价格发生暴跌或者暴涨时，交易者就可以在两个市场上作对冲交易来回避风险，于是信用衍生品整体市场的流动性就增加了。第二，指数交易本身就是一个增强市场流动性的特征之一，当能够通过信用违约指数基点的变化来对冲信用风险后，机构投资者就能够迅速地针对整个市场信用风险状况来调节信用风险头寸，从而促进信用衍生品市场交易量的增加。

（3）可以平抑对冲信用风险，化解系统性风险。信用违约互换指数交易发展迅速且吸引了大量的交易者，这主要是因为信用违约互换指数使交易者可以低廉的成本来快速分散、购买或出售信用风险。信用违约指数的交易者可以通过购买或者出售信用违约指数来管理信用风险头寸，从而化解系统风险。

（4）定价具有一定的透明性。信用违约互换指标的定价是每天免费提供的，投资者可以清楚了解其定价过程，便于投资者自己判断指标的定价公正与否，这实际上相当于向社会提供了一个监督的窗口，增加了人们对信用违约互换产品的信赖。众所周知，定价的透明、精确是风险管理功能有效发挥的重要条件之一，相较其他金融衍生品，信用违约互换在这方面的表现是比较突出的，这就保证了信用违约互换在交易过程中更具有可靠性，也促进了市场的优化。

5. 信用违约互换的用途

信用违约互换的用途很多，这里列举一些主要应用。

（1）CDS 方便市场做空信用资产，从而给信用市场带来了革命性的变化。这种行为可以长期进行，并且不用承担任何回购风险。这对希望对冲当期信用风险的人来说非常有价值，对于看空信用产品的投资者来说也很有用。

（2）CDS 无须筹资，所以杠杆操作是可行的。这对融资成本很高的投资者来说也是个优势，因为 CDS 隐性地与对应期限 LIBOR 相挂钩。

（3）CDS 可以根据到期日、期限和币种来定制化。然而，如果定制化过程偏离市场

(4) CDS 可以像债券一样以价差的形式标明对某项信贷的判断。如同债券由于息差变动发生损益一样，CDS 也会由于 CDS 价差变动而清仓，以变现市场收益或损失。

(5) CDS 市场的流动性可能高于现货市场。CDS 市场上发生的信用交易范围要比现货市场上广泛。另外，一些固定期限的合约流动性更高，其中最具流动性的是 5 年期 CDS，之后是 3 年期、7 年期和 10 年期。如果实物资产无须交割，就意味着该资产更容易以巨大金额伴随 CDS 进行交易。

6. 信用违约互换的模式

包括 CDS 在内的信用衍生品可以按照不同的模式进行交易。标准的互换模式也被称为"无融资模式"（unfunded format），因为投资者无须进行任何初始支付，从而也不必融资。之后的支付都仅仅是溢价支付。损失发生时，信用保护卖方必须向买方进行支付，而这也就包含了对手方的风险。

另一种风险交易模式以"信用联系票据"的形式进行。信用联系票据本质上是一种合成债券。由于投资者需要融资来购买信用联系票据（价格通常就是面值），因此这一模式被称为"融资模式"，债券发行人用面值支付来购买满足购买者的高质量抵押产品。同时，发行人卖出针对参考资产的信用保护，并将价差收益转移给票据买方。最终，投资者获得通常是浮动利率的抵押品息票，以及参考信贷的 CDS 利差。到期时，如果没有信用事件发生，并且抵押资产也已到期，那么投资者就会收到返还的初始面值债券投资。而在到期之前，任何信用事件都将导致卖出抵押资产。此时发行人会从 CDS 中获得补偿，而投资人会得到剩余资产。在此种情况下，发行人暴露在抵押资产违约风险之下，而非对手方风险之中。

二、信用联系票据

1. 信用联系票据的概念

信用联系票据（CLN）是指同货币市场票据相联系的一种信用衍生品。是普通的固定收益证券与信用违约互换相结合的信用衍生品。信用联系票据的购买者提供信用保护。一旦信用联系票据的标的资产出现违约问题，信用联系票据的购买者就要承担违约所造成的损失。信用联系票据的发行者则相当于保护的购买者，他向信用联系票据的购买者支付一定的利率。如果违约情况未发生，他有义务在信用联系票据到期的时候归还全部本金；如果违约情况发生，则只需支付信用资产的残留价值。

2. 信用联系票据的交易机制

信用联系票据就是带有嵌入式信用特征的票据（或债券，或贷款），它们的结构繁多，最简单的一种如图 8-4 所示。图中，CLN 的发行者 B 从债券发行人 A 处购买了一份公司债或主权债。CLN 发行人获得现金支付，并需要定期地支付利息，比如 6%，B 并不想承担债券的信用恶化和违约风险，因此他建立了一份信用联系票据，把它卖给了 CLN 的买方 C。B 收到现金，承诺在债券信用评级不下降的时候支付 8% 的息票利息，而如果债券评级下降但债券发行人并没违约时，支付 4% 的息票利息。如果债券违约，B 从 A 处获得补偿,并将其转给 C。CLN 的买方参加交易的原因,可能是认为债券评级下调(或违约)的概率很低,所以想赚取 2% 的息票利息增值。

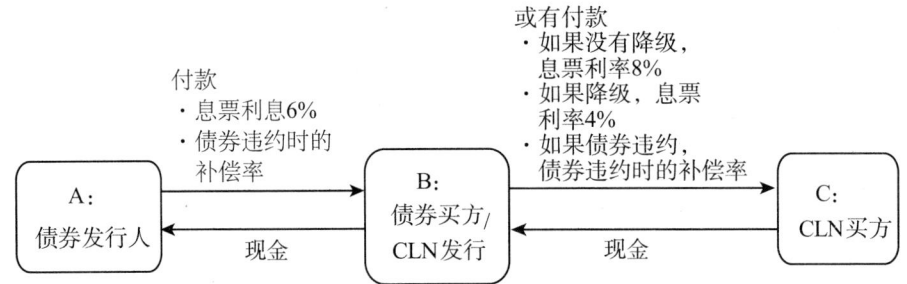

图 8-4 信用联系票据交易机制

也可以利用无风险债券和信用违约互换来构建信用联系票据。通过一个例子来说明复合信用联系票据是如何构建的。如图 8-5 所示,在该图中,银行 A 拥有一份公司债或主权债(即参考资产),想对其信用风险进行套期保值。它从 B 处买入一份信用违约互换,B 是一个信托机构,唯一的目的就是想发行一份参照资产的信用联系票据(即 CLN)。C 想建立一个参照资产的复合风险头寸,因此买入 CLN 并向 B 支付现金。反过来,B 收取现金,并将其投资于无风险资产,B 的作用只不过是一个中介,其利润等于违约溢价 $x\%$,加上无风险收益率 $y\%$,减去支付给 CLN 持有人的息票利息 $z\%$。

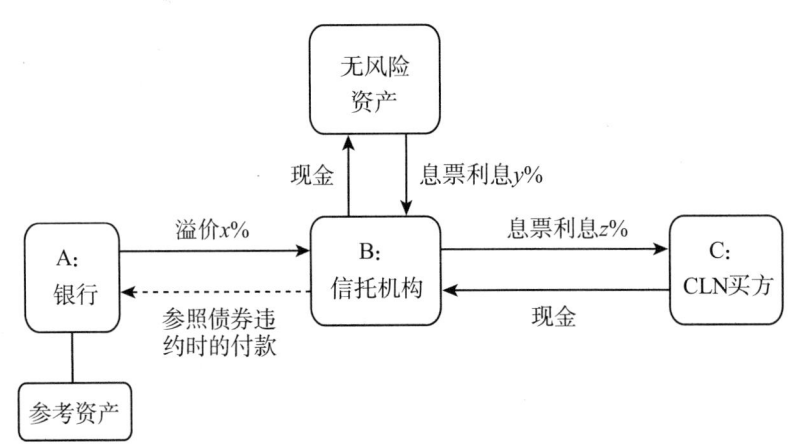

图 8-5 复合信用联系票据交易机制

与其他衍生品市场一样,信用联系票据市场的成功有三个重要的因素。第一,交易成本。公司债和主权债市场的流动性较差,交易成本很高。复合 CLN 可以精确模拟此类债券的现金流,但其交易成本却很低。第二,CLN 可以规避交易限制。例如,许多公司和机构不能从事衍生品交易或表外交易,因此无法全面复制信用风险头寸,对于这些公司,CLN 作为一种现金工具,是一种非常好的投资选择。第三,因为 CLN 以公开交易但供给量有限或者根本不公开交易的债券为参考资产,所以增加了投资者的投资机会。

3. 信用联系票据的风险

(1) 信用保护卖方的风险。

① 定价风险。支付的费用与转移的风险要匹配。

② 市场风险。CLN 只是转移了信用风险，但不能转移市场风险。

③ 交易风险。对手可能会就违约事件是否属于应承担的风险提出争议。

(2) 特设信托机构的风险。

① 信息不对称带来的逆向选择和道德风险。逆向选择是指银行为转移信用风险，可能会隐瞒对自己不利的信息。SPV 为防止信息不对称造成损失可能会提高保险费，造成只有高风险的银行留在市场，导致逆向选择。道德风险是指信用风险转移后，银行失去监督借款人的动力，造成资产损失。

② 投资风险：SPV 会把发行 CLN 的收入进行再投资，面临投资风险。

(3) CLN 投资者的风险。

① 信息不对称风险。投资者对风险资产信息处于劣势。

② 投资风险。投资者可能会把发行人的信用等级和债券的信用等级混淆，不清楚自己承担的信用风险。

③ 法律风险。对新生事物法律的不健全、不确定性。

(4) 信用联系票据的作用。

银行可以利用信用联系票据来对冲公司贷款的信用风险。同时，它还可以作为一种融资手段，因为它还为其发行银行带来了现金收入。从某种意义上说，信用联系票据是对银行资产的一种重组。但是，同其他信用衍生产品一样，贷款本身还保留在银行的账户上。

随着信用联系票据的发展，出现了专门从事信用联系票据业务的金融机构。这些金融机构通常以特设信托机构 SPV 的形式发行信用联系票据，发行 CLN 所得的收入用于购买安全性较高的资产，例如国库券或者货币市场资产。有信用风险对冲需求的机构可以同 CLN 的发行者签订一种"纯粹"的信用互换合约。当违约事件发生时，CLN 的发行者负责向购买者（有信用风险对冲需求的机构）赔偿违约资产的损失，这一支付过程由发行 CLN 所购买的安全性资产所保证。对于 CLN 的发行者而言，这一交易过程不存在风险，它实质上是位于信用保护的需求者（例如，有信用风险对冲需求的银行）和信用保护的提供者（购买 CLN 的机构）中间的中介机构。CLN 的购买者是信用保护的提供者，其收入就是安全性资产的利息以及 CLN 发行者从信用风险对冲机构那里收取的一部分费用。

与违约互换相比较，信用联系票据减少了交易对手风险，因此，有着对冲信用风险需求的机构更乐于采取这种方式。

(5) 信用联系票据的实例。

某信用卡公司为筹集资金而发行债券，为降低公司业务的信用风险，公司可以采取一年期信用联系票据的形式。此票据承诺，当全国的信用卡平均欺诈率指标低于5%时，偿还投资者本金并给付8%的利息（高于一般同类债券利率）；该指标超过5%时，则给付本金并给付4%的利息。这样，信用卡公司就利用信用联系票据减少了信用风险。若信用卡平均欺诈率低于5%，则公司业务收益就有保障，公司有能力给付8%的利息；而当信用卡平均欺诈率高于5%时，则公司业务收益很可能降低，公司则可付较少的利息，某种程度上等于是从投资者那里购买了信用保险。投资者购买这种信用联系票据是因为有可能获得高于一般同类债券的利率。在这个例子中，债券的购买者是保护的提供者，因为在购买债券的同时也就购买了债券附属的信用联系票据；债券的发行者即信用卡公司是保护的需求者，所要规避的信用风险是信用卡公司从事的信用卡业务。

三、总收益互换

1. 总收益互换的概念

固定收益市场中的总收益互换（total return swap，TRS）是指一方定期向另一方支付浮动利率款项，以换取从单个参考债券或一揽子参考债券中获取的总收益。总收益支付包括所有来自参考债券或任何资产升值或贬值的现金流。同意按浮动利率支付款项和获得总收益的一方称为总收益收取方（total return receiver）；同意接受浮动利率款项和支付总收益的一方称为总收益支付方（total return payer）。当参考标的是某种债券板块指数时，这也可以称为总收益指数互换（total return index swap）。

在总收益互换中，总收益收取方面临信用风险和利率风险。例如，信用风险利差可能减少（导致参考债券价格的有利波动），但这个收益被利率水平的上升所抵销。

一个投资组合经理人通常采用总收益互换来增加信用风险敞口。总收益互换将单个参考债券或一些参考债券的所有经济风险转移给总收益收取方。作为接受这种风险的回报，总收益收取方按浮动汇率给总收益支付方支付款项。

2. 总收益互换的交易机制

（1）风险保护的买方将参考资产的全部收益出售给风险保护的卖方，而卖方则定期向买方支付一个固定比率的金额，并承诺向买方支付由于发生信用事件带来的损失。

（2）总收益互换除了与信用违约事件有关以外，和市场的利率风险也有关系。TRS把参考资产可能产生的信用风险和利率风险都转移了出去。

总收益互换的交易机制如图8-6所示。

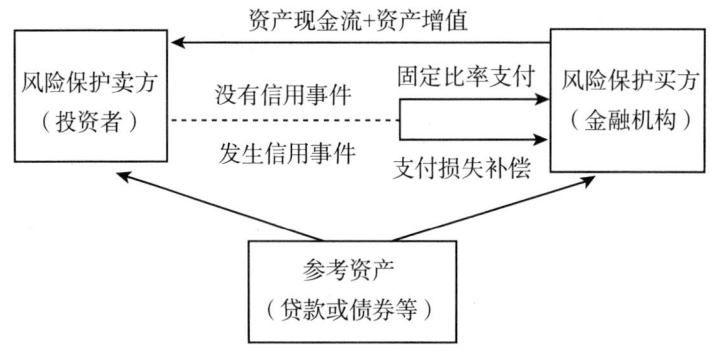

图8-6 总收益互换原理

3. 总收益互换的示例

例 8-1 假设一家银行 A 以 10% 的固定利率购买 X 公司发行的债券（或向 X 公司贷款）1 亿美元，该银行可以通过与投资银行 B 签订一份 TRS 来对冲。在这份 TRS 中，银行 A 承诺换出这笔债券的利息加上债券市场价值的上升额，投资银行 B 承担支付 LIBOR + 50bp 的收益和债券市场价值的下跌部分。

如果一年后的 LIBOR 为 9%，并且债券的价值从 1 亿美元跌至 9500 万美元，投资银行 B 要进行两项支付：

向 A 银行支付利息：$10000 \times 9.5\% = 950$（万美元）

债券价值下降的支付：$10000 - 9500 = 500$（万美元）

投资银行 B 的收入：$10000 \times 10\% = 1000$（万美元）

4. 总收益互换的优势

使用总收益互换，具有以下三个优势：

（1）总收益收取者不需要融资购买参考债券资产。相反，只要支付给总收益支付者一笔费用，就可以从他那里获得参考债券的总收益。

（2）总收益收取者可以在一次互换交易中实现与多样化的一揽子资产同样的经济风险敞口，而在现货市场还需要几次交易才能完成。在这种方式下，总收益互换交易比现货市场更加有效。

（3）投资者发现，在公司债券市场上想要出售一个或者多个发行人的公司债券是很难的。投资者可以通过利用总收益互换来有效地实现这个目的。在这种情况下，投资者需要支付总收益，但能获得按浮动利率支付的金额。

四、债务抵押债券

1. 债务抵押债券的概念

债务抵押债券（CDO）是将各种信用等级的贷款、债券等具有不同风险特征和现金流的资产汇集组合，发行出不同风险/收益特征和层级的信用产品。CDO 最大的特点在于把高质量产品和低等级、高风险的产品捆绑在一起发行。

原则上，债务抵押债券与 CLN 的结构一样。某个中介机构直接或复合买入不同发行人发行的债权，然后将其打包为信用关联工具，卖给投资者。两种产品主要有两个方面的不同。第一，CDO 以多元化的债券组合替代了单一的公司债或主权债；第二，CDO 通常是分级的，可以为投资者提供特定的收益/风险特征，而不是单一的信用联系票据。

与 CLN 一样，CDO 也有一个中介机构，但不同的是 CDO 有不同的中介机构。有时它是一个投资顾问公司，根据其管理的资产规模收取费用，建立一个 CDO，就可以增加其管理的资产，从而增加收入。这样的 CDO 通常称为套利 CDO，因为其资产收益率与其对债权支付的利率之间可能存在价差。而有些时候，CDO 由银行创立，以帮助银行将资产从资产负债表上删除，这些称为资产负债表 CDO。

2. 债务抵押债券的原理

与 CLN 一样，CDO 有两种基本形态——现金型和复合型。

（1）现金型 CDO。

在现金型 CDO 中，中介机构直接买入资产，如图 8-7 所示。买入资产的数量是变动的，最高可达 100，或更多。有些 CDO 只持有一种类型的债券（如美国投资级别的债券、高收益率的公司债、新兴市场债券，等等），而有些则包括多种类型。抵押经理通常需要将平均的组合评级维持在 B 或更高的水平上。

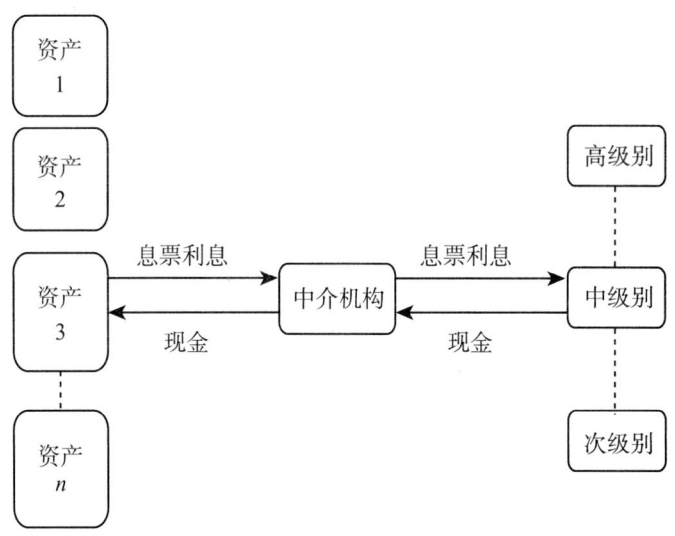

图 8-7 现金债务抵押债券原理

图 8-7 右边是 CDO 的买方，他们被分为不同的级别，每一级都有一个特定的收益/风险特征。假设一份 CDO 发行了四个级次的证券：（1）高级债券（75% 的本金）；（2）中级债券（10%）；（3）次级债券（10%）；（4）股票（5%）。每个级别都可以保护其上一级免受标的组合的损失。当违约发生时，股票持有人吸收了违约损失的 5%，因为他们拥有组合本金的 5%，次级债持有人拥有 10% 的本金，从而吸收了接下来 10% 的违约损失。中级债券有 10% 的本金，吸收了接下来 10% 的违约损失。最后，高级债券拥有 75% 的本金，吸收了剩余的违约损失。CDO 的发起人通常会设定高级债券的规模，以便它能得到 3A 的评级。类似地，CDO 的发起人一般也会设计其他类别，以便它们能获得理想评级。股票评级有时被称为"有毒的垃圾"，因为它的违约风险很高，例如，组合本金 4% 的违约风险，意味着股票持有人 80% 的损失。

（2）复合型 CDO。

对于复合型 CDO，出售 CDO 所得的资金用于购买无风险债券而非风险债券。出售 n 个不同的信用违约互换，可以建立 n 个不同的信用风险头寸。从信用保障买方收到的违约风险率，连同出售 CDO 获得的现金，都投资于无风险债券，如图 8-8 所示。无风险债券的息票付款用来向不同级次的 CDO 持有者支付息票利息。如果违约发生，则用抵押品支付短缺部分，抵押品金额的下降就传递给相应的级次。

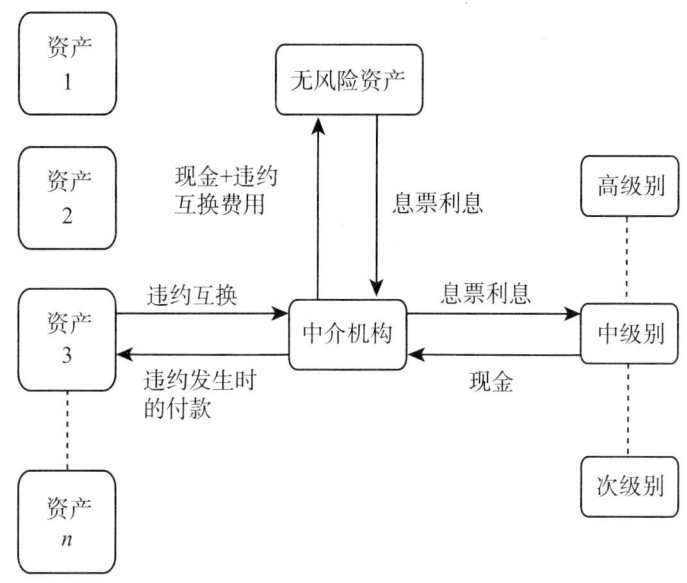

图 8-8 复合债务抵押债券原理

3. 债务抵押债券的结构

典型的 CDO 通常包括 5～7 层，不同担保债务层的本息偿付顺序不同，信用等级也往往不同。偿付顺序最高的层通常获得 AAA 的评级，被称为高级层；最末一层通常不评级，多为发行者自行买回，相当于用此部分的信用支撑其他系列的信用，具有权益性质，故又称为权益性层。

通常，商业银行、保险公司只持有风险较低的高级层和部分中间层，而投资银行、对冲基金则持有投资收益率较高的权益层和部分中间层。通常的 CDO 中，高级层占 70%～80%，中间层占 5%～15%，权益层占 2%～15%。

4. 债务抵押债券的示例

例 8-2 假设基础资产为 100 个 1 年期债券，总面值为 100 亿元，票面利率均为 8%，信用评级为 BBB。以这些债券为担保发行 A、B、C 三个层次的产品，A、B 为付息债券，期末一次还本付息。A、B 层分别为 70 亿元和 20 亿元，对应的票面利率分别为 6% 和 7.5%，信用评级分别为 AAA 和 A。C 层为权益层，未评级，金额为 10 亿元，在全部基础资产均不违约的情况下，收益率为 23%。A 层的本息优先于 B 层，C 层在 A、B 层的本息偿还完毕后才能得到偿付（见表 8-2）。

表 8-2 债务抵押债券示例

资产			负债			
数量	票面利率	信用评级	层次	数量（亿元）	收益率（%）	信用评级
100 亿	8%	BBB	A 层	70	6	AAA
			B 层	20	7.5	A
			权益层 C	10	23	未评级

（1）假设资产只在到期日违约，违约导致5%的损失和5000万元费用，即违约后资产价值为95+8-0.5=102.5（亿元）。A、B、C层的投资损益如何？

A层完全不受损失，期末获得70亿元本金和4.2亿元利息，收益率为6%。

B层完全不受损失，期末获得20亿元本金和1.5亿元利息，收益率为7.5%。

C层得到102.5-70-4.2-20-1.5=6.8（亿元），收益率为-32%。

（2）假设违约导致15%的损失和5000万元费用，即违约后资产价值为85+8-0.5=92.5（亿元）。A、B、C层的投资损益如何？

A层完全不受损失，期末获得70亿元本金和4.2亿元利息，收益率为6%。

B层仅能得到92.5-70-4.2=18.3（亿元），收益率为-8.5%。

C层全部损失，收益率为-100%。

第三节 利率挂钩型结构化产品

一、利率挂钩型结构化产品的基本概念及分类

利率挂钩型产品（interest rate liked products）是一种常见的、在银行柜台交易的、内嵌期权的固定收益类产品。其到期时向投资者支付的收益与某种标的参考利率相挂钩，从而将投资者对未来利率走势的预期产品化。与其他挂钩型结构化产品一样，也可将其分解为固定收益和期权两部分。固定收益部分以保证本金或利息收入等形式向客户提供确定收益，而期权部分则提供与挂钩利率走势相联系的不确定收益，如图8-9所示。

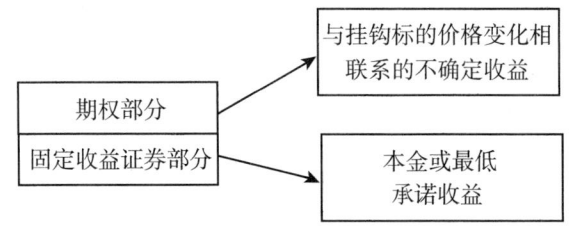

图8-9 结构化产品的组成

资料来源：张雪莹：《固定收益证券》，清华大学出版社2014年版，第230页。

市场上大部分利率挂钩型产品是与同业拆借利率例如3个月或6个月美元LIBOR挂钩，还有少部分产品与欧元LIBOR和港币LIBOR等挂钩，利率挂钩型结构化产品的主要风险是挂钩利率走势与投资者预期出现较大的偏差，投资者的到期收益率可能低于同期定期存款利率，甚至收益率为0。

8-3 利率挂钩理财产品的"黑天鹅"——欧元CMS挂钩产品

按照产品收益受标的参考利率变动的影响方式不同,常见的利率挂钩型产品主要有以下四种。

1. 区间累积型产品

区间累积型产品通常预先设定某一参考区间和基准年收益率 R,产品的不确定性收益部分与有效期内挂钩利率落在参考区间内的天数有关。如果当天的挂钩利率落入参考区间,则当日可按基准年收益率 R 计息,否则收益为 0。如此每日累计,按年计息。由此,到期时投资者的实际收益可表示为 Rn/N(n 为产品有效期内挂钩利率处于参考区间内的实际天数,N 为产品有效期的实际天数)。同时投资人的投资本金将会受到全额保障,有的产品还规定了保底收益率。

【**案例 1**】区间累积型产品实例

汇丰银行中国有限公司在 2010 年 1 月推出了一款挂钩美元 LIBOR 的结构性投资产品。主要条款如表 8-3 所示。

表 8-3　　　　　　汇丰银行一年期利率挂钩结构性产品

产品名称	一年期利率挂钩美元结构性投资产品
发行银行	汇丰银行中国有限公司
产品期限	12 个月
挂钩标的	3 个月美元 LIBOR
投资币种	美元
收益决定条款	设立挂钩利率参考区间为 [0%,6%]。产品到期时投资者获得的利益为:投资本金 $\times [1+(0.95\%+0.35\times n/N)]$,其中 N 表示投资期所含交易日的总天数,n 表示挂钩利率落在参考区间内的累计天数

资料来源:张雪莹:《固定收益证券》,清华大学出版社 2014 年版,第 231 页。

2. 单项浮动型挂钩产品

单项浮动型挂钩产品的实际收益与产品有效期内每一天的参考利率走势呈正(反)向变化,即挂钩利率越高(低),该产品收益率越高。例如,中国银行在 2005 年 3 月发行的"汇聚宝"外汇理财产品——美元聚宝盆,投资者第一年获得 6% 的高收益,第二年以后投资者收益的计算公式为:$12\% - 2 \times 6$ 个月美元 LIBOR 利率。可见,对于这一产品,当市场参考利率(美元 LIBOR 利率)下降时,反向浮动型产品投资人的收入会因此而增加。

【**案例 2**】单项浮动型产品实例

荷兰银行中国有限公司在 2009 年 3 月发行了一款反向浮动型利率挂钩产品,主要条款如表 8-4 所示。

表 8 – 4　　　　　荷兰银行反向浮动型利率挂钩产品主要条款

产品名称	"梵高贵宾理财" 2009 年第 2 期美元全球宏观利率反向挂钩产品
发行银行	荷兰银行中国有限公司
产品期限	5 年
挂钩标的	3 个月美元 LIBOR
投资币种	美元
收益决定条款	每 3 个月付息一次，客户到期总收益 = 100% 本金 + 第一年度固定票息之和 + 第二至第五年度固定息票之和。其中：第一年度固定息票（共 4 期）为 1.125% × 本金金额；第二至第五年度浮动息票（共 16 期）为 0.25 × 3 × (2.95% – 3 个月美元 LIBOR) × 本金金额，浮动息票率上限为 2%（美元），下限为 0

资料来源：张雪莹，《固定收益证券》，清华大学出版社 2014 年版，第 232 页。

3. 固定期限利率互换挂钩型产品

固定期限利率互换挂钩型产品是近年来出现的一种利率挂钩型结构化产品。其特征是：产品到期时向投资者支付的利益与一种或几种货币固定期限互换利率（constant maturity swap，CMS）挂钩，从而将投资者对未来互换利率走势的预期产品化。所谓固定期限互换利率（CMS），是由国际互换与金融商品协会（International Swaps and Derivatives Association，ISDA）所定义的利率互换报价。CMS 以纽约时间早上 11∶00 的多家参考银行所报出的利率互换（interest rate swap）中间价，剔除极端值后的平均报价作为定价基准。CMS 固定年期最短为 1 年，最长为 30 年，为市场广泛使用的利率参考指标。在实务操作过程中，CMS – n 表示 N 年期的互换利率。

其中，基于欧元或美元互换利率的挂钩产品最为盛行。其形式又可细分为以下几种。

(1) 直接规定产品定期所获得的利息收入为某一期限或互换利率（如 EURCMS10Y，即欧元 10 年期互换利率）的一定比例（如 X% 等）。显然，当该期限互换利率上涨时，该产品的收益将增加。

(2) 挂钩产品各期所获得的利息收入取决于上期和短期互换利率之差，这类产品称为 CMS 差价型票据（CMS spread note）。例如，合约中规定，产品的票息收入为欧元 10 年期互换利率和 2 年期互换利率之差的某个比例，如 X%，即 (EURCMS10Y – EURCMS2Y) × X%。这一产品适合于那些预期长短期利差将增加的投资者。

(3) 挂钩产品各期所获得的利息收入取决于长期和短期互换利率之差落在某一事先设定区间的天数。在整个投资期内的每一天，只要长短期互换利率之差落在设定的区间内，则投资人当日可按某一事先确定的利率水平计算投资收益，反之则当日无收益；如此每日累计，定期结算付息。这一产品称为 CMS 价差区间累积型（CMS spread range accrual）产品。例如，2008 年下半年以来，引起国内部分中资银行和企业出现较大损失的 CMS 挂钩产品，就是规定购买者所获得的利息收入为某一利率水平 R 乘以 n/N，其中，n 为计息期 N 年内欧元 30 年期互换利率高于 2 年期互换利率水平（即长短期互换利率之差大于 0）的天数。

【案例3】利率互换型产品实例

瑞士银行（USB AG）2008年7月发行了一款CMS挂钩产品，主要条款如表8-5所示。

表8-5 瑞士银行结构性债券主要条款

产品名称	6年期美元结构性债券USDSN14101
发行银行	瑞士银行（USB AG）
产品期限	6年
挂钩标的	30年期美元互换利率（USD-CMS30Y）和10年期美元互换利率（USD-CMS10Y）
投资币种	美元
收益决定条款	第一年固定计息：4.75%。第2~6年计息情况：$5.25 \times n/m$，n为30y USD CMS - 10y USD CMS≥0的天数，m为观察期总天数；到期100%还本付息。

资料来源：张雪莹，《固定收益证券》，清华大学出版社2014年版，第233页。

4. 触发型利率挂钩产品

触发型利率挂钩产品的特点是：产品到期时，投资者取得的收益取决于挂钩利率在产品到期日或者整个投资期内的取值是否触及某一事先设定的利率水平或区间。

【案例4】触发型利率挂钩产品实例

德意志银行中国有限公司在2009年9月和10月连续发行了两款触发性产品，主要条款如表8-6所示。

表8-6 德意志银行利率挂钩结构性投资产品主要条款

产品名称	德银利率挂钩结构性投资产品
发行银行	德意志银行
产品期限	2年
挂钩标的	3个月美元伦敦银行间同业拆借利率
投资币种	美元
收益决定条款	第一年支付2.00%的年化收益。第二年收益支付情况：如果在整个观测期内任一工作日的挂钩利率大于1.00%，则支付2.00%的年化收益；否则支付3.00%的年化收益。

资料来源：张雪莹，《固定收益证券》，清华大学出版社2014年版，第235页。

二、利率挂钩型结构化产品的发展状况

利率挂钩型理财产品在国外首次出现于1992~1993年间，当时美国正处在从1989年开始的五年降息周期中，华尔街设计出了首款利率挂钩型结构化存款产品。产品的推出满足了投资者在低利率时代渴望高收益的愿望。以后，发行规模不断扩大，产品种类也日益

丰富。利率挂钩型产品在所有挂钩型结构化产品中一直占据领先地位。由于2007年全球经济处于上升周期，各国为应对可能出现的通货膨胀，市场利率已经处于较高的水平，上调的区间已经较小，通过挂钩利率来增加理财产品收益的空间已经不大，因而利率挂钩型产品的吸引力和市场份额都有所下降。但是，自2008年以来，随着美国次贷危机的不断深化并演化成全球性金融危机和经济衰退，国际股市、原油、黄金等大宗商品期货价格都不同程度地出现暴跌，结构性理财产品市场也受到巨大冲击，股票挂钩型产品和商品挂钩型产品出现大幅亏损，销售量下降。出于安全性的考虑，投资者转向风险较低的利率挂钩型产品。另外，由于利率走势的预见性较强，相对于震荡剧烈的其他金融市场，发行银行能相对较为容易地判断利率的走势，因此一些银行，特别是外资银行，仍持续发行利率挂钩型结构性理财产品。进入2009年后，随着股票市场和大宗商品市场的转暖，股权挂钩型产品和商品挂钩型产品的发行数量有所增加，但利率挂钩型理财产品仍占较大比例。

在我国，一些外资银行，如花旗银行、荷兰银行等凭借其丰富的开发管理经验、先进的产品结构设计、功能创新及产品定价等优势，根据投资者的产品需求及风险偏好，较早地开发出利率挂钩型理财产品。中资银行以工、农、中、建四大国有商业银行为发起者，分别推出了"汇聚宝""汇得盈""汇利通""汇利丰"等利率挂钩型理财产品，其形式主要以区间累积型（range accrual）为主，挂钩利率也仍以美元LIBOR利率为主。但总的来看，我国利率挂钩型理财产品发行仍集中在外资银行。例如，据不完全统计，自2007年1月至2009年12月，发行利率挂钩型理财产品约320款，仅外资银行中的渣打银行一家，其发行的"市场联动系列"保本利率挂钩投资产品就达196款，约占利率理财市场产品的61.3%；另外，荷兰银行的"梵高贵宾理财"系列、花旗银行的"动态回报投资利率挂钩投资账户"系列等也都在持续地发行利率挂钩理财产品。进入2009年之后，渣打银行和荷兰银行等外资银行发行的利率挂钩型产品已经占全部利率挂钩型产品的95%以上。

本章小结

1. 资产证券化是指将缺乏流动性但能够预期产生稳定现金流的资产，通过对资产中风险与收益要素进行分离与重组并进行一定的结构安排，进而转换成为在金融市场上可以出售、流通的证券的过程。

2. 资产证券化的动因包括：为自有资产获得融资、资产负债表的资本管理、风险管理及信贷风险转移。

3. 一个完整的资产证券化交易需要经历以下九个步骤：确定证券化资产并组建资产池、设立特殊目的实体（SPV）、资产的完全转移、信用增级、信用评级、证券打包发售、向发起人支付对价、管理资产池、清偿债券。

4. CDS是一种两方合约，功能是将信用风险从参考实体（企业或者主权发行人）那里转移到另一方去。在标准CDS合约中，一方从另一方购买信用保护来应对信用事件发生之后的资产减损。

5. 信用联系票据（CLN）是指同货币市场票据相联系的一种信用衍生品。CLN 是普通的固定收益证券与信用违约互换相结合的信用衍生品。

6. 固定收益市场中的总收益互换是指一方定期向另一方支付浮动利率款项，以换取从单个参考债券或一揽子参考债券中获取的总收益。总收益支付包括所有来自参考债券或任何资产升值或贬值的现金流。同意按浮动利率支付款项和获得总收益的一方称为总收益收取方；同意接受浮动利率款项和支付总收益的一方称为总收益支付方。当参考标的是某种债券板块指数时，这也可以称为总收益指数互换。

7. 债务抵押债券（CDO）是将各种信用等级的贷款、债券等具有不同风险特征和现金流的资产汇集组合，发行不同风险/收益特征和层级的信用产品。CDO 最大的特点在于把高质量产品和低等级、高风险的产品捆绑在一起发行。

8. 利率挂钩型产品（interest rate linked products）是一种常见的、在银行柜台交易的、内嵌期权的固定收益类产品。其到期时向投资者支付的收益与某种标的参考利率相挂钩，从而将投资者对未来利率走势的预期产品化。按照产品收益受标的参考利率变动的影响方式不同，常见的利率挂钩型产品主要有：区间累积型产品、单项浮动型挂钩产品、固定期限利率互换挂钩型产品、触发型利率挂钩产品。

本章重要术语

抵押贷款证券	特殊目的实体	信用违约互换	实物交割
现金交割	信用联系票据	总收益互换	债务抵押债券
现金型 CDO	复合型 CDO	利率挂钩型产品	区间累积型产品
单项浮动型挂钩产品	固定期限利率互换挂钩型产品		触发型利率挂钩产品

延伸阅读

［美］布赖恩·兰开斯特等：《结构化产品和相关信用衍生品》（宋光辉等译），机械工业出版社 2016 年版。

该书从背景介绍、消费者类资产支持证券、债务担保债券以及商业房地产四个方面论述了结构化产品及相关信用衍生品的发展和近况，有助于读者加深对结构化金融工具交易机制的理解。

复习与思考

一、简答题

1. 结合资产证券化的原理和流程图，说明资产证券化对商业银行经营管理的意义。
2. 简述总收益互换的机理。
3. 如何理解信用联系票据的风险？

二、计算题

1. 假设一家银行 A 以 10% 的固定利率购买 X 公司发行的债券（或向 X 公司贷款）1 亿美元，该银行可以通过与投资银行 B 签订一份 TRS 来对冲。在这份 TRS 中，银行 A 承诺换出这笔债券的利息加上债券市场价值的上升额，投资银行 B 承担支付 LIBOR + 25bp

的收益和债券市场价值的下跌部分。如果一年后的 LIBOR 为 9%，债券在互换期限内价值增长了 5%，总收益互换的结果是怎样的？债券在互换期限内价值降低了 5%，总收益互换的结果又是怎样的？

2. 假设基础资产为 100 个 1 年期债券，总面值为 100 亿元，票面利率均为 10%，信用评级为 BBB。以这些债券为担保发行 A、B、C 三个层次的产品，A、B 为付息债券，期末一次还本付息。A、B 层分别为 75 亿元和 15 亿元，对应的票面利率分别为 6% 和 8%，信用评级分别为 AAA 和 A。C 层为权益层，未评级，金额为 10 亿元，在全部基础资产均不违约的情况下，收益率为 25%。A 的本息优先于 B 层，C 层在 A、B 层的本息偿还完毕后才能得到偿付。

资产			负债			
数量	票面利率	信用评级	层次	数量	收益率	信用评级
100 亿	10%	BBB	A 层	75	6%	AAA
			B 层	15	8%	A
			权益层 C	10	25%	未评级

根据上述资料，计算：

(1) 假设资产只在到期日违约，违约导致 5% 的损失和 5000 万元费用，A、B、C 层的投资损益如何？

(2) 假设违约导致 15% 的损失和 5000 万元费用，A、B、C 层的投资损益如何？

拓展练习

通过互联网搜集资产证券化运作的实际案例，并结合本章所学知识，具体分析资产证券化的交易过程和存在风险。

复习思考题答案

第一章

1. 固定收益证券可分为货币市场工具和资本市场工具。货币市场工具主要有：国库券、商业票据、中期票据、银行承兑汇票、短期市政债券、存单、回购协议、浮动利率工具等。资本市场上的固定收益证券产品，可以从发行主体的角度进行分类，主要分为政府债券、公司债券以及主要由金融机构发行的金融债券和国际债券等。

2. 固定收益证券投资具有的风险包括：利率风险、信用风险、政策风险、流动性风险、提前赎回风险等。

3. 交易者在出售证券的同时，约定在一定期限后，以原定价格或者约定价格从购买者手中买回债券。双方约定在未来的特定时刻按照高于卖出价格的价格回购，通过回购过程，完成资金从盈余部门向资金短缺部门的融通。

4. （1）返还性。债券一般都规定了偿还期限，由债务人按期向债权人支付利息并偿还本金。

（2）流动性高。如果债券的发行人信誉卓著，或者二级市场较为发达，或者债券本身带给投资者的回报收益大，那么债券持有者能够顺利地将债券迅速转让而不会让自身利益受到亏损。因此，债券的流动性一般比银行定期存款高。

（3）安全性好。一般来说，具有流动性的债券其安全性较高。债券的安全性与发行者的资信密切相关。通常，国债、地方政府债券有国家和地方政府的信誉作为担保，不存在信用违约风险，因此其安全性相对较高。金融债券的安全性与银行存款相当。公司债券的安全性较低。

（4）收益性高且稳定。债券的收益性通常比银行存款高，且比股票的收益率稳定。

第二章

1. 债券发行分为公募和私募两种形式。私募又称不公开的发行或内部发行，是指面向少数特定的投资者发行债券的方式；公募又称公开发行，是指发行人通过金融机构向不特定的社会公众广泛地发售债券。

金融机构借助自己在证券市场上的信誉和营业网点，在规定的发行有效期限内将债券销售出去。根据金融机构在承销过程中所承担的风险和责任的不同，承销又可分为代销和包销两种方式。

2. 债券评级结果是反映债券违约风险的重要指标。债券评级主要包括以下六个步骤：

（1）由债券发行人或其代理人向债券评级机构提出评级申请；

（2）评级机构与发行单位的主要负责人见面，就书面材料中值得进一步调查的问题和其他有关情况提出询问；

（3）证券评级机构对申请评级单位的情况进行分析；

（4）在调查分析的基础上，评级机构会通过投票决定发行人的等级，并与发行人联系，征求其对评级的意见；

（5）评级机构评定其债券信用级别后，一方面通知评级申请人，另一方面将评级结果汇编成册，通过媒体公开发行；

（6）评级机构根据各申请评级单位的财务、经营活动变化，定期调整债券等级。

3. 集合竞价是对接收的全部有效委托采取一次性集中撮合处理的价格形成方式，买卖双方间隔一段较长时间，市场积累一定量的买卖申报后才作一次集中成交。集合竞价用于产生当天交易的开盘价。集合竞价市场确定开盘价的原则是：（1）可实现最大成交量的价格；（2）高于该价格的买单与低于该价的卖单都按这个价成交；（3）该价格上至少有一方的单子能全部成交。

第三章

一、简答题

1. 收入资本化模型是指资产价格等于资产未来产生的现金流量按照必要的收益率折现得到的贴现值之和。

2. （1）债券的市场价格与到期收益率呈反向变动关系；

（2）当其他因素不变，在市场利率发生变化时，债券的到期期限越长，债券价格的变化幅度越大；

（3）当债券的收益率不变，债券的到期时间与债券价格的波动幅度间呈正向变动关系；

（4）债券收益率变化引起的价格变化具有不对称性。对于期限既定的债券，由收益率下降导致的债券价格上升的幅度，大于同等幅度的收益率上升导致的债券价格下降的幅度；

（5）对于给定的收益率变动，债券的票面利率与债券价格的波动幅度之间呈反向关系。

3. 债券价格、票面利率、市场利率、到期期限等。

4. 久期的特征有：（1）债券久期小于等于其到期期限；（2）当市场利率和到期时间不变时，债券的久期随着票面利率的降低而延长；（3）当市场利率和票面利率不变时，债券的久期通常随着债券到期时间的延长而增加；（4）当其他因素都不变，债券的到期收益率较高时，附息债券的久期较短。

久期的局限性在于其度量债券价格的利率风险时，只适合用于利率发生小幅度变化的情况。

二、计算题

1. （1）$3 \times \dfrac{1-(1+10\%)^{-3}}{10\%} = 9.51$（万元）

因此，购买时应付款为 $20 - 9.51 = 10.49$（万元）。

（2）$8 + A \times \dfrac{1-(1+10\%)^{-5}}{10\%} + \dfrac{5}{(1+10\%)^6} = 20$

因此，第一年到第五年的每年年末应等额偿付 $A = 2.42$ 万元。

2. $P = 5000 \times \dfrac{1 - (1 + 12\%)^{-7}}{12\%} \times \dfrac{1}{(1 + 12\%)^3} = 16242.6$ （元）

3. $V = \dfrac{80}{1 + 10\%} + \dfrac{80}{(1 + 10\%)^2} + \dfrac{80 + 1000}{(1 + 10\%)^3} = 950.25$ （元）

4. $V = \displaystyle\sum_{t=1}^{5} \dfrac{80}{(1 + 10\%)^t} + \dfrac{1000}{(1 + 10\%)^5} = 924.18$ （元）

若债券每半年付息一次，则每期息票 $C = 1000 \times 8\% / 2 = 40$（元），贴现率为 5%，时期数为 10 期，这时该债券的内在价值为：

$$V = \sum_{t=1}^{10} \dfrac{40}{(1 + 5\%)^t} + \dfrac{1000}{(1 + 5\%)^{10}} = 922.78 \text{（元）}$$

5. 当到期收益率与息票率相同时，债券的价格等于其发行面值，为 1000 元。

这时该债券的久期是：

$$D = \dfrac{1}{P_0} \cdot \sum_{t=1}^{T} \left[\dfrac{C_t}{(1+y)^t} \right] \cdot t = \dfrac{1}{1000} \left(\sum_{t=1}^{3} \dfrac{80}{(1+8\%)^t} \cdot t + \dfrac{1080}{(1+8\%)^4} \times 4 \right) = 3.58 \text{（年）}$$

当市场利率下降 2% 时，用久期度量的债券价格的近似改变量为：

$$\Delta P = -1000 \times 3.58 \times (-2\%) / (1 + 8\%) = 66.30 \text{（元）}$$

当市场利率下降 2% 时，债券价格的实际改变量为：

$$\sum_{t=1}^{4} \dfrac{80}{(1 + 6\%)^t} + \dfrac{1000}{(1 + 6\%)^4} - 1000 = 69.30 \text{（元）}$$

使用久期计算的债券价格改变量与实际改变量不同，这是因为久期是债券价格对利率的弹性，因此，在利率变动幅度不大的时候可以用近似计算；但当利率变动幅度较大时，这种近似计算的结果就会出现一定的偏差。

第四章

一、简答题

1. 利率的期限结构是指证券收益率与到期期限之间的关系，通常用收益率曲线表示，有向上倾斜、水平、向下倾斜和拱形四种形状。

在实际的金融市场上，不同期限的债券利率水平会有以下特点：（1）同向波动：短期利率上升，长期利率一般也会相应上升，反之亦然；（2）如果短期利率偏低，收益率曲线更可能向上倾斜，反之亦然；（3）通常情况下，收益率曲线都是向上倾斜的。

2. 在金融市场上，期限相同的不同债券利率一般不同，而且相互之间的利差也不稳定。比如，同样是 10 年期限的财政债券的利率往往低于公司债券。不同公司发行的 10 年期债券利率也各不相同。这是因为相同期限的不同债券之间的利率差异与违约风险、流动性、税收因素有密切关系，习惯上人们仍称这种差异为利率的风险结构。

（1）违约风险。是指债券发行者不能支付利息和到期不能偿还本金的风险。公司债券或多或少都会存在违约风险，财政债券是没有违约风险的。

假定某公司的债券在最初也是无违约风险的，那么，它与相同期限的财政债券会有着相同的均衡利率水平。如果公司由于经营问题出现了违约风险，即它的违约风险上升，同时会伴随着预期回报率下降。因而，公司债券的需求曲线将向左移动，使利率上升。

同时，财政债券相对于公司债券的风险减少，预期回报上升，财政债券的需求曲线会向右方移动，均衡利率将下降。这表明，违约风险的不同是相同期限的债券之间利率不同的一个重要原因。其差额是对公司债券持有者承担更多风险的补贴，称为风险升水。

（2）流动性差异也是造成相同期限的不同债券之间利率不同的一个重要原因。假定在最初某公司债券与财政债券的流动性是完全相同的，其他条件也相同，因而利率也相同。如果该公司债券的流动性下降，交易成本上升，需求曲线将向左移动，使利率上升。

同时，财政债券相对于公司债券的流动性上升，财政债券的需求曲线会向右方移动，均衡利率将下降。这表明，流动性差异也是相同期限的债券之间利率不同的一个重要原因，其差额称为流动性升水。不过，流动性升水与风险升水往往总称为风险升水。

（3）税收因素也与利率的差异密切相关。在美国，市政债券一般可以免缴联邦所得税。因而，相对于其他没有免税优惠的债券而言，如果其他条件相同，人们对市政债券要求的收入可以低一些。这是因为，投资者在进行债券投资时，他们更关心的是税后的预期回报，而不是税前的预期回报。所以，如果一种债券可以获得免税优惠，就意味着这种债券的预期回报率会上升，对这种债券的需求将会增加，需求曲线右移将导致利率下降。相应地，其他债券的需求将会减少，需求曲线左移将导致利率上升。因此，税收优惠将会造成一定的利率差异。

3. 该理论认为长期利率等于长期债券到期前预期短期利率的平均值加上由于供求关系变化决定的流动性升水，即 $S_n = \dfrac{S_1 + eS_{1,2} + \cdots + eS_{n-1,n}}{n} + l_{nt}$。投资者对某种债券有一定的偏好，但这种偏好不是绝对的，只要向投资者支付一个正数的期限升水，投资者就会离开其偏好的短期债券市场，进入长期债券市场，所以，长期债券的利率往往会大于短期债券的利率，收益率曲线向上倾斜。从该理论的结论表达式可以看出，类似于预期理论，流动性偏好理论也能解释金融市场上不同期限利率水平的第一个和第二个特点。

二、计算题

1. 银行贷款经理不应该接受这笔贷款申请，利率为 8% 时贷款对银行来说是不盈利的。

$$(1 + f_{1,2}) = \frac{(1 + i_2 - l_2)^2}{(1 + i_1 - l_1)^1}$$

其中，$i_2 = 7\%$，$l_2 = 0.4\%$，$i_1 = 6\%$，$l_1 = 0$。

求解，最后结果 $f_{1,2} = 7.2\%$。

因此，1 年后市场的 1 年期国债利率为 7.2%。为了使得贷款获利，需要增加一个百分点方可，只有贷款利率等于或者高于 8.2%，该笔贷款才能盈利。

2. $(1 + S_2)^2 = (1 + 6\%) \times (1 + 8\%) = 1.1448$

$(1 + S_3)^3 = (1 + 6\%) \times (1 + 8\%) \times (1 + 9\%) = 1.2478$

所以该债券的价格为：

$$P = \frac{1000 \times 7\%}{1 + 6\%} + \frac{1000 \times 7\%}{1.1448} + \frac{1000 \times (1 + 7\%)}{1.2478} = 984.7 \text{（元）}$$

3. 债券的价格 $= \dfrac{1000 \times 8\%}{1+6\%} + \dfrac{1000 \times (1+8\%)}{(1+6\%) \times (1+9\%)} = 1010.2$（元）

因此，$\dfrac{1000 \times 8\%}{1+r} + \dfrac{1000 \times (1+8\%)}{(1+r)^2} = 1010.2$

计算可得到期收益率 $r = 7.45\%$。

4.

	公司债券	政府债券
现值	1018.25	1061.50
年税后利息	78	85
面值	1000	1000
到期收益率	7.35%	7%

公司债券的到期收益率更高，更适合购买。

第五章

一、简答题

1. 免疫策略是保护债券组合避免利率风险的一种策略，管理者会选择与他们负债的久期相等的债券组合。

采用免疫策略时，如果利率下降，债券再投资收入减少，而债券价格上升；如果利率上升，债券再投资收入增加，而债券价格下降。免疫策略利用价格风险和再投资利率风险互相抵销的特点，保证债券管理者不受损失，属于消极管理策略。

2. 债券组合投资技巧：梯形投资、杠铃形投资、等级投资计划法、逐次等额买进摊平法、金字塔法、固定金额投资法、固定比例投资法、可变比率法。

3. 债券的投资管理策略大致可以分为两类：消极的债券投资组合管理策略和积极的债券投资组合管理策略。奉行消极策略的投资者承认市场有效性，个人不可以战胜市场获得超额收益率；执行积极投资组合策略的投资者认为市场并非有效，个人可以战胜市场获得超额收益率。

二、计算题

1. 根据每年现金流需求，使用多期免疫策略。本题需要对每年年底的现金流量进行逐期免疫。

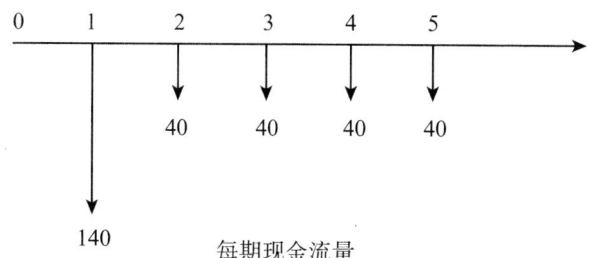

每期现金流量

根据题意要求，通过计算每期现金流需求量和所需零息债券的现值，我们可以得到的对应关系如表1所示。

表1　　　　　　　　　　　　　多期免疫策略实现详情

时间	现金流出量	市场利率	零息债券期限	零息债券面值	零息债券市场价值	零息债券现值
第1年	140	10%	1年	140	127.27	127.27
第2年	40	10%	2年	40	33.06	33.06
第3年	40	10%	3年	40	30.05	30.05
第4年	40	10%	4年	40	27.32	27.32
第5年	40	10%	5年	40	24.84	24.84
合计	—	—	—	—	—	242.54

2. （1）3年后公司需要200万元的资金量，因此，债券在第3年年底的利息再投资终值与债券面值之和应为200万元。根据这一关系，可以得到如下关系式（假设债券面值为 M）：

$$M \times 9\% \times (1+8\%)^2 + M \times 9\% \times (1+8\%) + M \times 9\% + M = 200（万元）$$

求解，可以得出债券的面值为154.8万元。

此时已知债券面值与利息，求取债券的现值：

$$P = \frac{154.8 \times 9\%}{(1+8\%)^3} + \frac{154.8 \times 9\%}{(1+8\%)^2} + \frac{154.8 \times 9\%}{(1+8\%)} + \frac{154.8}{(1+8\%)^3}$$

通过计算，求得债券的现值为133.94万元。

（2）3年期零息债券，年收益率为8%，票面价值为200万元，到期200万元现金满足资金缺口，其当前价值为：

$$P = \frac{200}{(1+8\%)^3} = 158.77$$

（3）第一步：计算2年期债券A和5年期债券B的久期。

2年期债券A现值与久期：

$$P_A = \frac{100 \times 6\%}{(1+8\%)} + \frac{100 + 100 \times 6\%}{(1+8\%)^2} = 96.43$$

$$D_A = \frac{100 \times 6\%/(1+8\%)}{90.88} \times 1 + \frac{(100 + 100 \times 6\%)/(1+8\%)^2}{90.88} \times 2 = 1.94$$

2年期债券的修正久期为 $\frac{D_A}{1+8\%} = 1.80$。

同理，5年期债券B的现值与久期分别为：

$$P_B = 100$$

$$D_B = 4.31$$

其修正久期为 $\frac{D_B}{1+8\%} = 3.99$。

第二步：计算债券组合中两种债券的权重。

假设 2 年期债券的权重为 w_A，5 年期债券的权重为 w_B。

$$1.94w_A + 4.31w_B = 3$$
$$w_A + w_B = 1$$

通过计算可以得到：$w_A = 55.27\%$，$w_B = 44.73\%$。

如果我们通过修正久期进行计算，可以得到：$w_A = 45.21\%$，$w_B = 54.79\%$。

第三步：按比例投资（读者可在课余时间代入按修正久期得到的比例）。

通过题意，我们可以求得 3 年后所需 200 万元资金的现值为 158.77 万元。通过免疫的实现原则，我们进行免疫也应该投入 158.77 万元的资金购买债券，按比例投资。

其中，2 年期债券的投资额应为 $158.77 \times 55.27\% = 87.75$ 万元（87.75/96.43 = 0.91 张），5 年期债券的投资额应为 $158.77 \times 44.73\% = 71.02$ 万元（71.02/100 = 0.71 张）。

若通过修正久期的比例进行计算，那么：

2 年期债券的投资额应为 $158.77 \times 45.21\% = 71.78$ 万元（71.78/96.43 = 0.74 张），5 年期债券的投资额应为 $158.77 \times 54.79\% = 86.99$ 万元（86.99/100 = 0.87 张）。

（4）1 年之后市场利率升至 9%。

第一，分析 2 年期债券到期价值。

根据久期配比得出的投资张数为 0.91 张，87.75 万元。

表 2

2 年期债券	1	2	3
利率	8%	9%	9%
息票率	6%	6%	6%
利息	5.46	5.46	—
年末债券价值	—	91	99.19（债券本金再投资）
利息及利息再投资收入	—	—	12.44
债券投资总收入	—	—	111.63

第二，5 年期债券的到期价值。

根据久期配比得出的投资张数为 0.71 张，71.02 万元。

表 3

5 年期债券	1	2	3	4	5
利率	8%	9%	9%	9%	9%
息票率	8%	8%	8%	8%	8%
利息	5.68	5.68	5.68	5.68	5.68
年末债券价值	—	—	69.75	—	—
利息及利息再投资收入	—	—	18.62	—	—
年末债券投资总收入	—	—	88.37	—	—

从表 2、表 3 可以看出，第 3 年年末两种债券投资总收益为 111.63 + 88.37 = 200 万元。市场利率虽然在上升，但该组合还是免疫的，其实现原理如表 4、表 5 所示。

表 4

2 年期债券	期末价值	利息及利息再投资收入
8%	98.28	12.27
一年后改变为 9%	99.19	12.44
变化值	0.91	0.17

表 5

5 年期债券	期末价值	利息及利息再投资收入
8%	71	18.44
一年后改变为 9%	69.75	18.62
变化值	-1.25	0.18

从表 4、表 5 可以看出，2 年期债券和 5 年期债券在第 3 年时价格风险和再投资风险是基本抵销的（考虑计算时精度问题，在精度不同时该结果有细微差别见表 6、表 7）。

（5）1 年之后市场利率下降到 7%。

第一，分析 2 年期债券到期价值。

根据久期配比得出的投资张数为 0.91 张，87.75 万元。

表 6

2 年期债券	1	2	3
利率	8%	7%	7%
息票率	6%	6%	6%
利息	5.46	5.46	—
年末债券价值	—	91	97.37（债券本金再投资）
利息及利息再投资收入	—	—	12.09
债券投资总收入	—	—	109.46

第二，5 年期债券的到期价值。

根据久期配比得出的投资张数为 0.71 张，71.02 万元。

表7

5年期债券	1	2	3	4	5
利率	8%	7%	7%	7%	7%
息票率	8%	8%	8%	8%	8%
利息	5.68	5.68	5.68	5.68	5.68
年末债券价值	—	—	72.28	—	—
利息及利息再投资收入	—	—	18.26	—	—
年末债券投资总收入	—	—	90.54	—	—

从上面两表中可以看出,第3年年末两种债券投资总收益为109.46+90.54=200万元。市场利率虽然在下降,但该组合还是免疫的,其实现原理如表8、表9所示。

表8

2年期债券	期末价值	利息及利息再投资收入
8%	98.28	12.27
一年后改变为7%	97.37	12.09
变化值	-0.91	-0.18

表9

5年期债券	期末价值	利息及利息再投资收入
8%	71	18.44
一年后改变为7%	72.28	18.26
变化值	1.28	-0.18

从表8、表9可以看出,2年期债券和5年期债券在第3年时价格风险和再投资风险是基本抵销的(考虑计算时精度问题,在精度不同时该结果有细微差别)。

3.(1)债务的久期为3年。

(2)零息债券的久期为2年。

永续债券的久期为15年$\left(\dfrac{1+7\%}{7\%}\approx 15\right)$,为简化计算此处直接选取整数。

(3)公司欲实现债务的免疫,需要在零息债券和永续债券之间进行怎样比例的分配才能实现免疫?

即计算债券组合中两种债券的权重。

假设零息债券的权重为w_A,永续债券的权重为w_B。

$$2w_A + 15w_B = 3$$
$$w_A + w_B = 1$$

通过计算可以得到:$w_A = 92.31\%$,$w_B = 7.69\%$。

(4) 想要实现免疫，每项资产的投资额的求解。

前述资产比重的求解前提是久期配比原则，此时需要计算债务的现值，并根据前述比例等额投资。

债务的现值：

$$\frac{190000}{(1+7\%)^3} = 155096.60 \text{（元）}$$

通过免疫的实现原则，我们进行免疫也应该投入 155096.60 元的资金购买债券，按比例投资。

其中，零息债券的投资额应为 $155096.60 \times 92.31\% = 143169.67$ 元，永续债券的投资额应为 $155096.60 \times 7.69\% = 11926.93$ 元。

4. (1) 当前，投资组合价值的触发点 $\frac{2100}{(1+8\%)^4} = 1543.55$ 万元。

如果此时投资组合的价值为 1600 万元，公司可以不用采取免疫策略，可以优先采取积极的投资组合策略便可以保证到期支付，待价值变为 1543.55 万元再使用免疫策略。

(2) 届时，投资组合价值的触发点 $\frac{2100}{(1+7.3\%)^3} = 1699.85$ 万元。

如果此时投资组合的价值为 1600 万元，此时需要采用免疫策略。且需要再投入 99.85 万元资金才可保证到期支付。

(3) 届时，投资组合价值的触发点 $\frac{2100}{(1+8.7\%)^2} = 1777.30$ 万元。

如果此时投资组合的价值为 1780 万元，此时尚不需要采用免疫策略。

(4) 届时，投资组合价值的触发点 $\frac{2100}{(1+9.4\%)^1} = 1919.56$ 万元。

如果此时投资组合的价值为 1900 万元，此时需要采用免疫策略。且此时需要再投入 19.56 万元资金才可保证到期支付。

第六章

一、简答题

1. 远期利率协议（FRA）是交易双方签订的一种远期贷款合同，指买卖双方同意从未来某一约定的时刻开始，在某一特定时期内按协议利率借贷一笔数额确定、以特定货币表示的名义本金，并约定在结算日根据协议利率与确定日的市场利率之间的差额，由一方支付给另一方结算金的协议。

远期利率协议最重要的功能在于通过固定将来实际交付的利率而避免了利率变动风险。签订 FRA 后，不管市场利率如何波动，协议双方将来收付资金的成本或收益总是固定在协议利率水平上。另外，由于远期利率协议交易的本金不用交付，利率是按差额结算的，所以资金流动量较小，这就给银行提供了一种管理利率风险而无须通过大规模的同业拆放来改变其资产负债结构的有效工具。

2. 期货合约买卖双方于买卖期货最初交易时必须存入的资金称为初始保证金。当初始保证金的价值因市场价格上升或下降而减少时，若减少到低于某个特定数额时，交易者会被要求补缴保证金，此特定金额为维持保证金，维持保证金会低于初始保证金的数量。如果交易者保证金账户的余额超过交易所规定的某一水平，交易者可随时提取现金或用于开新仓，但交易者取出的资金额不得使保证金账户中的余额低于这一水平。当保证金账户的余额低于维持保证金水平时，交易者会收到保证金催付通知，如果客户在 24 小时内未补足保证金至初始保证金水平，经纪人会将合约进行强制平仓。

3. 标的证券不同；合约面值不同；报价方式不同。

4. 利率互换是指互换双方达成协议，在特定的时期按双方约定的金额交换同种货币产生的利息的支付，利率互换仅仅是互换利息支付，本金并不互换，而且两种贷款均采用相同的货币。基本的利率互换是固定利率和浮动利率的互换。

在利率互换中，作为中介机构的银行与互换双方存在利息支付关系，如果互换双方的任何一方经营恶化，无法偿还银行利息，在此种情况下中介机构面临着违约风险。

5. （1）买进利率看涨期权。看涨期权的买方预期标的证券价格会上涨，所以买进看涨期权，等待证券在合约期限内价格上涨，执行期权而获利，否则放弃期权损失期权费；

（2）卖出利率看涨期权获得期权费，收益有上限而损失有可能是无限的。

二、计算题

1. 结算金 $= \dfrac{A \times (r_r - r_k) \times \dfrac{D}{B}}{1 + \left(r_r \times \dfrac{D}{B}\right)} = \dfrac{1000000 \times (6.5\% - 5.25\%) \times \dfrac{91}{360}}{1 + \left(6.5\% \times \dfrac{91}{360}\right)} = 3108.65$（美元）

2. 公司 A 由于购买了 FRA，在结算日 6 月 5 日收到的结算金为：

$\dfrac{A \times (r_r - r_k) \times \dfrac{D}{B}}{1 + \left(r_r \times \dfrac{D}{B}\right)} = \dfrac{5000000 \times (8.1\% - 7.75\%) \times \dfrac{182}{360}}{1 + \left(8.1\% \times \dfrac{182}{360}\right)} = 8499.18$（美元）

将这笔钱以 8.10% 利率存入 6 个月期，12 月 5 日得到利息：

$8499.18 \times 8.10\% \times \dfrac{182}{360} = 348.04$（美元）

以 8.10% 借入 500 万美元的利息支出为：

$5000000 \times 8.10\% \times \dfrac{182}{360} = 204750$（美元）

因此，该公司的实际借款成本为：
204750 - 8499.18 - 348.04 = 195902.78（美元）

3. 收盘时该投资者的盈亏：(95.2650 - 95.2850) × 25 = -50（美元）

保证金账户余额 = 743 - 50 = 693（美元）

若结算后保证金账户的金额低于所需的维持保证金，即

743 - 550 = 193   193 ÷ 25 = 7.72   95.2850 - 7.72 = 87.5650 点

欧洲美元期货结算价交易商会收到追缴保证金通知，必须将保证金账户余额补足至 743 美元。

4. （1）甲、乙两公司的比较优势分析见下表：

	甲公司	乙公司	利差
固定利率筹资成本	10%	12%	2%
浮动利率筹资成本	LIBOR + 0.25%	LIBOR + 0.75%	0.5%
融资相对比较优势	固定利率	浮动利率	1.5%

如果甲公司借入固定利率资金，乙公司借入浮动利率资金，则二者借入资金的总成本为：LIBOR + 10.75%。如果甲公司借入浮动利率资金，乙公司借入固定利率资金，则二者借入资金的总成本为：LIBOR + 12.25%。

由此可知，第一种筹资方式组合发挥了各自的优势能降低筹资总成本，共节约1.5%，即存在互换收益。但这一组合不符合二者的需求，因此，应进行利率互换。

（2）互换过程为：甲公司借入固定利率资金，乙公司借入浮动利率资金，并进行利率互换，甲公司替乙公司支付浮动利率，乙公司替甲公司支付固定利率。

（3）假定二者均分互换收益，即各获得0.75%，则利率互换结果如下图所示：

$$\text{固定利率债权人} \xleftarrow{10\%} \text{甲公司} \underset{10\%}{\overset{\text{LIBOR} - 0.5\%}{\rightleftarrows}} \text{乙公司} \xrightarrow{\text{LIBOR} + 0.75\%} \text{浮动利率债权人}$$

在这一过程中，甲公司需要向固定利率债权人支付10%的固定利率，向乙公司支付LIBOR − 0.5%的浮动利率（直接借入浮动利率资金需要支付LIBOR + 0.25%，因而获得0.75%的收益，因此，需向乙公司支付LIBOR − 0.5%），并从乙公司收到10%的固定利率。因此，甲公司所需支付的融资总成本为：10% + LIBOR − 0.5% − 10% = LIBOR − 0.5%，比其以浮动利率方式直接筹资节约0.75%。乙公司需要向浮动利率债权人支付LIBOR + 0.75%的浮动利率，向甲公司支付10%的固定利率，并从甲公司收到LIBOR − 0.5%的浮动利率，因此，乙公司所需支付的融资总成本为：LIBOR + 0.75% + 10% − (LIBOR − 0.5%) = 11.25%，比其以固定利率方式直接筹资节约0.75%。乙公司应该向甲公司净支付：10% − (LIBOR − 0.5%) = 10.5% − LIBOR。

（4）加入中介（如商业银行），并假定三者均分互换收益，则利率互换结果如下图所示：

$$\text{固定利率债权人} \xleftarrow{10\%} \text{甲公司} \underset{10\%}{\overset{\text{LIBOR} - 0.25\%}{\rightleftarrows}} \text{商业银行} \underset{10.25\%}{\overset{\text{LIBOR} - 0.50\%}{\rightleftarrows}} \text{乙公司} \xrightarrow{\text{LIBOR} + 0.75} \text{浮动利率债权人}$$

在这一过程中，甲公司需要向固定利率债权人支付10%的固定利率，向商业银行支付LIBOR − 0.25%的浮动利率（直接借入浮动利率资金需要支付LIBOR + 0.25%，因而获得0.50%的收益，因此，需向乙公司支付LIBOR − 0.25%），并从商业银行公司收到10%的固定利率，此时，甲公司所需支付的融资总成本为：10% + LIBOR − 0.25% − 10% = LIBOR − 0.25%，比其以浮动利率方式直接筹资节约0.50%。乙公司需要向浮动利率债权人支付LIBOR + 0.75%的浮动利率，向商业银行支付10.25%的固定利率，并从商业银行收到LIBOR − 0.50%的浮动利率，因此，乙公司所需支付的融资总成本为：LIBOR + 0.75% + 10.25% − (LIBOR − 0.50%) = 11.50%，比其以固定利率方式直接筹资节约0.50%。商业银行从甲公司收到LIBOR − 0.25%，从乙公司收到10.25%，向乙公司支付LIBOR − 0.50%，向甲公司支付10%，因此，商业银行实现收入为：LIBOR − 0.25% + 10.25% − (LIBOR − 0.50%) − 10% = 0.50%。

5. 该价差交易是牛市看涨期权价差组合。

期初期权费的损益为 −8 + 4 = −4 美元。

当标的证券市价≥35 美元时，该价差交易的损益为(市价−30)−(市价−35)−4 = 1 美元；

当 30 美元<标的证券市价<35 美元时，该价差交易的损益为(市价−30)−4 = 市价−34；

当标的证券市价≤30 美元时，该价差交易的损益为 0 − 0 − 4 = −4 美元。

所以，该价差交易的最大利润为 1 美元，最大损失为 4 美元，盈亏平衡点价格是 34 美元。

第七章

一、简答题

1. 利率互换的定价可以通过构造债券组合和 FRA 组合的思路进行，两种方法计算出的利率互换价值是一致的。

2. 利率期权价格的影响因素有：标的资产市场价格、期权的执行价格、期权的有效期、标的资产价格的波动率、无风险利率和标的资产的利息支付。

3. 利率期权的风险中性定价原理是指投资者对所有资产要求的回报率都等于无风险收益率，期权价格与投资者的风险态度无关。也就是说，投资者无论预期标的证券市价上涨或下跌的概率如何，都不会影响利率期权的定价结果。

4. 二叉树上某节点的价值按照如下原则确定：首先，选择按照二叉树模型计算出的普通债券价值和赎回价格中的较小者，然后在上述较小者和转换价值中选择较大者作为该节点的价值。这是因为，如果赎回价格小于普通债券的价值，发行人将会赎回债券，而投资者在接到发行人提前赎回通知后，会对赎回价格和转换价值进行比较，选择对自己最有利的策略，即考虑是选择把债券转换成股票，还是接受赎回价格。

二、计算题

1. 假设 6 个月后执行的 6 个月期远期利率为 r，则根据无风险套利原理：

$$e^{10\% \times 0.5} \times e^{r \times 0.5} = e^{12\% \times 1}$$

解得：$r = 14\%$

由于 14% > 11%，因此存在套利机会。

套利过程如下：

（1）套利者按 10% 的利率借入一笔 6 个月资金 1000 万元；

（2）签订一份远期利率协议，规定 6 个月后套利者按 11% 利率借入资金 $1000e^{10\% \times 0.5} = 1051$（万元）；

（3）按 12% 的利率贷出一笔一年期资金 1000 万元。

一年后，收回贷款本息收入为：$1000e^{0.12} = 1127$ 万元，同时归还 6 个月期债务本息为：$1051e^{0.11 \times 0.5} = 1110$ 万元，净赚 1127 − 1110 = 17 万元。

2. 5 月 15 日到 10 月 3 日的时间为 141 天，5 月 15 日到 11 月 15 日的时间为 184 天。

因此，债券的现金价格为 $118.11 + 6.125 \div 2 \times \dfrac{141}{184} = 120.46$ 美元。

3. （1）根据到期日推算，该交割券的上一次付息日应为 2016 年 8 月 15 日，下一次付息日应为 2017 年 2 月 15 日，则该交割券每 100 美元面值的应计利息为：

$$\frac{7.125}{2} \times \frac{49}{184} = 0.949（美元）$$

因此，该国债的现金价格为：

126.40 + 0.949 = 127.349（美元）

（2）计算期货有效期内交割券支付利息的现值。由于在 2016 年 10 月 3 日到 2016 年 12 月 3 日期间，该交割券不会支付利息，因此 $I = 0$。

（3）在 12 月 3 日交割之前，USZ 7 期货有效期还有 61 天（0.1671 年），从而交割券期货理论上的现金价格为：

$$F = 127.349 e^{3.8\% \times 0.1671} = 128.160（美元）$$

（4）2016 年 12 月 3 日交割时，该交割券的应计利息为：

$$\frac{7.125}{2} \times \frac{110}{184} = 2.130（美元）$$

则该交割券期货的理论报价为：

128.160 − 2.130 = 126.030（美元）

因此，USZ7 期货的理论报价为：

$$\frac{126.030}{1.1103} = 113.510（美元）$$

4. $d_1 = \dfrac{\ln(100/100) + (0.1 + 0.25^2/2) \times 1}{0.25 \times \sqrt{1}} = 0.525$

$d_2 = \dfrac{\ln(100/100) + (0.1 - 0.25^2/2) \times 1}{0.25 \times \sqrt{1}} = 0.275$

查阅标准正态分布函数数值表可知 $N(d_1) = 0.7002$，$N(d_2) = 0.6083$。

因此，该利率看涨期权的价格为：

$$c = 100 \times 0.7002 - 100 \times e^{-0.1 \times 1} \times 0.6083 = 14.98（美元）$$

5. （1）标的证券价格上涨的参数：$u = 1 + 20\% = 1.2$

标的证券价格下跌的参数：$d = 1 - 20\% = 0.8$

风险中性概率：$p = \dfrac{(1 + 8\%) - 0.8}{1.2 - 0.8} = 0.7$

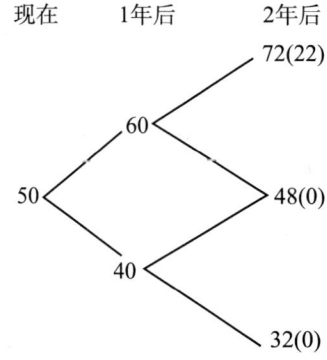

注：该图是标的证券价格的运动轨迹，括号中的数字表示 2 年后看涨期权的价值。

$$c_u = \frac{0.7 \times 22 + 0.3 \times 0}{1 + 8\%} = 14.2593（美元）$$

$$c_d = \frac{0.7 \times 0 + 0.3 \times 0}{1 + 8\%} = 0（美元）$$

$$c = \frac{0.7 \times 14.2593 + 0.3 \times 0}{1 + 8\%} = 9.2421（美元）$$

（2）欧式看涨期权和欧式看跌期权的平价关系为：

欧式看涨期权的价格 $+ \frac{执行价格}{(1+r)^{期权有效期}} =$ 欧式看跌期权的价格 + 标的证券当前市价

根据计算结果，左边 $= 9.2421 + \frac{50}{(1+8\%)^2} = 52.109$

右边 $= 2.109 + 50 = 52.109$

因此，欧式看涨期权和欧式看跌期权的平价关系成立。

6. 因为 $F = Se^{r(T-t)}$，$\frac{\partial F}{\partial S} = e^{r(T-t)}$，$\frac{\partial^2 F}{\partial S^2} = 0$，$\frac{\partial F}{\partial t} = -rSe^{r(T-t)}$

根据依托引理，有：

$$dF = [e^{r(T-t)}uS - rSe^{r(T-t)}]dt + e^{r(T-t)}\sigma S dz$$

所以：$dF = (u-r)Fdt + \sigma Fdz$。

第八章

一、简答题

1. 信用风险转移工具为商业银行提供了风险转移机制，资产证券化通过基础资产的重新组合、打包和出售等行为进行，商业银行把信贷资产的信用风险转移给 SPV 或市场上的机构投资者来承担。

资产证券化对商业银行经营管理的意义：

（1）将不具有流动性的中长期贷款置于资产负债表之外，优化资产负债结构；

（2）通过对贷款进行证券化，及时获取高流动性的现金资产，改善资本状况，有利于商业银行资本管理；

（3）将银行资产转换为可流通的证券，把信贷资产潜在的风险转移，降低不良贷款率。

2. 固定收益市场中的总收益互换是指一方定期向另一方支付浮动利率款项，以换取从单个参考债券或一揽子参考债券中获取的总收益。总收益支付包括所有来自参考债券或任何资产升值或贬值的现金流。同意按浮动利率支付款项和获得总收益的一方称为总收益收取方；同意接受浮动利率款项和支付总收益的一方称为总收益支付方。

3. （1）信用保护卖方的风险。

① 定价风险。支付的费用与转移的风险要匹配。

② 市场风险。CLN 只是转移了信用风险，但不能转移市场风险。

③ 交易风险。对手可能会就违约事件是否属于应承担的风险提出争议。

（2）特设信托机构的风险。

① 信息不对称带来的逆向选择和道德风险。

逆向选择。银行为转移信用风险，可能会隐瞒对自己不利的信息。SPV 为防止信息不对称造成损失可能会提高保险费，造成只有高风险的银行留在市场，导致逆向选择。

道德风险。信用风险转移后，银行失去监督借款人的动力，造成资产损失。

② 投资风险：SPV 会把发行 CLN 的收入进行再投资，面临投资风险。

（3）CLN 投资者的风险。

① 信息不对称风险。投资者对风险资产信息的掌握处于劣势。

② 投资风险。投资者可能会把发行人的信用等级和债券的信用等级混淆，不清楚自己承担的信用风险。

③ 法律风险。对新生事物法律的不健全、不确定性。

二、计算题

1. 解：（1）如果债券在互换期限内价值增长了 10%，投资银行 B 支付：

向 A 银行支付利息：$100000000 \times 9.25\% = 9.25$（百万元）

投资银行 B 的收入：$100000000 \times 10\% + 100000000 \times 5\% = 15$（百万元）

（2）如果债券在互换期限内价值增长了 10%，投资银行 B 要进行两项支付：

向 A 银行支付利息：$100000000 \times 9.25\% = 9.25$（百万元）

债券价值下降的支付：$100000000 \times 5\% = 5$（百万元）

投资银行 B 的收入：$100000000 \times 10\% = 10$（百万元）

2. 解：（1）假设违约导致 5% 的损失和 5000 万元费用，即违约后资产价值为 $95 + 10 - 0.5 = 104.5$ 亿元。A 层完全不受损失，期末获得 75 亿元本金和 4.5 亿元利息，收益率为 6%。B 层完全不受损失，期末获得 15 亿元本金和 1.2 亿元利息，收益率为 8%。C 层得到 $104.5 - 75 - 4.5 - 15 - 1.2 = 8.8$ 亿元，收益率为 -12%。

（2）假设违约导致 15% 的损失和 5000 万元费用，即违约后资产价值为 $85 + 10 - 0.5 = 94.5$ 亿元。A 层完全不受损失，期末获得 75 亿元本金和 4.5 亿元利息，收益率为 6%。B 层能得到 $94.5 - 75 - 4.5 = 15$ 亿元本金，不能得到利息。C 层 $94.5 - 75 - 4.5 - 15 = 0$ 亿元，即全部损失，收益率为 -100%。

参考文献

[1] 常清：《期货、期权与金融衍生品概论》，教育科学出版社 2009 年版。
[2] 陈蓉、郑振龙：《固定收益证券》，北京大学出版社 2011 年版。
[3] 陈松男：《固定收益证券与衍生品》，机械工业出版社 2014 年版。
[4] 陈信华：《金融衍生工具——定价原理与实际运用》，上海财经大学出版社 2009 年版。
[5] 龚仰树：《固定收益证券》，上海财经大学出版社 2017 年版。
[6] 何天翔：《指数投资》，厦门大学出版社 2016 年版。
[7] 何孝星：《证券投资理论与实务》，清华大学出版社 2013 年版。
[8] 金德环：《投资银行学教程》，上海人民出版社 2009 年版。
[9] 类承曜：《固定收益证券》，中国人民大学出版社 2013 年版。
[10] 黎毅：《财务管理》，江西人民出版社 2001 年版。
[11] 林清泉：《固定收益证券》，中国人民大学出版社 2013 年版。
[12] 马亚明、田存志：《现代公司金融学》，中国金融出版社 2009 年版。
[13] 宋逢明：《金融工程原理：无套利均衡分析》，清华大学出版社 1999 年版。
[14] 宋焕政：《资产证券化实务操作指引》，法律出版社 2015 年版。
[15] 孙伍琴、王朝晖、熊乐星：《证券投资学》，立信会计出版社 2015 年版。
[16] 谭春枝、岳桂宁、谢玉华：《金融工程理论与实务》，中国农业大学出版社 2008 年版。
[17] 文中桥：《固定收益证券的投资价值分析》，经济科学出版社 2006 年版。
[18] 吴冲锋：《金融工程学》，高等教育出版社 2010 年版。
[19] 杨海明、王燕：《投资学》，上海人民出版社 1998 年版。
[20] 姚长辉：《固定收益证券：定价与利率风险管理》，北京大学出版社 2013 年版。
[21] 叶永刚、彭红枫：《金融工程学》，东北财经大学出版社 2013 年版。
[22] 张雪莹：《固定收益证券》，清华大学出版社 2014 年版。
[23] 张元萍：《金融衍生工具教程》，首都经济贸易大学出版社 2007 年版。
[24] 张元萍：《数理金融基础》，北京大学出版社 2016 年版。
[25] 张元萍：《投资学》，中国金融出版社 2013 年版。
[26] 郑振龙、陈蓉：《金融工程》，高等教育出版社 2012 年版。
[27] 郑振龙、陈蓉：《金融工程》，高等教育出版社 2016 年版。
[28] 中国精算师协会：《经济学基础》，中国财政经济出版社 2010 年版。
[29] 朱顺泉：《金融衍生产品》，清华大学出版社 2015 年版。

[30] [美] 安东尼·克里森兹:《债券投资策略》(林东译),机械工业出版社 2016 年版。

[31] [美] 贝格、[美] 乔德里:《资产证券化实务精解》(陈丽霞译),机械工业出版社 2013 年版。

[32] [美] 布赖恩·兰开斯特等:《结构化产品和相关信用衍生品》(宋光辉等译),机械工业出版社 2016 年版。

[33] [美] 法博齐:《固定收益证券分析》(汤震宇、杨玲琪译),机械工业出版社 2015 年版。

[34] [美] 法博齐:《固定收益证券手册》(周尧等译),中国人民大学出版社 2014 年版。

[35] [英] 莫德·休亨瑞著:《债券收益率曲线手册》(北京融和友信科技有限公司译),企业管理出版社 2016 年版。

[36] [美] 塔克曼、[美] 塞拉特:《固定收益证券》(范龙振、林祥亮、戴思聪等译),机械工业出版社 2014 年版。

[37] [加] 约翰·赫尔:《期权、期货及其他衍生产品》(王勇、索吾林译),机械工业出版社 2014 年版。

[38] 中国银行业从业人员资格认证办公室:《风险管理》,中国金融出版社 2010 年版。

[39] 朱世武、陈健恒:《基于预测利率期限结构变动的债券投资策略实证研究》,载于《金融理论与实践》2006 年第 10 期。

[40] 朱世武、陈健恒:《交易所国债利率期限结构实证研究》,载于《金融研究》2003 年第 10 期。

[41] 李志强:《哈尔滨银行债券投资组合策略研究》,哈尔滨工业大学硕士论文,2012 年。

[42] 王世柱:《随机利率下的期权定价》,大连理工大学硕士毕业论文,2002 年。